高等职业教育"十四五"规划旅游大类精品教材
研学旅行管理与服务专业系列专家指导委员会、编委会

高等职业教育"十四五"规划旅游大类精品教材

研 学 旅 行 管 理 与 服 务 专 业 系 列

总顾问 ◎ 王昆欣　　总主编 ◎ 魏　凯

研学旅行指导师实务

YANXUE LÜXING ZHIDAOSHI SHIWU

主　编：宋斐红

副主编：李　韵　郭瑞娟　石少婷　韩　东

　　　　高溢培　王吉磊　吴　敏

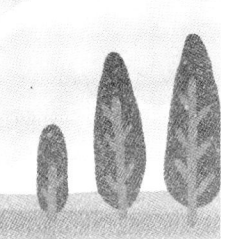

华中科技大学出版社

http://press.hust.edu.cn

中国·武汉

内 容 简 介

　　本书共分为六个项目,以研学旅行指导师的基本知识作为切入点,对旅行社研学旅行指导师、学校研学旅行指导师、研学实践教育基(营)地指导师的工作流程及规范,以及研学旅行课程和研学旅行评价的组织与实施等进行了详细阐述,旨在精准定位学生需求,促进学生全面发展。

　　本书突出实操导向,围绕研学旅行活动的全链路操作进行设计,通过多元的实训模块,赋能研学旅行指导师在实际操作中不断精进技能,从而提升研学旅行活动的教育效果。本书旨在为研学旅行指导师提供一本全面的实操手册,增强其引导与教学能力,推动高质量的研学旅行人才培养,为研学教育领域注入新的活力。

　　本书可作为高职院校研学旅行管理与服务专业、旅游管理专业、导游专业等专业的教学用书,也可作为研学旅行行业相关从业人员的培训用书。

图书在版编目(CIP)数据

研学旅行指导师实务 / 宋斐红主编 . -- 武汉 : 华中科技大学出版社,2024.12. -- (高等职业教育"十四五"规划旅游大类精品教材). -- ISBN 978-7-5772-1519-8

Ⅰ . F590.75

中国国家版本馆 CIP 数据核字第 2025U03X64 号

研学旅行指导师实务
Yanxue Lüxing Zhidaoshi Shiwu

宋斐红　主编

总 策 划:李　欢

策划编辑:王雅琪　王　乾

责任编辑:聂筱琴

封面设计:原色设计

责任校对:李　琴

责任监印:周治超

出版发行:华中科技大学出版社(中国·武汉)　　　电话:(027)81321913
　　　　　武汉市东湖新技术开发区华工科技园　　　邮编:430223

录　　排:孙雅丽

印　　刷:武汉科源印刷设计有限公司

开　　本:787mm×1092mm　1/16

印　　张:14.25

字　　数:301千字

版　　次:2024年12月第1版第1次印刷

定　　价:49.80元

序一

党的二十大报告指出，要"统筹职业教育、高等教育、继续教育协同创新，推进职普融通、产教融合、科教融汇，优化职业教育类型定位"，"实施科教兴国战略，强化现代化建设人才支撑"，"要坚持教育优先发展、科技自立自强、人才引领驱动"，"开辟发展新领域新赛道，不断塑造发展新动能新优势"，"坚持以文塑旅、以旅彰文，推进文化和旅游深度融合发展"，这为职业教育发展提供了根本指引，也有力地提振了旅游职业教育发展的信念。

2021年，教育部立足增强职业教育适应性，体现职业教育人才培养定位，发布了新版《职业教育专业目录（2021年）》，2022年，又发布了新版《职业教育专业简介》，全面更新了职业面向、拓展了能力要求、优化了课程体系。因此，出版一套以旅游职业教育立德树人为导向、融入党的二十大精神、匹配核心课程和职业能力进阶要求的高水准教材成为我国旅游职业教育和人才培养的迫切需要。

基于此，在全国有关旅游职业院校的大力支持和指导下，教育部直属的全国重点大学出版社——华中科技大学出版社，在党的二十大精神的指引下，主动创新出版理念、改进方式方法，汇集一大批国内高水平旅游院校的国家教学名师、全国旅游职业教育教学指导委员会委员、全国餐饮职业教育教学指导委员会委员、资深教授及中青年旅游学科带头人，编撰出版"高等职业教育'十四五'规划旅游大类精品教材"。本套教材具有以下特点。

一、全面融入党的二十大精神，落实立德树人根本任务

党的二十大报告中强调："坚持和加强党的全面领导。"党的领导是我国职业教育最鲜明的特征，是新时代中国特色社会主义教育事业高质量发展的根本保证。因此，本套教材在编写过程中注重提高政治站位，全面贯彻党的教育方针，"润物细无声"地融入中华优秀传统文化和现代化发展新成就，将正确的政治方向和价值导向作为本套教材的顶层设计并贯彻到具体项目任务和教学资源中，不仅培养学生的专业素养，还注重引导学生坚定理想信念、厚植爱国情怀、加强品德修养，以期落实"立德树人"这一教育的根本任务。

二、基于新版专业简介和专业标准编写，兼具权威性与时代适应性

教育部2022年发布新版《职业教育专业简介》后，华中科技大学出版社特邀我担任总顾问，同时邀请了全国近百所旅游职业院校知名教授、学科带头人和一线骨干教师，以及旅游行业专家成立编委会，对标新版专业简介，面向专业数字化转型要求，对教材书目进行科学全面的梳理。例如，邀请职业教育国家级专业教学资源库建设单位课程负责人担任主编，编写《景区服务与管理》《中国传统建筑文化》及《旅游商品创意》（活页式）等教材；《旅游概论》《旅游规划实务》等教材成为教育部授予的职业教育国家在线精品课程的配套教材；《旅游大数据分析与应用》等教材则获批省级规划教材。经过各位编委的努力，最终形成"高等职业教育'十四五'规划旅游大类精品教材"。

三、完整的配套教学资源，打造立体化互动教材

华中科技大学出版社为本套教材建设了内容全面的线上教材课程资源服务平台：在横向资源配套上，提供全系列教学计划书、教学课件、习题库、案例库、参考答案、教学视频等配套教学资源；在纵向资源开发上，构建了覆盖课程开发、习题管理、学生评论、班级管理等集开发、使用、管理、评价于一体的教学生态链，打造了线上线下、课内课外的新形态立体化互动教材。

本套教材既可以作为职业教育旅游大类相关专业教学用书，也可以作为职业本科旅游类专业教育的参考用书，同时，可以作为工具书供从事旅游类相关工作的企事业单位人员借鉴与参考。

在旅游职业教育发展的新时代，主编出版一套高质量的规划教材是一项重要的教学质量工程，更是一份重要的责任。本套教材在组织策划及编写出版过程中，得到了全国广大院校旅游教育教学专家教授、企业精英，以及华中科技大学出版社的大力支持，在此一并致谢！

衷心希望本套教材能够为全国职业院校的旅游学界、业界和对旅游知识充满渴望的社会大众带来真正的精神和知识营养，为我国旅游教育教材建设贡献力量。也希望并诚挚邀请更多旅游院校的学者加入我们的编者和读者队伍，为进一步促进旅游职业教育发展贡献力量。

王昆欣

世界旅游联盟（WTA）研究院首席研究员

高等职业教育"十四五"规划旅游大类精品教材总顾问

序二

XU ER

2024年5月17日,全国旅游发展大会在北京召开。在本次会议上,习近平总书记对旅游工作作出重要指示,强调"新时代新征程,旅游发展面临新机遇新挑战",要"坚持守正创新、提质增效、融合发展"。党的十八大以来,我国旅游业日益成为新兴的战略性支柱产业和具有显著时代特征的民生产业、幸福产业,成功走出了一条独具特色的中国旅游发展之路。当下,我国旅游业正大力发展新质生产力,推动全行业高质量发展,加快构建旅游强国。

在这个知识经济蓬勃发展的时代,教育的形式正经历着前所未有的变革。随着素质教育理念的深入人心与国家政策的积极引导,研学旅行作为教育创新的重要实践,已成为连接学校教育与社会实际、理论学习与实践探索的桥梁。"读万卷书,行万里路",研学旅行不仅丰富了青少年的学习体验,更是培养其综合素质、创新意识、民族使命感、社会责任感的有效途径。自2016年11月30日教育部等11部门联合出台《关于推进中小学生研学旅行的意见》以来,研学旅行作为教育新形式、旅游新业态在国内蓬勃发展,成为教育和文旅行业的新增长点。2019年10月,"研学旅行管理与服务"专业正式列入《普通高等学校高等职业教育(专科)专业目录》,研学旅行专业人才培养正式提上日程。但是行业的快速发展也暴露了研学旅行专业人才短缺、相关理论体系不完善、专业教材匮乏、管理与服务标准不一等问题。为了有效应对这些挑战,在此背景下,我们联合全国旅游院校的多位优秀教师与行业精英,经过深入调研与精心策划,推出研学旅行管理与服务专业的系列教材,旨在为这一新兴领域提供一套专业性、系统性、实用性兼备的教学资源,助力行业人才培养。

习近平总书记指出,要抓好教材体系建设。从根本上讲,建设什么样的教材体系、核心教材传授什么内容、倡导什么价值,体现的是国家意志,是国家事权。教材建设是育人育才的重要依托,是解决培养什么人、怎样培养人以及为谁培养人这一根本问题的重要载体,是教学的基本依据。教材建设要紧密围绕党和国家事业发展对人才的要求,扎根中国大地,拓宽国际视野,以全面提高质量为目标,以提升思想性、科学性、民族性、时代性、系统性为重点,形成适应中国特色社会主义发展要求、立足国际学术前沿、门类齐全、学段衔接的教材体系,为培养担当民族复兴大任的时代新人提供有力支撑。新形态研学旅行管理与服务专业教材的编写既是一项迫切的现实任务,也是一项重要的研究课题。本系列教材根据专业人才培养目标准确进行教材定位,按照应用导向、能力导向要求,优化教材内容结构设计,融入丰富的典型案例、延伸材料等多元化内容,全线贯穿课程思政理念,体现对工匠精神、红色精神、团队精神、文化传承、文化创新、文明旅游、生态文明和社会主义核心价值观的弘扬和引导,提升教材的人文精神。同时广泛调查和研究应用型本科高等职业教育学情特点和认知特点,精准对标研学旅行相关岗位的职业特点及人才培养的业务规格,突破传统教材的局限,打造一套能够积极响应旅游强国战略,适应新时代职业教育理念的高质量专业教材。本系列教材共包含十二本,每一本都是对研学旅行或其中某一关键环节的深度剖析与实践指导,形成了从理论到实践、从课程设计到运营管理的全方位覆盖。这套教材不仅是一套知识体系的构建,更是一个促进教育与旅游深度融合,推动行业标准化、专业化发展的积极尝试。它为相关专业学生、教师、行业从业人员提供权威、全面的学习资料,助力培养一批具备教育情怀、专业技能与创新能力的研学旅行管理与服务人才,进一步推动我国研学旅行事业向更高水平迈进。

研学旅行管理与服务专业教材的编写对于专业建设、人才培养意义重大,影响深远。华中科技大学出版社与山东旅游职业学院、浙江旅游职业学院等高校,以及北京中凯国际研学旅行股份有限公司深度合作,以科学、严谨的态度,在全国范围内凝聚院校和行业优秀人才,精心组建编写团队,数次召开研学旅行管理与服务专业系列教材编写研讨会,深入一线对行业、院校进行调研,广泛听取各界专家意见,为教材的高质量编写和出版奠定了扎实的基础。在此向学界、业界携手共建教材体系的各位同仁表示衷心的感谢!

我们相信,这套教材的出版与应用能够为研学旅行的发展注入新的活力,促进理论与实践的有机结合,为研学旅行专业人才的培养赋能,也为教育创新和旅游业的转型升级、提质增效贡献力量。同时,我们也期待读者朋友们能为本系列教材提出宝贵的意见和建议,以便我们不断改进和完善教材内容。

魏凯

山东旅游职业学院副校长,教授

山东省旅游职业教育教学指导委员会秘书长

山东省旅游行业协会导游分会会长

前言

QIAN YAN

在教育的广阔天地里,每一次探索都是向未知世界的勇敢迈进,每一场旅行都是心灵与知识的深度交融。随着教育理念的不断革新,研学旅行作为一种新型教育模式,正逐步成为连接学校教育与社会实践的桥梁,为学生提供了走出课堂、亲近自然、探索社会的宝贵机会。在这样的背景下,本书应运而生,旨在为广大研学旅行指导师提供一本全面、实用的操作手册,助力他们在研学旅行的广阔舞台上扮演好引导者与陪伴者的角色。

研学旅行,顾名思义,是"研究性学习"与"旅行体验"的有机结合。它打破了传统课堂教学的时空限制,将学生置于真实、多元的学习情境中,学生通过亲身体验、实践操作和互动交流,激发学习兴趣,培养创新精神和实践能力。自2016年教育部等11部门联合印发《关于推进中小学生研学旅行的意见》以来,研学旅行在我国得到了快速发展,逐渐成为中小学校外教育的重要组成部分。它不仅有助于拓宽学生的视野,增长学生的知识,还在潜移默化中提升了学生的综合素质,为学生的全面发展奠定了坚实的基础。

在研学旅行这一复杂而精细的教育活动中,研学旅行指导师扮演着至关重要的角色。他们不仅是知识的传递者,还是学生情感的支持者、行为的引导者和安全的守护者。一名优秀的研学旅行指导师,需要具备扎实的专业知识、丰富的教学经验、敏锐的观察力和良好的组织协调能力。他们要善于根据学生的年龄特点和认知水平,设计科学合理的研学旅行课程;要能够在旅行过程中灵活应对各种突发情况,确保学生的安全与健康;要能够通过有效的沟通与引导,激发学生的学习兴趣,促进其全面发展。正是基于研学旅行指导师角色的重要性和当前市场对高质量指导师人才的需求,编者精心编写了本书。本书具有以下特点。

1. 内容全面,结构清晰

本书全面梳理了研学旅行指导师的基本知识,如职责和素养要求等,分类总结了旅行社研学旅行指导师、学校研学旅行指导师、研学实践教育基(营)地指导师的工作流程及规范,深入探讨了组织与实施研学旅行课程和研学旅行评价的策略与方法,旨在精准定位学生需求,促进其全面发展。

2. 实操导向,注重技能培养

本书围绕研学旅行活动的全链路操作,设计了多元的实训模块,旨在赋能研学旅行指导师在实际操作中不断精进技能。本书通过案例分析、技能培训与情境模拟等，帮助研学旅行指导师提升教学设计、组织实施、安全管理等方面的能力。

3.强化评价，注重反馈

本书重视研学旅行活动的评价与反馈机制，通过设计科学有效的评价方式，全面评估学生的研学成效，为研学旅行指导师提供改进教学的依据。同时，本书也提倡研学旅行指导师进行自我反思与总结，以不断提升自身的专业素养和教育质量。

4.融合创新，拓宽视野

编者在编写本书的过程中，充分融合了教育学、心理学、旅游学等多个学科的知识，为研学旅行指导师提供了更为广阔的视野和更为丰富的教育资源。同时，本书提倡研学旅行指导师在实践中不断创新，探索出更多符合学生需求和市场规律的研学旅行新模式。

本书由来自山东旅游职业学院、秦皇岛职业技术学院、山西旅游职业学院、济源职业技术学院、山东研途教育科技有限公司的专家和学者共同编写完成，虽然编写团队在编写过程中力求完美，但受限于编者的知识水平和经验积累，本书仍存在一些不足之处。编者诚挚地邀请广大研学旅行指导师、教育工作者、学者以及家长和学生，对本书提出宝贵的意见和建议，期待在大家的共同努力下，本书更加贴近实际、更加科学实用，能够为研学旅行事业的发展贡献更大的力量。

编　者

目录
MU LU

项目一
认识研学旅行指导师

 项目导读

　　研学旅行作为近年来兴起的一种新型教育方式,逐渐受到学校、家长和学生的青睐。研学旅行指导师,作为这一新兴教育模式的践行者,不仅传授给学生知识,还致力于激发学生潜能,引导学生在探索中成长。本项目将带领大家全面认识研学旅行指导师这一职业,了解其工作内容、职业素养要求和职业发展前景,了解研学旅行指导师的概念定义和职责范围,明确其在研学旅行活动中的角色和作用。同时,本项目将探讨成为一名优秀的研学旅行指导师所应具备的专业知识、技能和素养。

 学习目标

知识目标

掌握研学旅行指导师的概念、类型与职责。

能力目标

(1)能够区分研学旅行指导师与其他类似岗位,理解研学旅行指导师的概念内涵。
(2)能够运用常见的教学方法指导研学旅行实践。
(3)能运用心理学知识与青少年进行有效沟通。

素养目标

(1)具备作为研学旅行指导师的基本素养,提高研学旅行服务质量。
(2)建立职业情感,为今后从事研学旅行工作打下良好基础。

 学习重点

研学旅行指导师的职责与素养。

思维导图

认识研学旅行指导师

- 了解研学旅行指导师的概念内涵
  - 了解研学旅行指导师的职业界定
  - 明晰研学旅行指导师的核心任务
  - 多维度解析研学旅行指导师的概念内涵
- 明确研学旅行指导师的类型与职责
  - 明确研学旅行指导师的分类
  - 区分研学旅行指导师与其他类似岗位
  - 梳理研学旅行指导师的基本职责
  - 梳理不同类型研学旅行指导师的职责
- 明确研学旅行指导师的职业素养
  - 了解研学旅行指导师的职业道德素养
  - 明确研学旅行指导师的知识素养
  - 明确研学旅行指导师的职业技能素养
- 掌握研学旅行指导师的教学技巧
  - 了解教育学常识
  - 掌握研学旅行中的教育学原理
  - 学习常用的教学方法
  - 掌握实践教学的设计与应用
- 掌握在研学旅行中应用心理学技术的技巧
  - 了解小学生的心理特点和思维特征
  - 了解中学生的心理特点和思维特征
  - 了解并掌握与青少年沟通的基本要领
  - 提升倾听技巧

任务一　了解研学旅行指导师的概念内涵

任务导入

　　资深导游小王在旅游行业深耕13余载,其从业经验丰富、文化素养扎实,不仅能够熟练驾驭各大景点的路线规划,还擅长生动讲述一砖一瓦背后的历史故事与民俗风情。随着教育理念的革新和市场需求的变迁,研学旅行应运而生,为旅游业带来了新的发展机遇。面对这一变革,小王所在的旅行社迅速响应,决定进行转型升级,在研学旅行接待方面进行突破。在这个转折点上,小王意识到,自己也需要从单纯的"导游员"转变为"研学旅行指导师",但是他对研学旅行指导师这个职业却一无所知。

你知道如何从一名资深导游员转变为一名合格的研学旅行指导师吗？我们应该如何帮助小王进行身份转变呢？

任务解析

小王如果想从一名资深导游员转变为一名合格的研学旅行指导师,首先,应该深入学习研学旅行相关文件、行业标准等,了解研学旅行发展的背景和现状,其次,要梳理研学旅行指导师的概念,最后,要深入总结分析研学旅行指导师的概念内涵,从而提升个人对研学旅行指导师这一职业的认识。

任务重点

掌握研学旅行指导师的概念内涵。

任务难点

从职业定义、工作职责与范围、教学设计与实施、人员构成等多角度梳理研学旅行指导师的概念内涵。

任务实施

步骤一：了解研学旅行指导师的职业界定

2016年12月,国家旅游局发布的《研学旅行服务规范》(LB/T 054—2016)中首次提出了"研学导师"这一概念,指出研学导师是在研学旅行过程中,具体制定或实施研学旅行教育方案,指导学生开展各类体验活动的专业人员。

2019年,中国旅行社协会与高校毕业生就业协会联合发布了《研学旅行指导师(中小学)专业标准》(T/CATS 001—2019),该标准作为首个与研学相关的全国团体标准,明确了研学旅行指导师的定义。

2023年,人力资源和社会保障部面向社会公开征求对于66个国家职业标准的意见,其中《研学旅行指导师国家职业标准(征求意见稿)》将研学旅行指导师定义为策划、制定、实施研学旅行方案,组织、指导开展研学体验活动的人员。这一角色的职责与能力要求被进一步细化,强调了语言表达、沟通协调、活动组织及学习指导等多维能力,以及身心健康的重要性,标志着研学旅行指导师已成为国家认可的、对综合素养有着高标准要求的职业。

2024年7月,人力资源社会保障部办公厅、市场监管总局办公厅、国家统计局办公室发布《关于发布生物工程技术人员等职业信息的通知》,将"研学旅行指导师(4-13-

04-04)"的职业名称变更为"研学旅游指导师"。同时,该文件将该职业的定义变更为"策划、制定、实施研学旅游方案,组织、指导开展研学体验活动的人员"。

步骤二:明晰研学旅行指导师的核心任务

自2022年人力资源和社会保障部公示新职业信息以来,研学旅行指导师的工作核心被界定为策划、制定、实施研学旅行方案,并确保活动的安全与教育价值。研学旅行指导师的日常任务囊括了市场调研、项目开发、方案编制、活动指导与效果反馈等关键环节,凸显了这一角色在连接理论知识与实践体验、促进学生全面发展中的桥梁作用。

步骤三:多维度解析研学旅行指导师的概念内涵

一、研学旅行指导师是教育与旅行内容融合的设计创新者

他们不仅精通教育学与心理学,还深谙旅游管理之道,能够创造性地融合这两个方面的内容,设计出既符合教育目标又能激发学生兴趣的研学旅行课程。

二、研学旅行指导师是师资协同的指挥家

研学旅行团队由学校管理层、一线教师、专业导游、安全专家及家长等多元角色组成,指导师如同乐队指挥,确保每位成员各司其职,协同演奏出和谐的教育乐章。

三、研学旅行指导师是跨学科课程设计师

在面向真实世界的学习环境中,研学旅行指导师须具备跨学科整合能力,将自然、人文、科学等多个领域的知识融入旅行体验,培养学生的综合素养和创新能力。

四、研学旅行指导师是学生成长的陪伴者与引导者

研学旅行指导师应关注学生个体差异,依据学生的年龄、心理特征和学科特点,量身定制学习路径,以耐心和智慧伴随学生在探索中成长,同时自我迭代,持续提升专业水平。

五、研学旅行指导师是教育与旅游跨界融合的先锋实践者

研学旅行指导师不仅承载着教育创新的使命,还是学生探索未知、实现自我超越的领航者。这一职业要求从业者具备高度的责任心、创新精神,以及持续学习的能力,致力于将每一次研学之旅打造成让学生终身受益的教育经历。

通过以上内容我们可以得出这样的结论:小王要想成为一名合格的研学旅行指导

师,应深入理解研学旅行指导师的概念内涵,不断学习知识、提升自己的技能,为学生的综合素质提升提供更好的服务。

实训安排

研学旅行行业从业人员现状调查实训任务书

任务名称	研学旅行行业从业人员现状调查实训	学时	2
任务说明	围绕当前我国研学旅行行业从业人员现状、存在的问题及发展趋势设计一份调查问卷,进行问卷调查,并对调查结果进行分析		
实训方式	模拟实训,以6—8人为一组,分组进行练习		
实训目标	各组能够客观理性地进行调查,并分析调查结果		
空间要求	无限制		
物品要求	多媒体设备、调查工具等		

研学旅行行业从业人员现状调查实训记录单

任务名称		学时	
小组成员			
任务分析			
实训流程			
评价要点			
分数			
总结与建议			

任务二 明确研学旅行指导师的类型与职责

任务导入

小王已经了解了研学旅行指导师的基本概念内涵,他和朋友小李都在学习,努力成为一名合格的研学旅行指导师。小王在旅行社工作,小李进入了当地的一家研学实践教育基地工作。然而,小王和小李在交流中发现虽然他们都成了研学旅行指导师,但由于工作环境的不同,他们的工作职责却不一样,这是为什么呢?

任务解析

本任务将带领大家了解不同类型研学旅行指导师的工作职责,并学会区分类似岗位之间的区别。具体来说,小王和小李需要了解学校研学旅行指导师、旅行社研学旅行指导师、研学实践教育基(营)地指导师等的工作职责,以及不同类型研学旅行指导师之间进行协作的方式;区分研学旅行指导师与其他类似岗位,如与导游员、中小学教师和研学实践教育基(营)地教练等的不同,等等。

任务重点

掌握三类研学旅行指导师的职责以及他们之间协作的方式。

任务难点

区分三类研学旅行指导师的概念和职责,明晰他们与其他类似岗位之间的区别。

任务实施

步骤一:明确研学旅行指导师的分类

一、按委派主体分类

(一)学校研学旅行指导师

学校研学旅行指导师简称"学校指导师",指按照规定取得研学旅行指导师证书,接受学校委派,并结合学校的教学目标和当地的实际情况,代表校方实施研学旅行课程方案,为研学旅行活动提供服务并具备教师资格的人员。此类人员大多由在校的教师组成,是学校实施综合实践课程、劳动教育课程的主要人员。

(二)旅行社研学旅行指导师

旅行社研学旅行指导师,指按照规定取得研学旅行指导师证书,并接受符合《研学旅行服务规范》(LB/T 054—2016)要求的旅行社委派,代表旅行社实施研学旅行课程方案,为研学旅行活动提供专业服务的人员。

（三）研学实践教育基（营）地指导师

研学实践教育基（营）地指导师简称"基（营）地指导师"，指按照规定取得研学旅行指导师证书，接受研学实践教育基（营）地的委派，代表研学实践教育基（营）地实施研学旅行课程方案，为研学旅行活动提供专业服务的人员。

（四）其他类研学旅行指导师

其他类研学旅行指导师可统称为"机构指导师"，指按照规定取得研学旅行指导师证书，接受第三方研学服务机构（包括旅游景区、博物馆、非遗馆、艺术馆、图书馆、科技馆、少年宫、研究所等教育类、文化类、培训类的研学服务机构）的委派，实施研学旅行课程方案，为研学旅行活动提供专业服务的人员。

二、按就业方式分类

按照就业方式的不同，可将研学旅行指导师分为以下两种类型。

（一）专职研学旅行指导师

专职研学旅行指导师指按照规定取得研学旅行指导师证书，被旅行社、学校或研学服务机构等正式聘用，签订劳动合同，以研学旅行教育工作为主要职业的从业人员。

（二）兼职研学旅行指导师

兼职研学旅行指导师指平时不以研学旅行指导师为主要职业，被旅行社、学校或研学服务机构等临时聘用并委派从事研学旅行教育工作的人员。目前这类人员可细分为以下两种。

（1）被旅行社、学校或研学服务机构等临时聘用，通过规定取得研学旅行指导师证书，但只是兼职从事研学旅行教育工作的人员。

（2）被旅行社、学校或研学服务机构等临时聘用，没有取得研学旅行指导师证书，但具有特定知识或技能，并临时从事研学旅行教育工作的人员。例如，科研机构的专家学者、文化遗产地的非遗传承人、民间民俗艺人等，他们是研学旅行师资队伍的重要补充，往往可以深入讲授研学旅行课程，能够有力保障研学旅行课程的高水平实施。

三、按技能等级划分

我国的研学旅行指导师正处于专业岗位形成阶段，《研学旅行指导师国家职业标准（征求意见稿）》中根据专业技能水平，将研学旅行指导师由低到高划分为"四级/中级工、三级/高级工、二级/技师、一级/高级技师"四个等级。

步骤二：区分研学旅行指导师与其他类似岗位

一、研学旅行指导师与导游员的区别与相似之处

（一）二者的区别

导游员是指依法取得导游证，接受旅行社委派，为旅游者提供向导、讲解及相关旅游服务的人员。在目前的归类中，固定在各大旅游景区内进行导游服务的景点讲解员，也属于导游员的范畴。

从资格认定方面来看，导游员必须参加全国导游人员资格考试，并达到成绩合格，与旅行社订立劳动合同或者在相关旅游行业组织进行注册，在取得导游证并接受旅行社的委派后才能从业。目前，研学旅行指导师主要以行业培训为主，经测试合格后获取由行业认证的技能证书，在主办方或承办方聘用下即可执业，但依据相关法律规定的职业发展要求，取得导游证是一名研学旅行指导师的从业基础。

从工作职能方面来看，导游员的主要职责是在旅游活动中进行导游讲解，提供旅行生活服务，解决旅途中出现的问题，而研学旅行指导师不仅要履行导游职责，还会涉及策划、制订和实施研学旅行课程方案，在研学旅行过程中组织和指导中小学生开展各类研究性学习和体验活动，它的工作重心不仅是提供讲解和生活服务，还包括课程教学设计、培养学生综合素质等内容。

从服务对象方面来看，导游员所接待的游客一般是不做区域、年龄、身份等方面的区分的，而研学旅行指导师的服务对象主要是中小学生。导游员更注重对景点信息的讲解和对游客的服务，而研学旅行指导师则更注重对整个旅行过程的规划。虽然二者的工作内容有重叠，但他们在旅游业中的角色是不同的。

（二）二者的相似之处

导游员与研学旅行指导师之间也有着高度相似性：首先，二者的工作环境都是离开惯常地的社会真实场景；其次，二者的工作都需要其具备室外工作相关的组织能力、应变能力、语言表达能力等实操技能；再次，二者都需要有丰富的文化知识储备；最后，二者的主要职责都是保障整个活动安全顺利进行。

二、研学旅行指导师与中小学教师的区别与相似之处

（一）二者的区别

教师是履行教育教学职责的专业人员，承担着教书育人、培养社会主义事业的建设者和接班人、提高民族素质的使命。

从资格认定方面来看,中小学教师必须具备规定的学历,通过国家教师资格考试,有教育教学能力,经认定合格后,才可以取得教师资格,而研学旅行指导师的证书目前还属于技能证书,不是国家准入的资格证书,但从职业发展要求的角度来说,作为一名研学旅行指导师应取得教师资格证。

从工作内容方面来看,中小学教师主要从事学校教育,工作内容主要是学科理论教学。而研学旅行指导师主要从事校外教育,通过探索、体验、研究性学习等方式来完成综合实践课程教学。

从工作场所方面来看,中小学教师的工作场所主要在校内,而研学旅行指导师的工作场所则主要在校外。

(二)二者的相似之处

中小学教师与研学旅行指导师的相似之处包括:首先,二者进行的都是教学活动,具有"为人师"的性质;其次,二者的服务对象相同,都是学生;最后,二者都需要具备必要的教学资质和进行技能培训,以保证学生教学目标的完成和活动的安全顺利。

三、研学旅行指导师与研学实践教育基(营)地教练的区别与相似之处

(一)二者的区别

本书所论述的研学实践教育基(营)地教练,是指凭着一技之长接受聘任,在一些研学实践教育基(营)地或旅游景区从事拓展训练、军事训练、特殊技能训练等活动的人员。

从资格认定方面来看,研学实践教育基(营)地教练的认证更多是对教练本人在各项单独技能上的认证,如救生员证、无人机驾驶证、体能训练师证等,认证主管单位也是各有不同的。研学旅行指导师相关证书的认证主管单位目前主要是旅游行业的相关组织或机构,如1+X证书、各行业协会自行颁发的证书等。

从工作职能方面来看,研学实践教育基(营)地教练更强调技能上的指导,而研学旅行指导师强调的是在整个研学旅行活动过程中的引导和启发作用。

从工作范围方面来看,研学实践教育基(营)地教练所从事的大多是研学旅行环节中的某项具体教学、技能培训工作,而研学旅行指导师所要负责的则是从课程设计到落地,再到后期评价的整个教学过程。

从工作场所方面来看,研学实践教育基(营)地教练工作场所以研学实践教育基(营)地为主,比较固定,而研学旅行指导师的工作场所随着研学旅行活动范围的变化而变化。

从服务对象方面来看,研学实践教育基(营)地教练的服务对象是不做区域、年龄、身份等区分的,而研学旅行指导师的服务对象主要是中小学生。

（二）二者的相似之处

研学实践教育基（营）地教练与研学旅行指导师也不乏相同之处：首先，二者都是在校外以实践体验的方式来教学的；其次，二者都会承担一定的教育职责，与教师类似；最后，由于教学情况复杂，二者都需要具备很强的活动组织能力以及安全防范与处理能力。

步骤三：梳理研学旅行指导师的基本职责

研学旅行指导师作为实施研学旅行活动的关键角色，承担着以下多个方面的基本职责。

一、规划和设计研学旅行课程

研学旅行指导师需要根据学生的年龄特征、学习需求和研学旅行目的地的教育资源，精心规划和设计富有教育意义的研学旅行课程，包括确定教学目标、选择合适的活动内容和制订详细的行程计划等。

二、组织和实施研学旅行活动

研学旅行指导师需要负责研学旅行活动的组织和实施工作，确保活动的顺利进行，涉及行前准备、出行期间的引导与协调，以及返程后的总结与反馈等一系列操作。

三、实施安全管理

确保学生在研学旅行过程中的安全是研学旅行指导师的首要职责。这包括对学生进行安全教育、实施风险评估和应急管理计划，以及随时处理旅行中可能发生的安全问题。

四、实施学习评价

研学旅行指导师需要根据预设的教育目标，设计并实施有效的评价方法，评估学生在研学旅行中的学习成果和体验效果，为今后的活动提供改进依据。

五、实施德育

德育是素质教育的重要组成部分，旨在培养学生的道德品质、价值观念和社会责任感。研学旅行指导师实施德育对于促进学生的全面发展和培养学生的社会责任感具有重要意义。通过以身作则、融入德育内容、引导学生反思与讨论、建立激励机制以及家校合作等方式，研学旅行指导师可以有效地在研学旅行中实施德育，从而帮助学生形成健全的人格,使其成为既有知识又有德行的全面发展的人才。

研学旅行指导师不仅要有丰富的知识储备和实践经验,还需要具备良好的组织协调能力、应急处理能力以及教育引导能力,从而确保研学旅行活动的安全、有趣和有意义。

步骤四:梳理不同类型研学旅行指导师的职责

一、学校研学旅行指导师职责

学校研学旅行指导师在组织和执行研学旅行活动时,担负着多重职责,这些职责旨在确保行程的教育价值、学生的安全以及活动的顺利进行。学校研学旅行指导师的职责主要包括以下几个方面。

(一)确定研学旅行教育目标

学校研学旅行指导师需要根据学校的教学计划和学生的学习需求,明确研学旅行的教育目标。要想明确研学旅行的教育目标,学校研学旅行指导师首先需要与学校的教学团队合作,综合考虑课程标准和学生的实际学习需求,包括识别学生在学科知识、实践技能、情感态度以及创新思维方面的发展需求,应针对不同年级和学科制定教育目标,并做到具体、可实现,如增强学生对自然科学的兴趣,提高学生对历史文化的认知,或是加强学生的生态保护意识等。学校研学旅行指导师在设计研学旅行活动时,应考虑如何通过具体行动实现这些教育目标,确保活动内容与课程目标相匹配,以促进学生的全面发展。

(二)参与研学旅行课程设计

学校研学旅行指导师可以自行设计或与研学机构、研学实践教育基地工作人员共同设计研学旅行方案。方案的内容设计应与教育目标相符,包括行程的安排、教育内容的挑选、活动类型的设计等,确保活动的实践性和互动性。学校研学旅行指导师在安排行程时,应合理分配时间,让学生有足够的时间深入探索,同时为学生留有空间进行反思和总结;在挑选教育内容时,要紧密结合研学旅行目的地的特色和教育资源;在设计活动类型时,需考虑活动的趣味性、参与性和安全性。

(三)资源协调与管理

学校研学旅行指导师需要合理利用和协调各种资源,包括与旅行社、研学旅行目的地景点及相关教育机构进行沟通与协作,确保所需资源的有效配置。学校研学旅行指导师应详细规划与旅行社的合作,包括对交通、住宿和餐饮等方面的安排,做好与研学旅行目的地景点、教育机构或专家的协调工作,安排专业的现场讲解和互动活动;同时,考虑如何充分利用学校内部资源,如借助科技教育工具进行课程内容的预习和复习,以提升学习效果。

(四)实施安全管理

安全管理是研学旅行中极为重要的环节之一。学校研学旅行指导师要事先与研学旅行接待机构进行详尽的安全风险评估,识别可能的安全隐患,并采取预防措施,如制定应急预案、对学生进行培训并使其掌握基本的安全知识和自救技能等。学校研学旅行指导师对于行前、行中、行后的每一个阶段,都应有明确的安全指导和监管,以确保学生的人身安全。

(五)组织实施与引导

一次成功的研学旅行离不开有序的组织和有效的现场引导。学校研学旅行指导师在研学旅行中承担领队角色,组织实施各项计划,确保活动按照既定计划进行;同时,通过现场讲解、引导讨论等方式,提高学生的学习兴趣和参与度。

(六)情感引导与心理支持

在研学旅行过程中,学生可能会遇到适应困难、情绪波动等问题。学校研学旅行指导师应细心观察学生的情绪变化,及时提供支持,帮助学生调整好心态,解决学生在人际关系方面产生的冲突,确保每个学生都能在研学旅行中保持良好的心理状态。

(七)学习成效评估

学校研学旅行指导师应通过观察记录、学生反馈、作业展示等方式,评估学生在研学旅行中的学习效果,及时给予学生反馈。对于学生的学习成效评估,可以采取多元化的方式,如自我评价、同伴评价、教师评价等,评估结果有助于学生及时了解自身的学习状况,还能为学校研学旅行指导师后续设计课程和活动提供参考。

(八)反馈与总结

反馈与总结环节对于巩固学生学习成果、提高未来研学旅行的质量至关重要。通过组织学生进行口头或书面的反思总结,讨论学习收获和体验,学校研学旅行指导师能更好地了解每个学生的学习状态,并据此调整教学方法和活动设计。

(九)家长沟通与协作

家长是学校研学旅行指导师成功组织研学旅行活动的重要合作伙伴。在研学旅行活动前,学校研学旅行指导师可以通过家长会等形式向家长介绍研学旅行的目的、安排和注意事项等,听取家长的意见和建议,提高家长的信任度和支持度;在研学旅行活动后,学校研学旅行指导师应及时向家长报告学生的学习成果和体验情况,加强家校合作,共同促进学生的成长。

二、旅行社研学旅行指导师职责

旅行社研学旅行指导师与学校研学旅行指导师在角色和职责上有所不同,旅行社研学旅行指导师主要聚焦于研学旅行的规划、执行和服务方面,其职责主要包括以下几个方面。

(一)行程规划

旅行社研学旅行指导师需要根据学校的教育目标和要求,设计合适的研学旅行路线和行程,包括选择适宜的研学旅行目的地、安排具有教育意义的活动和访问地点,以及确保行程的适宜性和可行性。

(二)资源整合

旅行社研学旅行指导师需要安排交通、住宿、餐饮等方面的服务并进行协调,确保这些服务符合学生的年龄特点和安全需求;同时,与研学旅行目的地的教育机构、专家、旅游景区等合作,为学生提供丰富的学习资源和宝贵的互动机会。

(三)风险评估与安全管理

旅行社研学旅行指导师需要对研学旅行进行全面的风险评估,包括交通安全、食品卫生、住宿安全等方面,并制定相应的安全管理措施和应急预案;负责在研学旅行过程中实施这些安全措施,确保学生和教职员工的安全。

(四)质量控制与服务保障

旅行社研学旅行指导师需要确保研学旅行中的各项服务达到预期的标准,从交通、住宿到活动安排,均需保证质量,满足研学旅行的特殊需求。

(五)现场教育活动的组织与执行

旅行社研学旅行指导师需要负责研学旅行中各类教育活动的组织工作,包括与地方导游或专家配合,确保其教育内容的准确性和有效性。在必要时,旅行社研学旅行指导师还需完成现场讲解或辅助教学等工作。

(六)沟通与协作

作为学校与研学旅行服务提供方之间的桥梁,旅行社研学旅行指导师需要与学校保持紧密的沟通,了解学校的需求和反馈,并根据实际情况进行调整;同时,也需要与学校研学旅行指导师、研学实践教育基(营)地指导师协同工作,确保研学旅行活动的顺利开展。

(七)财务管理

旅行社研学旅行指导师需要负责研学旅行的预算制定和成本控制,确保项目的效益最大化;同时,对合同条款、支付事宜等进行管理,保证财务透明和公正。

(八)问题解决与应对

在研学旅行过程中遇到的任何问题,如行程延误、服务不达标等,旅行社研学旅行指导师需要及时沟通并寻找解决方案,保障学生的正常学习和体验不受影响。

(九)收集反馈与撰写总结报告

在研学旅行结束后,旅行社研学旅行指导师需要收集学校、学生和家长的反馈,撰写总结报告,评估研学旅行的效果和服务质量,并将评估结果作为改进和提升研学旅行服务的参考。

三、研学实践教育基(营)地指导师职责

研学实践教育基(营)地指导师通常负责在具体的教育场所(如历史遗迹、科学博物馆、生态保护区等)组织和实施研学旅行活动,其职责包括但不限于以下几个方面。

(一)课程设计与实施

研学实践教育基(营)地指导师需要基于基(营)地特色和资源,设计符合学生年龄及学习需求的教育课程和活动。课程内容应覆盖相关学科知识,同时有助于培养学生的观察能力、思考能力、实践能力和创新能力。此外,研学实践教育基(营)地指导师需要对课程的内容进行落实,涉及讲解,以及指导、监督学生进行实地探索、实验操作等活动。

(二)教材和教具准备

研学实践教育基(营)地指导师需要准备合适的教材和教具,包括但不限于研学手册、地图、标本、实验设备等,以辅助教学和提升学生的实践体验。

(三)安全管理

研学实践教育基(营)地指导师需要对基(营)地内研学区域进行安全评估,确保活动场地的安全性,并针对可能存在的风险制定应对措施和应急预案;在研学旅行活动开始前和活动中对学生进行安全教育,包括介绍安全规则和应急措施,确保学生了解并遵守安全规定。

(四)学习效果评估

研学实践教育基(营)地指导师需要设计并实施关于学生在基(营)地研学效果的评估方案,可以通过观察记录,或利用调查问卷、学生作品等方式,了解学生的学习进度和学习效果,并依据评估结果对研学旅行课程进行调整和优化。

（五）营造学习氛围

研学实践教育基(营)地指导师需要努力打造一个正面、支持性的学习环境,鼓励学生积极提问、参与讨论并深入探索,从而有效激发学生对学习的热情和兴趣。

（六）沟通与反馈

研学实践教育基(营)地指导师需要与学校教师、研学机构、家长及学生保持有效沟通,对研学旅行活动的要求、目标和成果进行介绍,收集来自各方的反馈意见,并将其作为提高研学旅行活动质量的重要参考依据。

（七）协调与合作

研学实践教育基(营)地指导师需要与学校、旅行社等合作伙伴协调配合,确保研学旅行活动顺利进行,如可以与其他研学实践教育基地或教育机构进行交流、合作,共同开发和分享优质的研学旅行资源。

实训安排

研学旅行指导师岗位招聘实训任务书

任务名称	研学旅行指导师岗位招聘实训	学时	2
任务说明	假设你是某旅行社研学旅行指导师岗位的招聘专员,请你结合研学旅行指导师的职责,对该旅行社研学旅行指导师岗位进行分析,拟定岗位招聘条件并进行模拟实训		
实训方式	模拟实训,以6—8人为一组,分组进行练习		
实训目标	各组能够根据研学旅行指导师的职责,按流程进行岗位招聘,筛选出符合该旅行社要求的研学旅行指导师		
空间要求	室内外均可,能够设置模拟实训场景,做到空间分区,支持1—2组成员同时进行现场演示		
物品要求	多媒体设备、桌椅、招聘道具等		

研学旅行指导师岗位招聘实训记录单

任务名称		学时	
小组成员			
任务分析			
实训流程			
评价要点			
分数			
总结与建议			

任务三　明确研学旅行指导师的职业素养

任务导入

要想成为一名合格的研学旅行指导师,需要具备一系列的职业素养和技能。本任务主要围绕研学旅行指导师的职业道德素养、知识素养以及职业技能素养进行讲解。

任务解析

本任务旨在帮助学生了解并掌握研学旅行指导师应具备的职业道德素养、知识素养以及职业技能素养。本任务的学习有助于学生提高对于研学旅行指导师的职业道德准则和行为规范的认知,掌握作为研学旅行指导师所需的各项知识,包括研学相关政策法规知识、学科知识、史地文化知识等,提升作为研学旅行指导师所需的基本能力和核心能力,如表达能力、组织能力、应变能力等。

任务重点

了解研学旅行指导师的职业道德素养、知识素养、职业技能素养。

任务难点

能够根据研学旅行指导师的素养要求,提升自身能力,并将相关理论知识运用到研学旅行服务中。

任务实施

步骤一:了解研学旅行指导师的职业道德素养

一、遵守道德准则

组织研学旅行活动的目的是对学生进行教育,研学旅行指导师的语言和行为习惯、对待生活的态度、表现出来的道德修养等都会对学生产生潜移默化的影响。研学旅行指导师应该成为学生学习的榜样,所以其应有正确的价值观、积极的生活态度、良好的道德习惯,并确保自己在研学旅行中的一言一行能够起到正面的示范作用。

（一）热爱祖国，自尊自强

研学旅行指导师应把国家的利益、社会主义事业摆在第一位，自觉维护国家和民族尊严，树立民族自豪感，以热情的导学服务感染学生，带领他们在领略中国山川风物的同时，体会到博大精深的中华优秀传统文化，感受到中华民族奋发图强、不屈不挠的民族精神。

研学旅行指导师应努力通过自己由内而外散发的自信、自尊、自立、自强的人格魅力，影响和引导学生脚踏实地、实事求是，成为奋发向上的充满正能量的少年。

（二）遵纪守法，爱岗敬业

遵纪守法是每个中国公民的义务，研学旅行指导师要了解《中华人民共和国教育法》《中华人民共和国教师法》《中华人民共和国未成年人保护法》《中华人民共和国预防未成年人犯罪法》等法律法规的内容；要树立高度的法纪观念，自觉遵守国家的法律法规，遵守教育行业和旅游行业的相关规章制度，严格执行研学旅行相关标准和服务规范。

研学旅行指导师要有敬业精神和竞争意识，刻苦钻研业务，精益求精，不断进取；要热爱本职工作，以十分的热情和饱满的精神投入研学旅行服务。

总之，研学旅行指导师应努力通过自己严谨的工作作风、热爱本职工作的敬业精神等，引导学生遵纪守法，培养学生认真、严谨的良好品质。

（三）积极乐观，诚信友善

人在任何困难面前都不应该丧失信心，而要始终保持乐观的心态。在研学旅行服务过程中，研学旅行指导师会遇到各种困难，如遭遇行程延误、团队成员生病等突发情况，研学旅行指导师应表现出乐观的态度，积极解决问题，向学生传递在遇到困难时要积极应对、尽力克服的精神。

诚信友善是公民应遵守的基本道德规范，是从个人行为层面对社会主义核心价值观的诠释，是评价公民行为规范的基本价值标准。研学旅行指导师应做到信守诺言、诚信待人。

二、遵守行为规范

（一）团结协作，顾全大局

团结协作是指为了实现共同的利益和目标，在信念上一致和在行动上统一的相互关系和行为规范，表现为人与人之间互相支持、互相帮助。顾全大局是指为了共同利益和目标，摆正个人、集体、国家三者之间的关系，自觉做到个人利益服从集体利益、局部利益服从整体利益、眼前利益服从长远利益。由于研学旅行活动的特殊性，哪怕是一次几十人的小规模研学旅行活动，也需要整合多种研学旅行资源，会涉及交通、餐饮、住宿等方面的服务供应商和相关部门,要想将各自独立又相互联系的诸多人员和部门组织、协调起来,朝着一个共同的目标(为学生提供满意的服务)努力,需要研学旅行指导师在其中起到牵线搭桥的作用。研学旅行指导师应有大局观念,从整体出发,团结相关工作人员,组织人员进行分工协作,使研学旅行活动得以顺利进行。

研学旅行指导师是研学旅行课程落地执行的核心,承担着组织、协调方面的重要联络和衔接工作。如果研学旅行指导师缺乏大局观念,不懂得从全局层面上思考问题,就可能会顾此失彼,降低工作效率,甚至造成不可挽回的损失。对外若是失去与供应商的合作关系,企业就会成为一片孤岛;对内若是各相关部门的员工各行其是,产生利益纷争,企业内部管理就会变得杂乱无序,白白消耗资源。研学旅行指导师若是习惯从本部门的利益或自身利益出发,把其他部门和企业当成为己谋私利的工具,取得成绩时据为己有,出现失误时推诿责任,会逐渐失去他人的信任,整个研学旅行活动也就不可能顺利开展了。

(二)善于学习,不断进取

在这个知识经济的时代,一个人的学习能力在很大程度上决定了这个人的发展状况。研学旅行指导师要善于学习,肯钻研,关注并把握好不断变化的新动态、新信息,以提高作业水平。例如,研学旅行指导师应掌握酒店淡旺季价位的上下浮动情况,火车班次的调整、航班的变化,当地新景点、新线路的改变情况,等等。只有以丰富的知识武装自己,以最快的速度从各种渠道获得最新的资讯,并加以研究运用,研学旅行指导师才能保证作业迅速、流畅。企业的人才判断标准是能适应企业内外变化,并能迅速调整,为企业的发展带来利益。21世纪是知识经济的时代,知识、信息、智慧、才干是经济社会发展的关键性要素,人才及其技能、知识是社会经济的第一资源、第一资本,是企业发展的决定性因素。本质上,我们可以称知识经济为"人才经济"。人才的竞争是一切竞争的基础,人才是极具价值的。而人才及其所具备的知识、智慧、技能,是通过学习而获得的,不学习就无法获得知识、智慧,无法进行创新,进而也就无法掌握技能,企业的发展会因此停滞,甚至导致企业灭亡。

同时,研学旅行活动的服务对象是广大中小学生,研学旅行是全学科融合课程,涉及广博的知识、无限的挑战。这种特殊性使研学旅行指导师需要具备"活到老,学到老"的意识,善于学习,不断进取,在研学路上,以良好的精神风貌和广博的知识储备陪伴广大中小学生成长。

(三)公平公正,一视同仁

研学旅行活动的主体是广大中小学生。学生虽然在个性特点、学习成绩等诸多方面有所不同,但他们参加研学旅行活动的权利是一样的,应该受到公平公正的对待。这就意味着,研学旅行指导师在对待学生时,不能以"权威"自居,不能搞"一言堂",要与学生共同探讨、共同商量;在组织活动时,应对学生一视同仁,公平公正地对待每一个学生,不能因为学生的家庭文化、经济背景等的不同而对他们区别对待。研学旅行指导师应在研学旅行活动中公平地对待每一个学生,无论学生是聪明的还是愚钝的、是乖巧的还是顽劣的。当学生感受到无论自己是否引人注目、是否取得过骄人的成绩,甚至是否遵守活动规则,自己都会与其他同学一样平等地受到研学旅行指导师的关注和关心时,他们会不由自主地被研学旅行指导师的人格魅力所折服,产生由衷的"向师之心",此次研学旅行活动便产生了"亲其师"方能"信其道"的教育效果。事实上,平等地对待每一个学生,给学生表达自己想法的机会,是教育教学中不容忽视的重要准则。在研学旅行教育活动中,研学旅行指导师应以正确的教育思想教书育人,面向全体学生,公平地对待每一个学生,给予全体活动参与者同样的关心和指导、同样的信赖和尊重、同样的鼓励和期望,对所有的学生一视同仁。例如,在研学旅行活动中的互动环节中,研学旅行指导师在请学生回答问题时,要做到尽量让每个人都参与到活动中;遇到需要编排学生小组的活动项目时,也要公正公平,不能带有"特殊的"感情色彩,"厚此"而"薄彼"。

步骤二:明确研学旅行指导师的知识素养

一、政策法规知识

政策法规知识是一个合格的研学旅行指导师必备的知识。掌握相应的政策法规知识有助于研学旅行指导师顺利完成本职工作、保障学生和自身权益。在研学旅行活动中,研学旅行指导师不得出现违背党的路线、方针政策的言行,不得发表错误观点或编造、散布虚假信息、不良信息,不得出现损害国家利益、社会公共利益或违背社会公序良俗的行为。研学旅行指导师需要着重了解保护青少年健康成长方面的法律法规,以及研学旅行活动涉及的业务规范,包括《中华人民共和国教育法》《中华人民共和国未成年人保护法》《中华人民共和国消费者权益保护法》《中华人民共和国旅游法》等。此外,研学旅行指导师还要了解交通运输、食品药品、卫生医疗保险等相关行业的政策法规知识。

二、学科知识

研学旅行活动的主体是广大中小学生,研学旅行活动课程是全学科融合课程。研学旅行指导师负责组织和实施研学旅行活动,需要了解学校针对中小学生在不同阶段所开设的科目及其大体内容,这是规划与设计研学旅行课程方案的基础。如果研学旅行指导师对中小学全学科知识模糊不清,心中没底,那么工作就会陷入"活动目标不清,教育效果不好"的困境。因此,研学旅行指导师案头必备的图书资料应包括从小学到高中阶段的全学科教材。其中,语文、思想品德等科目的相关教材,近几年都进行了相当大的创新和改革,切记要实时关注最新版本的变化,及时把握改革的内容和思想,保证研学旅行课程与校内课程体系的"无缝对接"。

三、史地文化知识

研学旅行指导师应该对当地及国内主要研学实践教育基地的风景名胜、风土人情、历史典故等所有了解,熟悉历史、地理、民族、民俗、文学、建筑、生物、考古等方面的知识。研学旅行指导师不仅要知识广博,成为"杂家",还应对学科知识有所研究,成为学生心目中的专家,能够引导学生欣赏中国的大好河山、探究自然科学的奥秘、分析历史文化的成因,能够带领学生有效开展探究性学习。

四、教育学知识

研学旅行指导师担负的是教学育人的工作,教育学知识是一名合格研学旅行指导师必须掌握的基础知识。教育学是研究教育现象和教育问题、揭示教育规律的学科。研学旅行指导师只有掌握了科学的教育内容、教育方法和教育手段,才能有目的、有计划、有组织地对学生开展更有成效的研学教育活动,以增加学生的知识储备,提升学生的技能,对学生的思想观念产生积极影响。

五、心理学知识

丰富的心理学知识是研学旅行指导师教育好学生的重要保障。研学旅行指导师要根据教育心理学的原理,了解并掌握学生心理,设计研学旅行程序,以优化研学旅行活动效率,提高研学旅行服务质量。同时,研学旅行指导师在研学旅行过程中要注意帮助学生消除负面、消极心理,战胜各种心理障碍。中小学生正处于成长的不同阶段,其心理需求和心理发展呈现出显著的多样性。研学旅行指导师要及时关注学生的心理活动,有针对性地提供心理服务,尽量让学生学有所获,同时也在心理需求方面得到满足。

六、美学知识

研学旅行应是研学旅行指导师带领学生一起发现美、寻觅美和欣赏美的过程。研学旅行指导师可以运用自然界、社会生活中一切美的形式对学生进行潜移默化的教育,达到净化学生心灵、增长学生智慧、提高学生道德标准的目的。一名合格的研学旅行指导师应懂得什么是美,知道美在何处和如何欣赏美,并善于用生动形象的语言引导学生去领略研学旅行中的自然和人文之美。研学旅行指导师应该具备的美学知识包括自然景观美学知识、人文景观美学知识、生活美学知识等。

七、文明旅游、旅行和服务知识

伴随大众旅游时代的到来,游客文明素质的高低直接影响着一个地区乃至整个国家的形象,文明旅游工作不容小觑,需要形成人人支持、人人参与文明旅游的社会风尚。文明旅游是推动社会主义核心价值观建设和研学旅行高质量发展的内在要求,研学旅行指导师在设计研学旅行课程时要融入文明旅游的理念,在组织、实施中教育、引导学生做"文明人"。例如,在出发前或行程中,研学旅行指导师应提醒学生注意地域文化差异及公共礼仪,如在公共场合不高声喧哗、用餐时排队取餐等。

研学旅行指导师需要掌握研学旅行组织和服务知识,包括:掌握订餐、订房、车辆安排等方面的业务流程和规范;熟悉旅行常识,如天气变化、饮食禁忌等。同时,研学旅行指导师还要积极宣传文明旅行,可以利用学生喜闻乐见的新媒体平台(如抖音、微信视频号等短视频平台)制作宣传资料,并将其运用在研学旅行中,或者围绕这些方面的知识,设计研学旅行任务或课程,发挥学生的主观能动性,结合志愿服务活动,指导学生以实际行动践行文明旅行理念。

八、安全风险管理知识

研学旅行活动是广大中小学生在校外进行的综合实践活动。研学旅行课程的开展多在户外进行,需要学生走出校园,对于高年级学生,还会设计一些体能拓展方面的内容。研学旅行活动的这种特殊性决定了其"安全第一"的设计原则。这就需要研学旅行指导师掌握相关安全风险管理知识,如研学旅行中安全隐患、风险源的识别与评估,消除安全隐患的方法,安全风险应对策略等;掌握基本的安全防护救护知识与灾害应急常识,如暴风雨、泥石流等风险的规避,野外作业突发情况的现场急救等。

同时,研学旅行指导师要着重了解相关的意外险、责任险知识,当出现了意外事故时,能够指导、协助利益相关方处理相关资料、手续的准备和理赔事宜,从而保障利益相关方的合法权益,避免产生更大损失。

九、信息技术知识

随着5G技术被引入商用领域,人们开始进入一个集移动互联、智能感应、大数据、智能学习于一体的智能互联网时代。研学旅行指导师的服务对象——广大中小学生可以称得上是"数字原住民",是在信息时代出生、长大的孩子,他们的学习和生活与信息技术联系紧密。因此,研学旅行指导师应熟悉现代化的信息技术知识,具备开展"线上+线下"的教育活动的能力;应掌握关键信息技术知识,包括常用工具及软件知识、数字媒体知识、电子商务知识、商务智能知识、办公系统应用知识等;应掌握网站信息浏览的基本方法,能够熟练使用搜索引擎等工具,掌握图像处理技术、最新音频和视频设备的使用原理和使用方法,等等。

步骤三：明确研学旅行指导师的职业技能素养

一、了解研学旅行指导师的基本能力

（一）表达能力

表达能力是研学旅行指导师最重要的基本功。研学旅行指导师不仅要有创新的思想和见解，还要能在学生面前很好地表达出来；不仅要在行为方面对学生起到示范作用，还要用自己的语言去感染、说服他们。研学旅行指导师应具备过硬的语言能力和扎实的语言功底，在组织研学旅行活动的过程中，要善用语言技巧，具体做到以下几个方面：言之有物，讲解的内容要充实、有说服力；言之有据，要对讲解的内容负责，做到有根有据，令人信服，不得胡编乱造；言之有理，说话、办事要讲究情理，要以事实为依据；言之有情，在措辞、声调及表情方面要表达得友好，富有人情味，让听者感到亲切、温暖；言之有礼，讲话要文雅，态度要谦虚，做到有礼貌、合乎礼节；言之有神，在交际和讲解时要精神饱满，开展有声有色、引人入胜的讲解；言之有趣，说话诙谐、幽默、风趣，令人愉悦；言之有喻，要适当地运用比喻，让学生倍感亲切，便于学生理解，并给学生留下深刻、美好的印象。

（二）组织能力

研学旅行指导师的组织能力是指根据课程实施要求，与各方人员友好合作，通过精心设计和巧妙安排，有效利用各种研学旅行资源、提高研学效果的方法和技能。在整个研学教育活动开展过程中，研学旅行指导师充当着组织者的角色。研学旅行指导师在接到任务后要根据合同严格执行活动计划，合理安排研学教育活动，在安排行程时要具体情况具体分析，并尽量留有余地，注意活动开展的方式方法，有意识地了解和掌握即时消息，并做到能够快速采取积极、有效的措施。研学旅行活动有一定的规律性，研学旅行指导师在工作时要遵循相关规律，根据项目特点、学生状态和研学环境，处理好活动开展的张与弛、行进速度的缓与急、讲解节奏的快与慢、语调的高与低等关系。

（三）协调能力

研学旅行指导师的工作属于团队工作，校方人员、导游人员、基（营）地工作人员等需要相互配合，协作实施研学旅行计划。研学旅行指导师是整个研学教育活动的主要负责人，需要与其他相关工作人员协作完成工作。这要求研学旅行指导师具备较强的协调沟通能力，尊重各方权限，听从团长和项目负责人的统一安排，主动争取随团教师和导游员的配合,讲究团队合作策略,注意与人相处的方式方法,在遇到问题时要及时沟通、多方协调、妥善处理,确保研学旅行课程项目的实施效果。

(四) 观察能力

观察能力是指认识并分析客观事物,发现并抓住其典型特征及实质的能力。研学旅行指导师若是具备敏锐的观察力,便可以透过现象看本质,看破纷繁复杂的表面现象,直达事物的本质,并预判事物的发展变化趋势。研学旅行指导师要养成勤于观察的习惯,要善于观察团队成员的性格特点和行为习惯,尽量全面、准确地把握团队活动开展情况以及团队成员的身体和精神状态。中小学生心性还不成熟,喜欢打闹,做事随性,易冲动,甚至有些任性、固执,研学旅行指导师需要在研学旅行中时刻关注他们,从他们的言行举止中判断其个性喜好,适时给予提醒、帮助、引导,提供有针对性的研学旅行服务。同时,研学旅行指导师要观察他们的言行举止,对事态发展要有预见性,将可能造成的伤害事故制止在萌芽状态,防患于未然。

(五) 自控能力

自控能力是指一个人控制自己思想感情和举止行为的能力。自控能力是研学旅行指导师提高自身能力和修养的基础。研学旅行指导师需要具备较强的自控能力,以面对研学旅行过程中纷繁复杂的研学项目和行程安排、性格各异的中小学生以及各种突发事件。研学旅行指导师要想提高自控能力,首先要树立正确的世界观、人生观和价值观,用崇高的理想信念指引自己的行为,增强克服消极情绪的能力;其次要不断提高文化素养,能较客观、全面地认识自我和外在事物,明白自我与外界事物之间的联系,增强自我意识;最后要强化意志品质,遇事沉着冷静,努力排除外界干扰,消化不良情绪,积极思考,关键时刻能及时、果断、妥善地处理研学旅行中的各种问题。

(六) 风控能力

风控能力,即风险控制能力,是指在问题和事故的预防和处理过程中,采取积极有效的措施和方法,尽量消灭或者降低风险发生的可能性,或是尽量减少风险发生时可能造成的损失。研学旅行指导师应具有较强的风控能力,在研学旅行过程中能够采取各种方法和措施来降低风险事件发生的概率。研学旅行指导师的风控能力与自身专业知识和实践能力密切相关。研学旅行指导师应做到业务熟练,同时熟悉研学旅行环境,提前排除或预防可能存在的风险。为了预防和处理研学旅行过程中的突发疾病和意外伤害,研学旅行指导师还须掌握一些旅行保健知识和救护技能,如对于学生可能发生的中暑、食物中毒、突发心脏病等情况,有预防意识,并能进行现场急救;面对地震、泥石流等自然灾害时,能带领学生正确逃生。

二、掌握研学旅行指导师的核心能力

（一）应变能力

研学旅行的异地性增加了意外发生的风险。研学旅行活动中出现意外或特殊情况在所难免，能否妥善地处理这些意外情况是对研学旅行指导师的严峻考验。研学旅行指导师要具备一定的应变能力，无论是面对自然中的还是人为造成的意外情况，都要做到临危不惧、遇事不乱、处理果断、随机应变，这是研学旅行指导师应具备的核心能力。研学旅行指导师在处理问题的过程中，既要讲政策性，又要注意灵活性；既要有自己的主见，又要善于听取他人的有益意见。研学旅行指导师要正确处理各种关系和矛盾，善于抓住有利的时机将问题引向可控的方向。

（二）控场能力

研学旅行指导师对课程现场的控制一般包括对课程节奏、时长，现场气氛的把控，以及对突发事件的应对。研学旅行活动的现场既有计划性，又有突发性和不可控制性，中小学生较为好动，特别是在离开校园后各种纪律的约束力逐渐减弱，他们在活动现场会表现出活泼、吵闹等特性，同时往往会直接表露出对于课程的喜好或厌恶情绪，这就需要研学旅行指导师做好充分的准备，并具有与拓展培训教师一样的控场能力，既能把控课程节奏、活跃气氛，又能在户外环境下把爱吵闹的学生组织起来，使其认真投入研学旅行活动项目中。

（三）授课能力

与传统课程相比，研学旅行的课程内容更加丰富。在教学方式方面，与以讲授为主的传统课程不同，研学旅行课程以学生自主学习为主，研学旅行指导师起到引导和指导的作用，因而需要具备更高的教学水平。研学旅行指导师要树立良好的教育理念，有良好的敬业精神，不断提高自己的教学能力，探究更适合学生的引导方式。在提高自身学科专业知识和授课技能的同时，研学旅行指导师还应掌握一些专项技能，如摄影、游泳、潜水、标本采集、滑雪等，以及表演技能，如唱歌、跳舞、变魔术等，拥有专项技能和表演技能的研学旅行指导师，会更受学生的欢迎，而且组织丰富多样的活动也会使研学旅程充满欢乐。

（四）知识融合能力

知识融合能力是指研学旅行指导师应具备将中小学生在校内所学的学科知识与研学旅行课程知识有机结合的能力，将学生已有的知识与社会文化生活实际相关联，让学生在整合知识的基础上进行分析与反思，以获得真实感悟，习得知识并提升能力，进而自主生成综合的、总结性的、更深化的知识信息。研学旅行指导师应当能充分认识学科结构与学生认知特点之间的关系，根据学生的认知特点和校内学科课程的逻辑结构分析其与研学旅行课程的关联度和融合点,确保学生掌握知识、训练技能、培养情感态度等各种教学目标与校内相关课程的衔接无阻碍;通过研学旅行过程中的规范的、多元的课程实现教学目标,对学生综合素养和学科关键能力的培养产生重要影响。

(五)创意策划能力

增强创新意识是提高创新能力的重要前提。"文章本天成,妙手偶得之",这里的"天成"并非指大自然的恩赐,而是基于长期积累起来的感性印象和深入的思考,由于偶然触发而捕捉到灵感。灵感的产生需要经过积累、联想、整合等过程。学习调研,以及前期对知识的积累和对有效信息的搜索,有助于获得创新思路、新颖点子。在搜索信息中学习,在学习中积累,这样能够非常有效地提高创意策划能力。要想组织好一场研学旅行活动,做到契合主题而又大胆创新是至关重要的。对于一场研学旅行活动而言,研学旅行指导师要先想好整个活动的主题和想要达到的效果,然后根据主题和效果列出必需的活动元素,以保证筹备工作有条不紊地进行。

(六)终身学习能力

成为一名优秀的研学旅行指导师是一个长期积累的过程,不是仅凭参加几次培训活动、到研学实践教育基地观摩几次研学实践活动就能够做到的。原因有二:一是教师专业素质的提升不是一蹴而就的,需要日积月累;二是教师在不同发展阶段的关注重心是不尽相同的,需要经过不同的发展阶段才能获得多方面的成长。因此,研学旅行指导师要把握好每一个发展阶段,使自身的专业素质得到不断提升。研学旅行作为新兴事物,会随着市场、国家政策导向的变化而变化,研学旅行指导师不仅要实时了解其发展变化,不断学习研学旅行行业中的新技术、新标准、新流程等,还要不断学习和使用教学中的新媒体技术,让课程的呈现方式高效、多样、有趣。

实训安排

研学旅行指导师职业能力自我评估/小组评估指标体系

一级指标	二级指标	自我评估/小组评估	改进措施
基本能力	表达能力		
	组织能力		
	协调能力		
	观察能力		
	自控能力		
	风控能力		

续表

一级指标	二级指标	自我评估/小组评估	改进措施
核心能力	应变能力		
	控场能力		
	授课能力		
	知识融合能力		
	创意策划能力		
	终身学习能力		

研学旅行指导师职业生涯规划实训任务书

任务名称	研学旅行指导师职业生涯规划实训	学时	2
任务说明	职业发展是每一位研学旅行指导师需要思考的关于未来就业的话题,请结合所学内容,谈谈如何在学习期间有效为未来的职业做好知识与能力的准备,并设计个人职业生涯规划方案		
实训方式	模拟实训,以6—8人为一组,分组进行交流,制作并阐述个人职业生涯规划方案		
实训目标	各组能够根据研学旅行指导师的职业能力与素养要求,制作个人职业规划方案		
空间要求	室内外均可,能够设置模拟实训场景,做到空间分区,支持1—2组成员同时进行现场演示		
物品要求	多媒体设备、桌椅等		

研学旅行指导师职业生涯规划实训记录单

任务名称		学时	
小组成员			
任务分析			
实训流程			
评价要点			
分数			
总结与建议			

任务四　掌握研学旅行指导师的教学技巧

任务导入

作为一名研学旅行指导师,小王承担着引导学生在旅行中学习和成长的重要责任。然而,要想成为一名优秀的研学旅行指导师,仅仅具备丰富的知识和高度的热情是不够的,还需要具备出色的教学能力。教学能力是小王与学生之间沟通的桥梁,是激发学生学习兴趣、引导学生主动思考的关键。

在本任务中,读者将学习各种常用的教学方法,如讲授法、讨论法、探究法等,并了解它们在实际教学中的应用和效果。同时,读者还将学会根据不同的教学目标和学生特点,选择合适的教学方法,从而达到最佳的教学效果。

任务解析

本任务旨在帮助读者掌握常用的教学方法,并使读者能够根据不同的教学情境和学生特点,进行教学设计和实施,具体包括:了解教育学基本原理,为教学实践奠定理论基础;学习并掌握常用的教学方法,如讲授法、讨论法、探究法等;理解每种教学方法的基本要求和适用情境;根据教学目标和学生特点,选择合适的教学方法等。

任务重点

掌握讲授法、讨论法、探究法等常用的教学方法的基本要求,并能根据教学目标和学生特点,选择合适的教学方法灵活运用于实践中。

任务难点

在掌握教育学基本原理的基础上,进行实践教学的设计和实施。

任务实施

步骤一:了解教育学常识

一、教育的基本形态

家庭教育、社会教育和学校教育是教育的三种基本形态。家庭教育具有先导性、生活性、感染性、针对性和终身性等特点;社会教育具有开放性、多样性、群众性、补偿性、融合性等特点;学校教育具有职能专门性、组织严密性、作用全面性、内容系统性、手段有效性、形式稳定性等特点。这三者应有机结合起来,共同完成教育任务,实现教育目标。在学校教育占主导地位的情况下,缺乏有效的方式将这三者形成教育合力,而从最初的综合实践活动发展到现在的研学旅行,便是将社会教育与家庭教育有效融入学校教育的教育改革尝试与探索,力图解决的就是这一难题。研学旅行为校外教育开创了全新的渠道和方式,体现了当前教育学在实践教育活动方面的探索。从实施的效果看,研学旅行是当前将这三种教育基本形态有机结合起来的较为有效的教育方式。

二、教育的基本要素

教育的三个基本要素是教育者(教育的主体)、受教育者(学习的主体)、教育影响(教育中介系统)。研学旅行作为教育活动形式,在真实的生活情境、开放的教育空间中,对于当前基础教育课程改革,尤其在对于师生关系、学习方式的变革等方面具有先天优势。

相对于课堂教学中的教师角色,研学旅行指导师角色的内涵更加丰富,学生在真实的生活情境中学习,施加影响的研学旅行资源前所未有的丰富和多样化。这些要素都有利于教育目标的实现,有利于培养具有实践能力和创新精神的全面发展的人。

三、教育的属性

教育的属性分为本质属性和社会属性。本质属性是指教育是有目的地培养人的社会实践活动,主要表现为教育是人类特有的一种有意识的社会活动,是有意识地传递社会经验的活动,是以人的培养为直接目标的社会实践活动。社会属性是指教育是社会的一部分,其特征主要是永恒性、历史性、相对独立性、阶级性。

学校教育在培养学生接受历史传统文化方面具有优势,但是在培养学生的社会实践能力方面的缺陷也比较明显。相较于其他校外实践活动,研学旅行的教育属性表达得更为突出,教育属性是研学旅行区别于其他校外实践活动的本质特征。

步骤二:掌握研学旅行中的教育学原理

研学旅行是以建构主义教育理论、自然主义教育理论、休闲主义教育理论、生活教育理论、教育生态学理论等教育学理论为基础来组织和实施研学实践教育活动的。

一、建构主义教育理论

建构主义也译作结构主义,是认知心理学派中的一个分支。建构主义教育理论是一种关于知识和学习的理论,强调学习者的主动性,认为学习是学习者基于原有的知识经验生成意义、建构理解的过程,而这一过程常常是在社会文化互动中完成的。建构主义教育理论体现了迥异于传统的学习理论和教学思想,对于教学设计具有重要指导价值。

建构主义教育理论的主要代表人物有瑞士儿童心理学家皮亚杰,美国心理学家科恩伯格、斯滕伯格、卡茨,以及苏联心理学家维果斯基。最早提出者是皮亚杰,他创立的关于儿童认知发展的学派被人们称为"日内瓦学派"。皮亚杰的理论坚持从内因与外因相互作用的观点来研究儿童的认知发展,认为儿童是在与周围环境相互作用的过程中,逐步建构起关于外部世界的知识,从而使自身认知结构得到发展的。在皮亚杰的认知结构说的基础上,科恩伯格对认知结构的性质与发展条件等方面做了进一步的研究。斯腾伯格和卡茨等人强调个体的主动性在建构认知结构过程中的关键作用,并对认知过程中如何发挥个体的主动性做了认真的探索。维果斯基提出了文化历史发展理论,强调了认知过程中学习者所处的历史、社会文化背景的作用,并提出了最近发展区理论。维果斯基认为,个体的学习是在一定的历史、社会文化背景下进行的,社会可以为个体的学习发展起到重要的支持和促进作用。

建构主义教育理论的内容很丰富,其基本观点包括:学生的学习过程不是被动等待输入的过程,而是学生逐步建构自己知识的过程。学生不是被动的信息接收者,而是意义的主动建构者。换言之,学习过程以学生为中心,强调学生对知识的主动探索、主动发现和对所学知识的意义的主动建构。学生的知识建构过程有学习的主动建构性、社会互动性、意境性三个明显特征。

二、自然主义教育理论

自然主义教育理论主张遵循儿童的自然发展顺序进行教育,该理论由卢梭提出。卢梭是18世纪法国杰出的启蒙思想家、哲学家、文学家。卢梭自然主义教育理论的核心是"回归自然"。一方面,卢梭认为善良的人性存在于纯洁的自然状态之中,因此只有"回归自然",远离喧嚣社会的教育,才有利于保持人的善良天性,因此,人在15岁之前应在远离城市的农村中接受教育。另一方面,卢梭还从儿童所受的多方面的影响来论证教育必须"回归自然",他认为,每个人都是由自然的教育、事物的教育、人为的教育培养起来的,只能使后两者趋同于自然的教育,才能实现这三种教育的良好结合,因此,让教育"回归自然",即以自然的教育为基准,才能形成良好的、有效的教育。

自然的教育要求教育应遵循自然天性,要求儿童应在自身的教育和成长中取得主动地位,无须成人灌输、压制、强迫,教师只需创造学习的环境,防范不良的影响,引导学生走向自然和社会。在当时,自然的教育主要针对富人,因为穷人所处的环境已经十分接近自然,因此,"回归自然"的教育也是"消极教育",是针对专制制度下的社会及其残害人性的教育所发出的挑战,"回归自然"、遵从天性是开创新教育的目标和根本原则。

自然主义教育理论给我们的教育启示有以下三方面。

（一）以人为本，还儿童"做儿童"的权利

教学应该立足于学生的发展需要，满足他们的兴趣和愿望，调动其学习主动性，让他们积极参与到学习过程中，从而体验到学习的快乐。

（二）遵循儿童身心发展规律

应重视儿童成长的顺序性和阶段性，根据儿童不同年龄段的身心特点实施教育。

（三）重视儿童的生活经验和主动经验的获得

应转变教学观念，把学生放回学习主体本位上。只有通过主动参与，个体才能获得大量的一手经验，形成对于探求知识的兴趣，提高动手操作能力，从而从根本上提高主动分析问题、解决问题的能力。

自然主义教育在中国的发展历史也是源远流长，如老子提出的"绝圣弃智"的观点，庄子所提倡的不要用人力去改变自然，等等。

中西自然主义教育虽然有所不同，但均倡导教育者走向大自然，开展教育时应顺应自然本性，这与乡村研学旅行活动的理念一致。乡土景观使乡村具有鲜明的贴近自然的天然属性，是践行自然主义教育理念的绝佳场所。乡村可以为中小学生提供广阔的自然空间，让中小学生近距离接触自然，在大自然环境中释放天性、感知万物、学习体悟。

三、休闲主义教育理论

休闲是指在非劳动及非工作时间内以各种"玩"的方式求得身心的调节与放松，达到生命保健、体能恢复、身心愉悦目的的一种业余生活方式。科学、文明的休闲方式，可以有效地促进能量的储蓄和释放，对于调节智力与体能以及舒缓生理与心理压力具有显著效果。

随着教育理念的不断进步，人们开始意识到日常生活，尤其是休闲活动对于学生全面发展的重要性。近年来，我国在推动"双减"政策方面取得了显著成效，旨在减轻学生过重的学业负担和校外培训负担。这一政策的实施，为学生腾出了更多的自由时间，使他们有机会参与到丰富多彩的休闲活动中去。同时，国家也鼓励学校开设多样化的课程，包括体育课、音乐课、美术课等，以满足学生全面发展的需求。创造力的培养对于中小学生的发展而言至关重要，因此，越来越多的学校开始注重培养学生的创新思维和实践能力，通过研学旅行等休闲教育方式，让学生在轻松愉快的氛围中拓宽视野、增长知识。

四、生活教育理论

倡导生活教育理论的代表人物是杜威、陶行知。杜威作为美国进步主义运动的代表人物，倡导"教育即生活"。在《民主主义与教育》(*Democracy and Education*)中，杜威提出"教育是生活的需要"。教育是一种培养人的社会活动，是一种特殊的生活方式，源于生活，在生活中发展，并以提高生活水平为目标。

陶行知继承了杜威的教育生活理论，并对其进行了革新和创造，结合多年的教育实践探索经验，提出了中国特色生活教育理论。陶行知认为，只有在生活中获得的教育才是有用的、真的教育。过什么样的生活，便接受什么样的教育；想要接受什么样的教育，便须过什么样的生活。

生活教育理论包含三个基本命题：生活即教育、社会即学校、教学做合一。

（一）生活即教育

"生活即教育"是陶行知生活教育理论的核心，它强调教育应以生活为中心，反对传统教育脱离生活、以书本为中心的思想。

1. 生活含有教育的意义

从生活的横向展开来说，过什么样的生活就是接受什么样的教育；从生活的纵向发展来说，生活教育伴随人生命的始终，"生活教育与生俱来，与生同去。出世便是破蒙，进棺材才算毕业"。

2. 实际生活是教育的中心

陶行知始终把教育与社会生活联系起来进行考查，认为教育不能脱离生活，教育要通过生活来进行，无论是教育的内容还是教育的方法，都要根据生活的需要来设置。

3. 生活决定教育，教育改造生活

一方面，生活决定教育，表现为教育的目的、原则、内容、方法都由生活所决定。另一方面，教育又能改造生活，推动生活进步。教育不仅改造着社会生活，也改造着每个人的生活。

（二）社会即学校

"社会即学校"这一观点扩大了学校教育的内涵和作用，提出社会就是一个大讲堂，是生活的重要场所。在这里，人人都可以做先生，人人都可以当学生。1932年陶行知创办的山海工学团就体现了这种思想。

（1）将社会与学校打成一片，"社会含有学校的意味"，或"以社会为学校"。传统教育与社会隔绝，是"'死'教育、'死'学校、'死'书本"。陶行知鼓励劳动群众在社会中学习，向社会学习，通过社会的大学校，提高自身水平。

（2）依据社会需要对传统的学校施加改造，让"学校含有进步的意味"。一方面，可以运用社会力量使学校进步,另一方面,可以运用学校的力量使社会进步。

（三）教学做合一

"教学做合一"既是生活法则,又是教育法则,被称为"生活教育的方法论",是"生活即教育"在教学方法问题上的具体化。

1. 要"在劳力上劳心",做到"手脑双挥"

将传统教育下的劳力与劳心连接起来,"在劳力上劳心,是一切发明之母……人人在劳力上劳心,便可无废人"。

2. "教学做合一"是因为"行是知之始"

陶行知批评传统教育历来只把读书、听讲当成获得知识的途径。他认为,做是知识的重要来源,也是创造的基础,身临其境,动手尝试,才能得真知,才有创新。他形象地比喻道:"行动是老子,知识是儿子,创造是孙子。"

3. "教学做合一"要求"有教先学"和"有学有教"

"有教先学"即"以教人者教己",或者说教人者应先教自己。"有学有教"即"即知即传"。

4. "教学做合一"是对注入式教学法的否定

陶行知指出,注入式教学法是以教师的教、书本的教为中心的,它完全不顾学生的学和社会生活的需要。"教的法子根据学的法子,学的法子根据做的法子;怎样做便怎样学,怎样学便怎样教,教是服从于学的"。

中国是典型的农业大国,乡村是社会生活形态中不可或缺的部分,也是陶行知生活教育理论中非常重要的生活场景,是有效实现实践教育主要目标的综合实践场所。尤其对于成长在城市的中小学生而言,乡村生活是存在于他们的课本中、想象中的距离日常生活非常遥远的概念。乡村研学的开展能够丰富中小学生生活教育的场景。

五、教育生态学理论

20世纪70年代以前,生态学的研究局限于生物、环境等专业领域。教育生态学概念是教育学的概念之一,曾任美国哥伦比亚师范学院院长的当代著名教育家和教育史学家克雷明于1976年在其著作《公共教育》中首次提出"教育生态学"这个概念。

1988年,吴鼎福在《教育生态学刍议》一文中首次引入"教育生态学"这一概念,开始了关于教育生态学的理论研究。

虽然教育生态学理论诞生与研究的时间较晚,也就是最近几十年的事情,但是生态系统对于自然环境起着支配与控制的作用,将生态系统相关理论引入教育学研究领域,能更有效地分析和解决过去用教育学理论无法解释和解决的问题和矛盾。生态学理论中的限制因子、耐度定律和最适宜原则、"花盆效应"、教育生态链法则、教育生态位原理、教育节律原理、社会性群聚行为原理、群体动力与群体之间的相互关系、教育生态的边缘效应、教育生态的整体效应等对于教育教学管理有着非常重要的参考价值。

步骤三：学习常用的教学方法

一、掌握项目教学法

项目教学法是指在研学旅行指导师的指导下，一个相对独立的项目被交由学生自主完成，从信息收集、方案设计到项目实施及最终评价，都由学生自主负责，学生通过组织实施该项目，了解并把握整个过程的总体要求以及每一个环节的基本要求。

项目教学法最显著的特点是以项目为主线、以研学旅行指导师为引导、以学生为主体，注重理论与实践相结合是当前研学旅行最为常用的教学方法。

（一）项目教学法的优点

研学旅行教学中一般以小组为学习单位，主张先练后讲，先学后教，强调学生的自主学习、主动参与。从尝试入手，从练习开始，调动学生学习的积极性、主动性、创造性，让学生唱"主角"，充分突出学生的学习主体地位。研学旅行指导师是项目的促进者、帮助者和合作者，应充分发挥自身的主导作用。项目教学法实现了对师生角色的合理定位。

（二）项目教学法对研学旅行指导师的基本要求

1. 项目设计

在项目学习中，研学旅行指导师作为课程的研究者，投入到课程研发、实施、评价的全过程，实现了从学科思维到课程思维的转变。研学旅行指导师作为课程设计的主体，需要对项目学习主题的确定、学习内容的开发与设计、学习活动的组织与评价进行科学合理的设计。

2. 知识与技能的自建构

在项目学习中，研学旅行指导师会根据学生项目学习进程的需要来拓展知识，充当学生与知识之间的媒介，为学生提供丰富的学习资源。研学旅行指导师也是学习者，在项目学习的研究中不断更新自身技能，丰富自身知识储备，重构自身的知识框架体系。

3. 指导与促进

项目学习的重心在学生，研学旅行指导师的学习陪伴体现在及时发现不同学生在项目学习中遇到的困难，并给予指引、协调等。研学旅行指导师更关注的是学生的学习需求，给予学生自主探究方面的帮助与指导。

（三）项目教学的实施

1. 明确项目主题

（1）设计思路。

研究性学习强调对所学知识和技能的实际运用，同时也注重学习的过程以及学生的实践与体验。项目教学设计的目的在于改变学生的接受式学习方式，整体构建开放式的学习环境，借助更多的途径来获取知识，且能更好地将知识加以运用。项目教学应以实现师生共同研究、探讨新知识为设计思路，引导师生围绕具体问题探讨解决问题的办法，在合作和交流的过程中达成学习目的。

（2）选题分析。

方向若是不对，越努力只会越失败。开展项目研学，选题是一个关键步骤。在选择项目主题时，研学旅行指导师应根据学生在学习和成长中的实际需求，对教学中的内容进行整理和归纳，在经过科学论证后选定项目主题。选题是研究性学习的起步阶段，项目主题的选择、确定，直接影响着研学旅行项目的发展方向，甚至决定了整个教学过程的成败。

2. 项目教学准备阶段

（1）分组。

第一，组建学习小组。研学旅行指导师在组建学习小组时，应首先考虑教学目的、教学内容、班级规模以及可利用的教学资源；应针对学生的能力水平、学习风格、人际交往技能等因素因材施教，保证组内各成员之间的差异性和互补性，以及学习小组之间合理竞争的公平性。每组的学生数量应当不超过研学旅行指导师的管理能力。学习小组的组建应充分体现动态性，可以根据项目进展适时优化、调整。

第二，选举组长。小组长是小组学习的组织者和管理者，是小组意见的整理者和反馈者，需要具备较强的合作意识、口头表达能力和组织能力。小组长以民主选举的方式产生，每个组员既是选举人又是被选举人。小组长需要负责项目分工，明确组员的责任并进行小组文化建设等工作。

第三，做好学习小组建设。在编排座位时，可以根据需要灵活选用圆形、马蹄形、小方块形、队伍形等多种座位编排方式。座位编排要有利于缩短小组成员间的空间距离，便于生生之间、师生之间的信息交流，以及组员、小组间的合作与联系。研学旅行指导师应指导小组长做好任务分工等事宜。

第四，做好激励评价设计。研学旅行指导师应当重视并做好激励评价设计工作，应根据各组完成任务的实际情况，以组为单位进行细致的点评与总结，确保评价与问题反馈及时到位，以达到以点带面、促进全体学生共同进步的良好效果。

（2）运用现代教学媒体技术。

根据人们接收信息所使用的感官的不同，可以将现代教学媒体划分为以下几类：

视觉媒体,如幻灯片、投影等;听觉媒体,如录音机、广播以及激光唱机等;视听觉媒体,如电影、电视、激光视盘等;综合(交互)媒体,包括微格教学系统、语言实验室、计算机及其多媒体平台等。合理运用现代教学媒体技术,既可以使学生从不同角度获得更多的信息,在感性与理性的相互渗透和整合中开阔视野,有效激发学生的学习动机和兴趣,又有利于学生开展协作学习、自主学习,此外,还有利于研学旅行指导师突破项目实施难点,让教学活动更加有趣、充实,提高教学质量和教学效率。

(3)运用现代教学媒体的基本要求。

第一,合理选择现代教学媒体的类型。研学旅行指导师应掌握运用现代信息技术的能力,根据学生的学习特点、课程学习目标、教学内容和现有的教学条件,明确现代教学媒体的使用目标,确定合适的现代教学媒体的类型。

第二,精心选择现代教学媒体的内容。研学旅行指导师应注重信息资源的获取和有效利用,教学内容要有吸引力,结合材料的难易程度设计出适合不同学生的内容。

第三,把握运用现代教学媒体的最佳时机。研学旅行指导师应把握好运用现代教学媒体的最佳时机,以调节学生的心理状态。研学旅行指导师应根据主题和内容特点,选择将研学旅行媒体教学安排在研学旅行项目实施前、实施中或实施后,以激起学生的求知欲望。

(4)现代教学媒体的使用方式。

研学旅行指导师可以选择设疑—演示—讲解,设疑—演示—讨论,讲解—演示—概括,演示—提问—讲解,演示—讨论—总结,边演示边讲解等方式进行教学。

二、学习任务驱动教学法

(一)基本要求

任务驱动教学法,就是研学旅行指导师根据教学要求对学生提出具体的研学旅行任务,以完成一个个具体的任务为线索,把教学内容巧妙地融入每个任务,学生自主或者在研学旅行指导师的指导下,提出解决问题的思路和方法,然后进行具体的操作,研学旅行指导师引导学生边学边做,完成相应的任务。任务驱动的基本结构包括:呈现任务—明确任务—完成任务—任务评价。

(二)组织实施

1.组内活动

(1)圆桌会议式,即全组学生围坐在一起,围绕研学旅行任务(给定题目)进行讨论,探讨解决问题的办法。

(2)辩论式,即研学旅行指导师提出有争议的问题,学生准备论点(或赞成,或反对),然后在小组内进行辩论。

(3)分工合作式,即研学旅行指导师将问题细分并分配给不同的学生,学生在小组内合作解决相应的问题。

（4）头脑风暴式，即一组学生相互启发，从不同角度提出观点，在思想碰撞的过程中逐步解决问题。

2. 组间活动

（1）公开讲解式，即在合作学习活动进行到一定程度时，每个小组围绕研学旅行任务准备好自己的发言提纲，并在组内推选出一名学生代表讲解本组情况，组员可以对学生代表的观点进行完善，发言结束后，由其他小组提出疑问。

（2）质询辩论式，即在学习活动进行到一定阶段时，由一个小组作为被质询组，其他组成员对该小组进行提问，要求该组成员回答，双方针对问题进行争辩，一轮结束后，其他小组按照这种模式轮流进行质询辩论。

（3）角色扮演式，这是一种情境教学方式，研学旅行指导师通过提供直观、生动的情境，激发学生的学习热情，促进教学目标的达成。学生可以通过扮演不同角色，感受到所学知识的不同侧面。角色扮演式教学有助于学生全面理解和把握知识，以更真实的角度去观察社会、体验生活。

（4）"访学"式，即当小组在研究某一问题的过程中遇到困难时，可以派小组成员参加其他小组的活动，然后将"访学"结果（经验）带回本组，并为组内其他成员进行讲解，讲解结束后在组内进行一定的探讨，为继续学习提供有益的借鉴和参考。

3. 现场解说

（1）现场解说的定义。

现场解说是以教学现场为中心、以现场实物为对象、以学生活动为主体，围绕研学旅行任务进行授课的方法，是研学旅行指导师运用最广泛的一种教学方式。

（2）现场解说的基本要求。

① 准确、科学。准确、科学是指研学旅行指导师的讲解语言应具有一定的规范性和科学性，这是研学旅行指导师在讲解时必须遵守的基本原则，主要表现为：专业知识、背景知识准确；语音、语调、语法、用词造句准确等。

② 简洁、清楚。研学旅行指导师在进行教学资源背景情况介绍时应做到简洁、清楚，其中，简洁是指使用通俗易懂的语言，尽量使用口语句式，避免冗长的书面语；清楚是研学旅行指导师讲解语言的科学性的又一体现，主要表现为表述清晰、层次分明、逻辑性强。

③ 生动、有趣。生动有趣的语言是教学活动艺术性和趣味性的具体体现，主要表现为研学旅行指导师通过使用生动、流畅、形象化的语言，创造美的意境。在充分体现教学内容的前提下，研学旅行指导师应注意讲解具有趣味性、生动性，努力做到情景交融，激发学生对研究性学习的兴趣。

④ 因材施教。研学旅行指导师应能灵活驾驭语言，以适应不同层级学生的文化水平和审美情趣，主要表现为：在讲解时，准确把握教学内容的关键，根据教学资源的时

空条件随机应变;把握讲解语调和讲解节奏,巧妙搭配表情、手势,积极调动教学现场的学习氛围。

4.讨论法

(1)讨论法的定义。

讨论法是指在研学旅行指导师的引导下,全体学生围绕研学旅行任务中的中心问题,以小组为单位,通过讨论或辩论活动各抒己见,获得知识与技能或巩固知识与技能的一种教学方法。讨论法一般适用于高年级学生。

(2)运用讨论法的基本要求。

① 讨论的问题要具有吸引力。在讨论前,研学旅行指导师应提出讨论主题和讨论的具体要求,指导学生收集并阅读相关资料或进行调查研究,认真撰写发言提纲。

② 在讨论过程中,研学旅行指导师要善于引导和鼓励学生自由发表意见。讨论要围绕项目主题,联系研学旅行知识,并且让每个学生都有发言机会。

③ 在讨论结束后,研学旅行指导师应进行小结,概括讨论的情况,使学生获得正确的观点和系统的知识。

5.演示教学法

(1)演示教学法的定义。

演示教学法是指研学旅行指导师在教学中,把实物或直观教具展示给学生看,通过示范操作和讲解使学生获得知识、技能的教学方法。研学旅行指导师将进行现场演示,一边操作,一边讲解,强调关键步骤和注意事项,使学生边学边做,实现理论与技能并重。

(2)演示教学法的优点。

① 演示教学能使学生获得生动而直观的知识,加深对学习对象的印象,把书本上理论知识与实际联系起来。

② 能提供一些形象的材料,引起学生的学习兴趣,集中学生的注意力,有助于学生深入理解、记忆和巩固所学知识。

③ 能使学生通过观察和思考,进行思维活动,发展观察力、想象力和思维能力。

(3)运用演示教学法的基本要求。

① 做好演示准备。研学旅行指导师应根据教学需要,选择典型的实物、教具,此外,还要考虑好演示的方法与过程。

② 明确演示的目的和要求,以利于集中学生的注意力,提高学生的学习兴趣。研学旅行指导师应明确学生的学习重点,如看什么、怎么看,这有助于学生主动投入观察与思考。

③ 优化演示方法。研学旅行指导师要对演示时间进行控制,演示难度不宜太大,否则学生难以理解,进而导致难以产生学习的积极性,自然也就达不到预期的教学目的。

6.参观学习法

（1）参观学习的定义。

参观学习是指根据一定的教学目的组织学生到相关的现场,通过对事物或活动进行观察、询问来获取知识的教学活动形式。

（2）参观的分类。

参观一般分为准备性参观、并行性参观、总结性参观等。

① 准备性参观是在学习某课题前,为使学生顺利获得新知识,围绕将要学习的课题积累必要的感性经验而进行的参观。

② 并行性参观是在研究某一个主题的过程中,为使学生把所学理论知识与实际紧密结合起来而进行的参观。

③ 总结性参观是在完成某一研究主题后,帮助学生验证、加深理解、巩固强化所学知识而进行的参观。

（3）参观学习的步骤和要求。

① 参观准备主要包括:确定参观场所,了解参观单位有关情况、制订参观计划等。

② 在熟悉了参观对象后,进行有组织、有步骤的参观。研学旅行指导师需要进行实地教学,引导学生仔细观察和思考,指导学生做好参观记录。

③ 在参观结束后,研学旅行指导师需要组织学生做好参观总结,检查学生的参观计划完成情况,指导学生做好参观材料的整理及研究,可以以分组座谈、交流参观收获等形式深化学生的认知。

7.个别指导法

（1）个别指导的定义。

个别指导是根据学生的需要由研学旅行指导师给予辅导的一种教辅形式,具体体现为对学生做针对性的启发、引导、示范,指出他们的问题及其原因和改正的方法,使他们能正确运用所学知识、掌握相关技能和方法。对学生的个别指导可以安排在研学旅行活动前、研学旅行活动过程中,或是研学旅行活动结束后,指导的内容需要根据学生的实际情况而定,可以是思想品德、生活习惯等方面,也可以是心理方面的辅导。

（2）个别指导的基本要求。

① 要结合学生的学习状况,有针对性地解决学生的问题。

② 要具体分析问题所在,及时给予指导,并追踪指导后的进展情况。

8.探究式教学法

（1）探究式教学法的定义。

探究式教学法又称"做中学""发现法""研究法",是指学生在学习相关概念时,研学旅行指导师只为他们提供一些示例或问题,学生通过阅读、观察、实验、思考、讨论等途径主动探究,自行发现并掌握相应的原理的一种教学方法。

(2)探究式教学法的指导思想。

探究式教学法的指导思想是以学生为主体,鼓励学生自觉地、主动地探索,掌握认识和解决问题的方法,建立自己的认知模型和学习方法。

(3)探究式教学法的优点。

探究式教学法突出的优点是能使学生在探究和解决问题的过程中受到较大的锻炼和提高,发展分析问题、解决问题的能力和追求真理的科学精神。

(4)运用探究式教学法的基本要求。

① 创设一个有利于学生进行探究发现的良好教学情境,注重激发学生的学习潜力。

② 研究课题的选定要恰当。课题要有一定的难度和研究价值,有利于提高学生创造性地运用已有知识解决问题的能力,培养学生自我激励的内在动机。

③ 提供必要条件(如设备、资料等),有序组织教学。应从研学旅行指导师帮助学生研究,逐步转向学生独立研究,让每一个学生都能得到锻炼。

④ 引导学生独立思考与探索。研学旅行指导师应引导学生积极参与探究活动,探索解决问题的技巧。

三、学会运用情境教学法

情境教学,是指研学旅行指导师依据研学目的、研学内容的需要,利用或创造一定的情境,引导学生去学习、去探索、去发现、去创新。基于特定情境下的研学,更容易调动学生参与其中,激发学生学习的积极性、主动性和创新性,有助于学生理解和接受研学内容。

情境教学法强调,知识是在具体情境中建构的,与具体情境紧密联系。研学旅行指导师应把学生置于一定的社会情境中学习,通过社会互动来促进学习,这对于改善课堂学习的去情境化、抽象化,增强学生学习动机和学习的互动性,具有重要的指导意义。

(一)基本要求

1.理解情境的内涵

何为"情境"？美国教学设计领域专家乔纳森认为,情境是利用一个熟悉的参考物,帮助学习者将一个要探究的概念与熟悉的经验联系起来,引导他们利用这些经验来解释、说明、形成自己的科学知识。

荷兰数学教育家弗赖登塔尔关于情境的理论认为,情境可以表现为以下几种形式:场所(有意义的情境的堆积)、故事(可以是真实的故事,也可以是经典的或虚构的特别例子)、设计(被创造的现实)、主题(与现实带有多种联系的数学定向的分科分支)、剪辑(从各种印刷品上发现大量的人们所遇到的数学问题)。

2. 以真实情境育人

研学旅行是基于一定情境所进行的教学活动,引导学生将熟悉的经验与所处情境联系起来,以所处的情境作为研学的对象或研学的条件,从真实的情境中发现问题、探究问题,以丰富知识、提升思维能力和实践能力。以真实情境育人,有助于引导学生抓住育人内容的实质和功能,促进学生有意义地学习。

3. 安全与开放有机统一

进行任何教育活动,安全第一是最基本的要求。开放性是保证研学教育效果的关键条件,也是促进学生自主教育不可或缺的要素。

(二)操作范式

在"研学旅行指导师—情境—学生"三方相互关联的教学活动中,研学旅行指导师既是教学活动的组织者,也是学生学习的引导者;学生既是学习活动的核心主体,也是学习意义的主动建构者。

1. 确定研学目标,创设研学情境

教师根据研学目标和研学内容,在分析新知识与学生原有知识和认知水平的基础上,创设与研学主题相适宜、与现实世界相一致的研学情境,激发学生的学习兴趣与动机。

2. 学生自主学习

研学旅行指导师依据研学目标要求与现实情境,向学生提供新旧知识之间联系的线索,学生自主感受当前所学知识的意义,充分发挥首创精神,实现自主学习。

3. 小组合作

研学旅行指导师根据研学进度组织学生进行分组合作学习,开展讨论与交流,使学生个体的意义建构更有效。

4. 评价反馈

研学旅行指导师根据学生自主学习、小组合作学习过程中的表现等,引导学生以自评、小组内部互评等形式开展评价活动,进行梳理与总结,肯定成绩,找出问题,提出改进的具体办法。

5. 从具体情境到一般情境

研学旅行指导师引导学生对情境进行更广泛、更深入的理解和加工,并做到学以

致用,激发创新思维,通过对某个情境的深刻认识来获得对生活中一系列类似情境的正确反应。

步骤四:掌握实践教学的设计与应用

一、了解实践教学的呈现方式

从教学角度来看,实践教学主要表现为体验式教学和探究式教学。

(一)体验式教学

体验式教学是指根据学生的认知特点和规律,通过创造情境,使学生在亲历的过程中理解并贯通知识、发展能力、产生情感、生成意义的教学形式。体验式教学蕴含着高度的生命教育价值与意义,其关注的不仅是经由教学获得多少知识,还在于通过教学彰显生命意义。

研学旅行本质上是一种体验教育,与通常强调系统的知识学习与记忆的学科课程相比,它更注重培养学生的实践能力与综合素质,坚持以行为"体"、以学为"用",让学生带着主题去研学,通过旅行来提高实践能力。研学旅行将相对封闭的、抽象的课堂,搬进开放的、真实的自然、社会生活,让学生在切实的体验中更好地了解自己以及自身以外的世界。

体验式教学从学生的心理需求和德育的生命成长出发,顺应学生的天性,激发学生的自主学习动力,以实践活动为载体,积极地引导学生以最为适切的方式茁壮、健康成长。这个过程也是情感教育的过程,对于实现学生的身心健康大有裨益。

我国古代有很多关于强调体验式教学的思想,如"读万卷书,行万里路",以及"纸上得来终觉浅,绝知此事要躬行"等。体验与实践,对于真正理解知识有着非常重要的意义。国外与体验式教学相关的理念中,较具代表性的如美国教育家杜威提出的"生活即教育,社会即学校"的理念,强调从经验中学习。

研学旅行作为体验式教学的有效途径,其目标是通过多样的体验活动,促进书本知识与生活实践的有机融合,使学生能够感受生活、感受社会、感受自然。

(二)探究式教学

探究式教学,又称"做中学""发现法""研究法",是指学生在学习相关概念时,研学旅行指导师只为他们提供一些示例或问题,学生通过阅读、观察、实验、思考、讨论等途径主动探究,自行发现并掌握相应的原理的一种教学方法。在探究式教学过程中,学生的主体地位、主动能力得到了进一步加强。

与发生在课堂上的探究活动不同,研学旅行中的探究活动是一种在真实情境下进行思考与探索的过程,既不受体系化的学科知识的局限,也不受学习空间的制约,可以有效破解知识生活化的学习困境,很好地填补理性知识与感性知识之间的"缝隙"。

二、掌握研学旅行中的常见实践教学方式

与课堂教学相比,研学旅行在教学方式上发生了质的变化,在实施层面,一些乡村生活体验营、角色扮演(职业体验)主题乐园、实践教育基(营)地、非物质文化遗产项目体验基地等应运而生,有力地支持了研学旅行实践教学的落地实施。

(一)乡村生活体验营

现在的学生在劳动教育等方面的动手能力和生活自理能力普遍不强。为了全面提高学生的动手能力和社会生存力、适应力、竞争力等综合能力,学校或研学旅行机构组织学生到乡村亲身体验农业劳动,体悟古诗句"谁知盘中餐,粒粒皆辛苦"中蕴含的朴素劳动道理,培养对于劳动的热爱之情,增强珍惜劳动成果的意识。

(二)角色扮演(职业体验)主题乐园

研学旅行指导师可以带领学生走进各种角色扮演(职业体验)主题乐园,让学生体验各种社会角色。例如,全国连锁的科普教育基地星期8小镇就有银行、超市、医院、酒店、糕点屋、汽车维修店、建筑馆等方面的体验馆。所有场馆均提供具体"工作"供入场的学生自主选择,学生在具体的社会角色扮演中接受生动的科普教育,学习行业知识。寓教于乐,并有效实现学以致用,是体验式教育的主要组织方式。

(三)实践教育基(营)地

实践教育基(营)地、素质拓展基(营)地、特色小镇、主题乐园等,是实践教育的重要场所。亲自动手尝试蒸饭、炒菜等,这些既是生活体验方式,又是生产体验方式。

(四)非物质文化遗产项目体验基地

在非物质文化遗产项目体验基地,学生可以进行造纸、酿酒、木版年画制作、陶瓷制作等非物质文化遗产项目的制作体验,从而对这些非物质文化遗产项目形成大概的认知,这对于保护和传承这些非物质文化遗产项目也有着积极意义。

除此之外,还有自然类的草原、高山,人文类的景区、科研院所、高等院校、革命圣地等重要的教育实践教学场所可供选择。理论上,所有具有教育价值的场所都可以作为研学旅行目的地。

实训安排

教学能力运用实训任务书

任务名称	教学能力运用实训	学时	2
任务说明	教育场所不限于学校,人随时随地都可以受到教育,非正式的教育是人在一生中接触得最多的而且受益最大的教育。学生应该走向大自然、走向社会,接受非正式的、潜移默化的教育,这种教育对于学生来讲更为深刻。请结合本任务所学内容,联系生活实际,以环保与生活为主题,依据教育学理论设计一份简要的研学方案		
实训方式	以6—8人为一组,分组进行模拟实训,并以PPT的形式进行总结汇报		
实训目标	各组能够依据教育学理论设计研学方案,并阐释方案所蕴含的理念		
空间要求	室内外均可,能够设置模拟实训场景,做到空间分区,支持1—2组成员同时进行现场演示		
物品要求	多媒体设备、桌椅、教学道具等		

教学能力运用实训记录单

任务名称		学时	
小组成员			
任务分析			
实训流程			
评价要点			
分数			
总结与建议			

任务五　掌握在研学旅行中应用心理学技术的技巧

任务导入

在研学实践教育中,心理学扮演着至关重要的角色,它不仅为教育学提供了理论基础,还是保障研学实践教育有效性的关键。心理学家们从不同的角度出发,采用各种方法,基于不同的实验资料,提出了许多关于学习的理论。这些理论解释了学习是如何发生的,学习有哪些规律,以及学习的主要方式有哪些。这些理论对于描述、解

Note

释、预测和控制研学实践教育具有重要作用。在研学实践教育教学中,掌握并能够熟练运用学习心理学的知识和规律,对于研学旅行指导师而言具有重要意义。此外,与青少年进行有效的沟通和交流也是研学旅行指导师的重要职责之一。青少年正处于身心发展的关键时期,他们的心理特点和思维特征与成年人有所不同,因此,了解并掌握青少年的心理特点和思维特征是与他们进行有效沟通的基础。

那么,作为研学旅行指导师的小王应该如何利用学习心理学的理论研究和实际应用来指导研学实践教育教学工作呢? 又应该如何根据青少年的心理特点和思维特征来与他们进行有效的沟通呢?

任务解析

本任务主要介绍各种学习理论,如行为主义理论、认知主义理论、人本主义理论等,并了解这些理论在研学实践教育教学中的应用;介绍青少年在认知、情感、意志等方面的发展特点,以及他们的思维方式和特点;介绍根据青少年的心理特点和思维特征来与其进行有效沟通的技巧,包括倾听技巧、提问技巧、反馈技巧等。本任务的学习有助于读者利用学习心理学的理论研究和实际应用来指导研学实践教育教学工作,并能够根据青少年的心理特点和思维特征来与其进行有效沟通。

任务重点

了解青少年在认知、情感、意志等方面的发展特点,以及他们的思维方式和特点。

任务难点

能够根据青少年的心理特点和思维特征与其进行有效沟通。

任务实施

步骤一:了解小学生的心理特点和思维特征

一、小学生的心理特点

小学阶段,学生的心理特点和思维特征表现为感知觉有了充分发展、注意水平有限、不随意记忆占主导地位、想象力丰富但想象与现实之间没有明确界限、以形象思维为主、情绪较稳定且情感比较单纯、自我意识明确等。

（一）感知觉有了充分发展

小学阶段,学生的感知觉发展得很快,其准确性、系统性都能够不断提高。在研学旅行指导师指导下参与研学旅行活动,对于学生感知觉的发展具有十分重要的作用。

小学生感知觉的突出特点包括：随年龄增长，感知觉的有意性、精确性逐渐增强。小学低年级的学生的感知觉具有无意性强、精确性较低等特点，容易在学习中分心，容易混淆形近字；到了小学高年级，学生的感知觉的有意性、精确性均会大幅提高。

（二）注意水平有限

低年级的小学生注意的目的性还很低，只能够注意自己感兴趣的对象。随着学习活动的进行，小学生的注意水平能够得到很大发展，在课堂上可以根据学习活动和研学旅行指导师的要求将注意指向学习对象，注意的持久性、稳定性和注意范围都会得到不断发展。整体来说，小学生的注意水平是有限的，需要研学旅行指导师通过专门的指导来提高其注意水平。

小学生的注意力有以下几个特点：从无意注意占优势，逐渐发展到有意注意占主导地位；注意的集中性和稳定性差；注意的分配和转移能力差。无意注意具有被动性，主要取决于刺激物的强度、新异性和变化性等方面的特点，随着年龄的增长和大脑的不断成熟，内抑制能力得到发展，再加上教学的要求和训练，小学生能够逐渐理解自己的角色与学习的意义，有意注意便逐渐得到发展，到了五六年级，小学生的有意注意已基本占据主导地位，注意的范围较小。

（三）不随意记忆占主导地位

小学低年级，学生的不随意记忆占主导地位。随着年级的升高，小学生的随意记忆明显得到发展。但在整个小学阶段，学生的不随意记忆始终占主导地位。

小学生的记忆特点主要表现为：由无意识记向有意识记发展，由机械识记向意义识记发展。低年级小学生识记的无意性强，从三年级开始，小学生的有意识记逐渐占主导地位，同时，随着他们知识量的增加、理解力的提高，意义识记所占的比例也越来越大，机械识记所占的比例则越来越小，逐渐从以机械识记为主向以意义识记为主发展。从不随意记忆占主导地位发展到有意识记逐渐占主导地位，是小学生识记发展的一个质的变化，这个变化是在整个小学阶段逐步实现的。

（四）想象力丰富，但想象与现实之间没有明确界限

小学低年级，学生的想象力十分丰富。在他们的头脑中，想象与现实之间往往没有明确的界限。有时候，由于想象与现实的同一化，他们的行为和言语会展现出"不合情理"，如果没有考虑到小学生想象力发展的这种特征，在成人眼中，小学生的这类行为会经常被当作"说谎"或是"欺骗"。

想象力对于学生的未来发展而言是十分重要的，是创造意识和创造能力的萌芽，研学旅行指导师应当对学生的这方面进行着力保护和慎重对待。

（五）以形象思维为主

小学阶段，学生的思维发展依赖于具体的对象和情境，他们只能孤立地认识事物

的个别特征和表面现象。随着年龄的增长和学习活动的深入,他们能够了解到更多关于事物之间的联系,并会根据种属关系对事物进行分类,以及进行简单的分析和概括,从而掌握一些抽象的概念等。总体而言,小学生的思维仍以形象思维为主。

小学低年级,学生的思维以形象思维为主,从小学高年级开始,学生逐渐学会区分概念中本质的东西和非本质的东西,但此时的抽象逻辑思维依然离不开直接经验和感性认识,思维中仍具有很大成分的具体形象性。小学生的思维发展过程中存在着由具体形象思维向抽象逻辑思维过渡的"质变期",亦称"关键年龄段"(四年级,10—11岁)。小学生的思维品质在不断发展,思维的深刻性、灵活性、敏捷性、独创性等都会随年龄的增长而增强。

(六)情绪较稳定且情感比较单纯

随着年龄的增长,小学生的情绪会逐渐变得稳定,情感会变得更加丰富、深刻。小学低年级,学生虽已能初步控制自己的情绪,但常常还会出现情绪不稳定的现象。到了小学高年级,学生的情绪更为稳定,能做到自我尊重,对于获得他人尊重的需求日益强烈,道德情感也初步发展起来。

与学前儿童和青春期学生相比,小学生的情绪更为稳定,并且能够在一定程度上控制自己的情绪,有时甚至能够将真实的情绪隐藏起来。在整个小学阶段,学生的情感是比较单纯的。

(七)自我意识明确

与学前儿童相比,小学生更具自我意识,能更加明确地意识到自己作为独立个体的存在。与中学生相比,小学生的自我意识更多地依赖于他人对自己的评价,尤其是他们眼里的"权威人物"(如家长、研学旅行指导师等)的评价,他们十分渴望得到长辈与同龄人的认可。

总的来说,小学生自我意识的社会化程度有了较大提高,但仍然不够客观、全面,带有明显的主观色彩。

二、小学生的思维特征

(一)认知能力逐渐提升

小学生在接受家庭教育和学校教育的同时,还会参加更为深入的社交活动,这些活动也占据了他们生活的大部分时间。这样的环境促进了他们认知能力的逐步提升,包括操作工具、观察和研究自然界、发现生活中的变化及其规律等。

(二)逐渐具备反身思维能力

在具体运算期开始的时候,小学生具备的思维能力较为简单,对抗或反思的能力较弱。但是随着时间的推移,小学生逐渐具备反身思维能力,不再只是被动地接受信息,而是可以对信息进行思考、总结和整合。

(三)实际操作能力得到提高

小学生能够进行自主的学习和探索,他们渴望获得新的经验和知识。同时在这个阶段,小学生对具体的行动和实物有着强烈的认同感,可以通过实际操作来探究和理解世界。

(四)逐渐形成适应力和解决问题的能力

小学生在具体运算期学习解决问题和应对挑战的方法,逐渐具备适应新环境和新状况的能力。

总的来说,小学阶段的学生处于思维发展的黄金期,逐渐具备反身思维能力、通过实际操作来探究和理解世界的能力,以及适应力和解决问题的能力等。

步骤二:了解中学生的心理特点和思维特征

一、中学生的心理特点

(一)过渡性

中学生处在少年期或青年初期,刚好是从儿童期(幼稚期)向青年期(成熟期)发展的一个过渡时期。少年期是一个半幼稚、半成熟的时期,是独立性与依赖性、自觉性与幼稚性错综复杂、充满矛盾的时期;青年初期则是一个逐步趋于成熟的时期,是独立地走向社会生活的过渡期。

1. 少年期(十一二岁至十四五岁,初中阶段)特点

少年期是一个半成熟、半幼稚的时期,处于这一阶段的个体,其抽象逻辑思维已占主导地位,但其思维发展仍以具体形象作为支柱,并表现出一定的反省思维;其思维的独立性和批判性有所发展,但仍带有片面性和主观性;其心理活动的随意性显著增强,可长时间集中精力学习,能主动调节自己的行为;其成人感、独立意识增强;关心自己和他人的内心世界,社会高级情感迅速发展;其道德行为更加自觉,但自控力不强。

2. 青年初期(十四五岁至十七八岁,高中阶段)特点

处于这一阶段的个体,其在生理上、心理上、社会性上向成人接近;其智力发展接近成熟,抽象逻辑思维已从"经验型"向"理论型"转化,出现辩证思维;其社会高级情感有了深刻发展;其形成了理智的自我意识,但理想自我与现实自我、自我肯定与自我否定之间常发生冲突;其意志的坚强性与行动的自觉性有了较大的发展。

（二）闭锁性

随着年龄的增长，中学生的内心世界逐渐复杂，开始不大轻易将内心活动表露出来，在心理上大多会出现闭锁性，即出现隐秘的心理特征，心理学上称之为"闭锁心理"。

闭锁心理是青少年发育过程中的一种阶段性的心理现象，表现为内心的矛盾不轻易外露，不愿与外界接触，抵触与他人沟通，把自己封闭在一个小小的个人空间里，却又常常无法抑制对友情等人际温暖的渴求，总是幻想别人能不计较他们的冷漠和敌视，主动接近、关心他们。当困难和矛盾得不到解决时，他们往往会因为焦虑而自卑，甚至自暴自弃。如果放任这种消极心理蔓延，容易导致他们形成孤僻性格，甚至会导致他们悲观厌世，产生轻生的念头。

在研学旅行中，研学旅行指导师要充分发挥研学实践性、开放性的特点，关注有闭锁心理的学生，并采取恰当的教育方式，消除学生的闭锁心理，促进学生健康成长。

（三）社会性

中学生开始关注社会现象，开始探索人生，对于社会现实等方面的问题，思考的深度和广度有所提高。中学阶段是理想、动机和兴趣发展的重要阶段，是世界观从萌芽到形成的重要阶段，是品德发展的重要阶段。学生在青少年时期无法避免犯错误，犯错误也不一定是坏事，通过教育使他们改正错误本来也是教育的目的。

中学生的一个显著特点就是兴趣爱好非常广泛且存在很大的差异，有的学生喜欢打球，有的学生喜欢下棋，有的学生喜欢音乐，有的学生喜欢进行小发明创造等，这些兴趣爱好不仅能培养学生良好的思想品德和精神风貌，还是推动学生探求知识奥秘的内在动力。中学时期的学生，尽管模仿能力较强，但是识别能力较弱，还不能有效地区分好坏，往往根据自己的兴趣爱好进行选择。

作为研学旅行指导师，要善于关心学生，尊重学生多样的兴趣和爱好，鼓励他们积极参与丰富多彩的主题活动，引导他们在有益的集体活动中关心他人、培养良好的道德行为，帮助他们提高鉴别是非的能力，把那些"偏离了轨道"的兴趣及时引导到正确的方向上来。

（四）动荡性

中学生处于心理动荡不稳的时期，敏感，难以做到自控或自律，心理不太稳定，易受外界环境的影响，因而可塑性较大。

中学生血气方刚，敢说敢为，富有热情与正义感，希望受人重视，被视作"大人"。他们的思想单纯，很少有保守思想，善于思考，不轻信他人说教，抽象思维能力大大发展，交际能力、独立生活能力增强，自尊心和自信心增强，对他人的评价十分敏感。中学生还有一些要强好斗，常与他人因为一些鸡毛蒜皮的事争得面红耳赤，甚至以拳脚相见。同时,他们又很重感情,但情绪波动性大,常常会因为得不到理解和信任而感到孤独、苦闷,理想与现实的冲突使他们困惑。他们的意志力也在不断发展,但克服困难的毅力还不够,富于幻想但又不切实际,往往把坚定与执拗、勇敢与蛮干、冒险混淆。他们看待问题较为片面和绝对,无法很好地控制情绪,摇摆性大。

中学生的上述心理特点是相互联系的,研学旅行指导师要准确把握、善于利用、有效转化中学生的这些心理特点,让研学旅行成为中学生学习的园地、成长的平台、自我完善的舞台。

二、中学生的思维特征

中学生正处于身心不断发育的阶段,他们的思维方式和思维能力也在不断发展。以下将从逻辑思维、抽象思维、创造性思维和批判性思维四个方面对中学生的思维特征展开描述。

(一)逻辑思维

随着年龄的增长,中学生开始逐渐具备逻辑思维,能够进行较为复杂的思维活动。他们能够运用逻辑规律进行推理和判断,能够理解并运用抽象的逻辑概念。中学生的逻辑思维能力在这一时期得到了显著的提升,他们能够分析并解决较为复杂的问题,能够进行论证和辩证的思考。

(二)抽象思维

在中学阶段,学生开始逐渐从具体的事物中抽象出一般的规律。他们能够通过归纳和概括,将具体的个体归类到一般的范畴中,并能够理解和运用这些抽象的概念和规律。中学生的抽象思维能力在这一时期得到了显著的提升,他们能够从具体的例子中发现普遍的规律,并能够进行抽象思维的操作。

(三)创造性思维

在中学阶段,学生开始具备一定的创造性思维能力,能够产生新的观点和解决问题的方法。他们能够独立思考,自主探索,能够运用已有的知识和经验进行创新和创造。中学生的创造性思维能力在这一时期得到了显著的提升,他们能够提出新的问题、提供新的解决方案,并能够将这些创造性的想法付诸实践。

(四)批判性思维

在中学阶段,学生开始具备一定的批判性思维能力,能够对信息进行评估和判断,能够分析和评价论点和论据的合理性。他们能够进行批判性思考,能够提出质疑和进行探究,能够辨别信息的真伪和可靠性。中学生的批判性思维能力在这一时期得到了显著的提升,他们能够从多个角度思考问题,能够进行批判性的分析和评价。

中学生思维特征的出现和发展,标志着中学生思维能力的不断提升和趋于成熟。

中学教育应该注重培养学生的逻辑思维、抽象思维、创造性思维和批判性思维,促进学生思维能力的全面发展。

步骤三:了解并掌握与青少年沟通的基本要领

一、掌握与小学生沟通的基本要领

(一)掌握与小学生进行有效沟通的注意事项

要想获得有效沟通的效果,研学旅行指导师需要主动把居高临下的、专制的、紧张的师生关系,变成平等的、民主的、和谐的师生关系。

1. 转变观念

研学旅行指导师应树立正确的人生观、成才观,尊重参加研学旅行的学生,注重培养学生的高尚人格。

2. 运用心理学知识

(1)了解小学生的心理特点。参加研学旅行的小学生由于年龄小,常常会出现与成人不同的看法,这是非常正常的现象,研学旅行指导师应该做到充分理解。

(2)注意根据小学生年龄的不同来灵活调整沟通的方法。例如:对于四五年级的小学生,研学旅行指导师要更多地带领、指导他们;对于六年级的小学生,研学旅行指导师就要更多地与他们沟通,多听取他们的想法和意见。

3. 不断提升自我修养

研学旅行指导师无意识的情绪流露会直接影响学生的研学热情和活动开展。研学旅行指导师要不断提升自我修养,时刻注意自己的言行,避免在学生面前流露出消极或不满的情绪,更不应迁怒于学生,应当用积极进取、乐观向上的生活态度来影响学生。研学旅行指导师可以与学生平等交朋友,以互动性、趣味性的沟通方式与学生交流,从而建立良好的师生关系。

4. 以诚相待

学生大多喜欢和蔼可亲的研学旅行指导师,既愿意与这类研学旅行指导师交往,也乐于接受其教育引导。研学旅行指导师应尊重学生,以诚相待,这样师生情感才会更融洽、和谐,更有助于学生接受研学旅行指导师的观点和引导。

(二)帮助小学生养成良好习惯

教育家叶圣陶先生认为教育就是养成良好的行为习惯。研学旅行指导师应帮助学生养成良好的学习习惯,逐步引导学生积极思考、敢于提问、认真倾听、乐于表达自己的见解等。

1.出发前的习惯引导

出发前,研学旅行指导师可以组织学生初步认识此次研学旅行,包括研学旅行的具体地点、任务,研学报告的准备、答辩等具体事项,培养学生"凡事预则立"的习惯认知。帮助学生养成良好习惯也是研学旅行指导师与其沟通的前提。

（1）学习方法点拨。在学生选题、开题前,研学旅行指导师要分别引导学生以小组为单位通过上网或查阅书籍了解研学旅行目的地,对研学旅行目的地形成初步的认知,做到"知己知彼",然后确定研究主题和方向,并自行拟定研究的内容要点。

（2）撰写技巧指导。在学生确定好研究主题后,研学旅行指导师应围绕学生所选的主题方向指导学生撰写研究方案,一方面应让学生了解研究方案的要点和要求,另一方面应鼓励学生运用发散思维,深度探讨具体研究内容以及明确小组研究的目的和意义。

（3）思考习惯引导。大部分学生是第一次接触研究式学习,在学习过程中会遇到很多问题,这时需要研学旅行指导师对学生进行针对性的引导,启发学生思考,培养学生独立思考的习惯。

2.研学旅行中的习惯强化

（1）收集有效素材的习惯。在研学旅行过程中,学生每到一个研学点,研学旅行指导师都需要观察学生是否进行了研究素材的收集,并及时对学生进行提醒和点拨。

（2）发现问题的习惯。研学旅行目的地的气候以及环境大多与学生的惯常环境不相同。研学旅行指导师在研学旅行过程中应多与学生交流,启发学生主动发现新鲜事物,并学会从习以为常、司空见惯的现象和事物中找到平常没有注意到的细节,获得新发现。

（3）及时记录并解决问题的习惯。学生在研学旅行过程中会产生很多疑问,当学生询问研学旅行指导师时,研学旅行指导师要引导学生养成及时记录并寻求帮助的习惯,并亲自示范,与学生共同解决疑问,同时也要鼓励学生独立解决问题。

3.返程后的习惯巩固

（1）总结研学旅行的意义及收获。在研学旅行结束后,研学旅行指导师需要及时组织学生整理研学旅行中的收获和心得,并将这些收获保留下来,引导学生养成及时总结、反思的习惯。

（2）撰写研学报告。研学旅行指导师应指导学生整理其在研学旅行过程中收集的相关研究素材,并形成多种形式的研究报告。

（3）巩固研学旅行中习得的学习习惯。在学生完成研学报告的过程中,研学旅行指导师可以要求学生思考自己此行的收获以及存在的不足等,让学生自由交流,并做好总结发言,以巩固学生在研学旅行中习得的学习习惯。

以某学校六年级学生小李为例,该生聪明、好动,反应快,但自身有很多不良习惯,如参加实践活动时经常迟到、不按时完成研学总结、注意力不集中、破坏研学秩序等。

同学们一致反映小李就是一个"调皮大王"。研学旅行指导师从培养小李良好的行为习惯入手,从研学旅行开始就通过与他沟通、探讨,布置了相应的让他感兴趣的、较为具体的研学任务,例如:在研学旅行前,负责研学团队点名,管理团队纪律;在研学旅行过程中,收集其他同学的研学总结并汇总给研学旅行指导师;在研学旅行结束后,汇报整个研学旅行过程的纪律情况等。研学旅行指导师会及时对小李的进步进行表扬鼓励,如对他说"你进步了,很好!""你做得很好,很认真,同学们都应向你学习。"功夫不负有心人,在研学旅行结束的时候,带队教师和其他同学都觉得小李像变了一个人似的,在实践活动过程中认真听讲,坐得住了,精力集中了,同学们也都愿意与他交流、合作了。小李也一改往日的形象,真诚地向研学旅行指导师鞠躬,表达他的感谢。

二、掌握与中学生沟通的基本要领

中学生大多数时间在校园中度过,学习是他们的本职工作,但是仅仅依靠学校教育来学习科学文化知识,对于学生个人的成长与发展显然是不够的。研学旅行是个人成长的沃土,只有真正融入研学旅行活动,在研学旅行活动中不断实践、锻炼自己,才能真正学到有用的社会实践知识。研学旅行指导师要根据中学生的心理特征有针对性地开展沟通交流工作。

(一)因势利导

中学生思想活跃、思维敏捷,对新理论、新问题、新事物充满好奇,喜欢钻研,尤其对于社会热点、流行文化现象关注多、思考多、困惑多。如果能及时对学生加以引导,消除学生的困惑,就能帮助他们正确认识世界、看待问题,树立正确的"三观"。如果对学生疏忽大意、放任自流,学生很容易在社会乱象下迷失自己、走偏或出错。研学旅行指导师要因势利导,充分利用中学生善于思辨的优势,广泛开展深入的研讨互动,在理论解析、热点辨析和思想交锋中不断把马克思主义和社会主义核心价值观转化到学生的头脑中去,引导他们利用辩证唯物主义思想洞察世事、明辨是非,自觉树立积极健康的、顺应时代的、远大的理想追求。

(二)丰富活动形式

新形势下,中学生的自我、民主、平等、参与意识普遍增强,研学旅行指导师应当重视调动和发挥学生在教育中的能动性、创造性、自主性和积极性,使其主动地认识自我、寻求真理和完善人格,把自己塑造成为具有优秀个性特征和良好素质的社会主体。研学旅行指导师要在重视观念引导和思想启迪的同时,积极采取主题演讲等形式,鼓励学生走上前台讲看法、亮观点、谈认识,引导学生析事明理、感悟人生,真正明白学知识必先学做人、强能力必先强思想等基本道理。

(三)注重情感交流

情感对于概念、判断和推理的形成具有驱动、调节和诱导作用。正如列宁所说,没有"人的感情",就从来没有也不可能有人对于真理的追求。教育是人与人之间的双边活动,是思想交流与感情交流的双向活动,它通过转化教育对象的思想来达到它的目的,而情感交流则是达到教育目的的必然选择。

（四）注重典型示范

榜样就是方向,榜样就是标准,榜样就是动力。先进典型就是最好的榜样,容易使人产生思想认同、形成行为示范,从而给人以鼓舞、教育和鞭挞。中学生思想开放、活跃,善于模仿,容易接受新事物、新思想。中学生积极追求时代精神,而典型恰恰是时代精神的具体形象化,中学生大多崇拜并愿意以先进典型和英雄模范为榜样。研学旅行指导师要注重发挥典型的示范引领作用。

（五）实践出真知

研学旅行指导师在设计研学旅行内容、路线、地点以及任务安排上,要尽量考虑到中学生的实际需求,尽可能地让中学生参与到研学旅行的设计中来。可以采用问卷调查、随机访问的方式,让中学生参与课程设计,充分体现中学生在活动中的主体地位,落实以学生为本的教学理念,激发中学生对研学旅行的兴趣。

例如,江苏淮阴师范学院第一附属小学在确定了研学旅行目的地后,由教师组织学生设计简单的问卷,在同学和家长,甚至校外的亲戚、朋友中进行活动地点的问卷征集。收集完问卷后,由学生对问卷进行整理,筛选出最能反映研学旅行目的地文化的景点。这样,不仅可以使学生和家长更支持此次活动,还能让学生在此过程中学会更好地设计和整理调查问卷。

（六）关注自主成长

研学旅行活动的主体是学生,研学旅行指导师在进行活动设计时要注重调动学生在活动过程中的自主性,为学生提供更多发展能力的机会。

例如,带领学生到科技馆进行研学时,研学旅行指导师可以让学生自主选择交通工具和路线。到达科技馆后,研学旅行指导师可以将学生分成若干个小组,每组选出一位小组长带领组员进行参观,并让学生自行规划参观的内容和顺序,从而充分实现学生的自我管理。此外,在组织活动前,研学旅行指导师可以让学生查阅和收集相关资料等;在活动结束后,研学旅行指导师可以让学生分享活动心得,在为下次组织活动提供依据的同时,提高学生归纳和总结的能力,促使学生自主成长。

步骤四:提升倾听技巧

一、了解倾听的意义

倾听是指研学旅行指导师专注地听学生的叙述和表达,并通过语言和非语言行为向学生传递信息的过程。倾听不仅是为了了解情况,还有助于建立良好的互动关系,帮助学生更好地表达自己的感受和需求,促进学生的自我探索和自我发现。耐心倾听是每个研学旅行指导师都应该做到的,不善于倾听的研学旅行指导师就不能称为"合格的研学旅行指导师"。

二、了解倾听在研学旅行过程中的应用

通过倾听,研学旅行指导师可以更好地理解学生的需求,设计更有效的教学方案。研学旅行指导师积极倾听学生,可以增强师生之间的信任,有助于建立良好的师生关系。此外,在倾听的过程中,研学旅行指导师可以及时发现学生的表达问题,有针对性地提高学生的语言表达能力。

三、把握有效倾听的原则

有效倾听是准确把握学生需求的有力保障。学生所抱怨的种种问题中,蕴含着学生的需求,研学旅行指导师可以通过分析学生的话语,捕捉有效的信息。要想做到有效倾听学生,需要把握以下四大原则。

(一)耐心十足

研学旅行指导师在与学生交谈时,应避免打断他们,因为通常来说,学生说得越多,他们就越会感到愉快和满意。因此,研学旅行指导师应该做到耐心地倾听,鼓励学生充分表达他们的观点。

(二)专心致志

研学旅行指导师在倾听学生的过程中,应采取积极的姿态,与学生保持良好的眼神交流。此外,当学生讲到关键点时,研学旅行指导师可以通过点头等方式来传递对学生的认同和鼓励。

(三)热心回应

研学旅行指导师在倾听学生的过程中,要适时地给予反馈,可以通过复述关键点来表示自己对学生的理解,这样有助于与学生建立情感共鸣,让他们深切体会到被关注和关心。

四、掌握倾听的技巧

(一)注意观察

倾听不仅仅是用耳朵接收声音,还应该做到用心去感受、设身处地理解。这要求研学旅行指导师不仅要理解学生通过言语和行为直接传达的信息,还要敏锐地捕捉并

解读那些在交谈中可能被省略或未明确表达的内容。

（二）适当反应

善于倾听,不仅意味着要专注地听,还要做到积极参与和给予适当的反馈。这种反馈可以是言语上的,如使用"嗯""是的""然后呢""请继续"等话语来鼓励学生继续表达;也可以是非言语的,如通过微笑、专注的眼神、身体前倾的姿态以及与讲话内容相呼应的点头等方式来展现关注和理解。

（三）换位思考

倾听的核心在于深入理解学生所传达的信息及其背后的情感,做到不排斥、不歧视。这需要研学旅行指导师将自己置于学生的立场上进行思考,鼓励学生自由地表达情感,同时帮助学生厘清思路。

（四）避免干扰

研学旅行指导师在倾听学生的发言时,应当避免同时进行其他活动,如查看手机或撰写评语等,要确保自己全神贯注,以展现对学生的充分尊重。

◎ 实训安排

中学生研学旅行课程教学设计实训任务书

任务名称	中学生研学旅行课程教学设计实训	学时	2
任务说明	结合中学生研学旅行的特点和中学生心理活动规律,通过小组合作学习的方式,收集并整理相关资料,设计一份适合中学生的研学旅行课程教学方案		
实训方式	模拟实训,以6—8人为一组,分组进行设计		
实训目标	各组能够依据中学生研学旅行的特点和中学生心理活动规律设计研学旅行课程教学方案		
空间要求	室内外均可,能够设置模拟实训场景,做到空间分区,支持1—2组成员同时进行现场演示		
物品要求	多媒体设备、桌椅等		

中学生研学旅行课程教学设计实训记录单

任务名称		学时	
小组成员			
任务分析			
实训流程			
评价要点			
分数			
总结与建议			

项目小结

　　本项目主要介绍了研学旅行指导师的概念及其内涵,分析了研学旅行指导师的类型与职责,明确了研学旅行指导师的素养要求,包括教学能力、心理技术应用能力等方面。通过本项目的学习,读者可以对研学旅行指导师这一职业形成更加客观和清晰的认知,为后续课程学习打下良好基础。

知识与技能训练

知识训练

　　1. 收集国内外著名研学旅行教育家的相关资料,总结他们的教育理念之间的异同点。

　　2. 绘制学校研学旅行指导师、旅行社研学旅行指导师、研学实践教育基(营)地指导师的职责思维导图。

技能训练

　　1. 自主选择并观看一部教育影片,结合研学旅行指导师这一职业,写一篇不少于800字的心得感悟。

　　2. 结合教育学和心理学相关知识,通过小组合作学习方式,收集并整理相关资料,设计一份提升研学旅行活动中师生关系的方案。

慎思笃行

　　习近平总书记表示,教师群体中涌现出一批教育家和优秀教师,他们具有心有大我、至诚报国的理想信念,言为士则、行为世范的道德情操,启智润心、因材施教的育人智慧,勤学笃行、求是创新的躬耕态度,乐教爱生、甘于奉献的仁爱之心,胸怀天下、以文化人的弘道追求,展现了中国特有的教育家精神。这一重要论述首次提出了中国特有的教育家精神概念,既是对广大教师和教育工作者的充分肯定,又为新时代高素质专业化教师队伍建设指明了奋进方向。新时代新征程,我们应深刻理解中国特有的教育家精神的丰富内涵和实践要求,大力弘扬教育家精神。广大教育工作者要牢记为党育人、为国育才的初心使命,培养德智体美劳全面发展的栋梁之材,为强国建设、民族复兴做出更大贡献。

　　请思考:研学旅行指导师应如何坚守为党育人、为国育才的初心使命?

行业观察
▼

项目一

Note

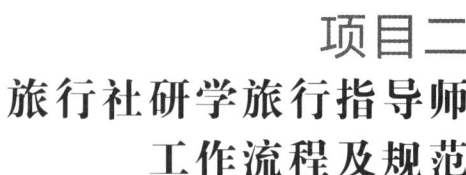

项目二
旅行社研学旅行指导师
工作流程及规范

 项目导读

　　研学旅行指导师工作流程及规范是指研学旅行指导师在开展研学实践活动时应遵循的服务流程和服务标准。研学旅行是研究性学习与旅行体验相结合的校外实践教育活动,是学校开展校外实践教育的重要途径。研学旅行活动的安全顺利实施离不开规范有序的活动流程。在研学旅行执行团队中,作为研学旅行接待团队的核心人员,旅行社研学旅行指导师更需要以保障安全为基本原则,熟悉并掌握研学实践活动的工作流程及规范,熟知各个环节的工作内容与工作重点,在研学旅行过程中有条不紊地推进各项工作的实施。研学旅行活动能否顺利开展,能否获得预期的活动效果,能否让学生取得更多的收获,这些都取决于旅行社研学旅行指导师的工作能力。

 学习目标

知识目标

　　能够充分认知旅行社研学旅行指导师工作的意义与价值,掌握研学旅行活动各服务环节的内容与实施方法,熟知旅行社研学旅行指导师工作流程及规范。

能力目标

　　能够全面分析研学旅行课程,按照旅行社研学旅行指导师的工作流程及规范,通过团队协作完成研学旅行课程的全过程实施。

素养目标

　　提升对旅行社研学旅行指导师的职业认知,树立职业目标及职业理想,增强逻辑思维能力,以及分析问题、解决问题的能力。

 **学习重点**

　　旅行社研学旅行指导师的工作流程及规范。

思维导图

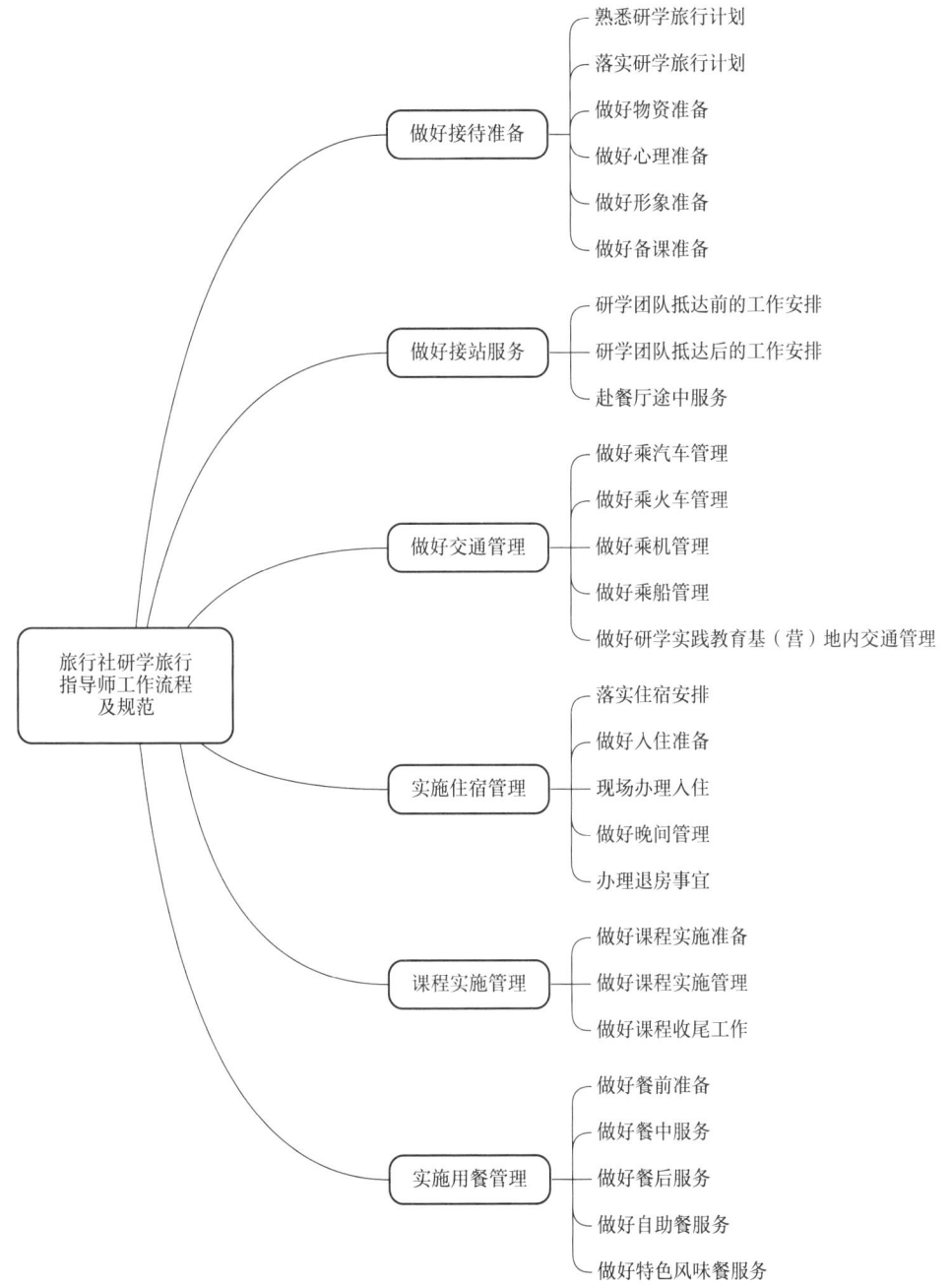

旅行社研学旅行指导师工作流程及规范

- 做好接待准备
  - 熟悉研学旅行计划
  - 落实研学旅行计划
  - 做好物资准备
  - 做好心理准备
  - 做好形象准备
  - 做好备课准备
- 做好接站服务
  - 研学团队抵达前的工作安排
  - 研学团队抵达后的工作安排
  - 赴餐厅途中服务
- 做好交通管理
  - 做好乘汽车管理
  - 做好乘火车管理
  - 做好乘机管理
  - 做好乘船管理
  - 做好研学实践教育基（营）地内交通管理
- 实施住宿管理
  - 落实住宿安排
  - 做好入住准备
  - 现场办理入住
  - 做好晚间管理
  - 办理退房事宜
- 课程实施管理
  - 做好课程实施准备
  - 做好课程实施管理
  - 做好课程收尾工作
- 实施用餐管理
  - 做好餐前准备
  - 做好餐中服务
  - 做好餐后服务
  - 做好自助餐服务
  - 做好特色风味餐服务

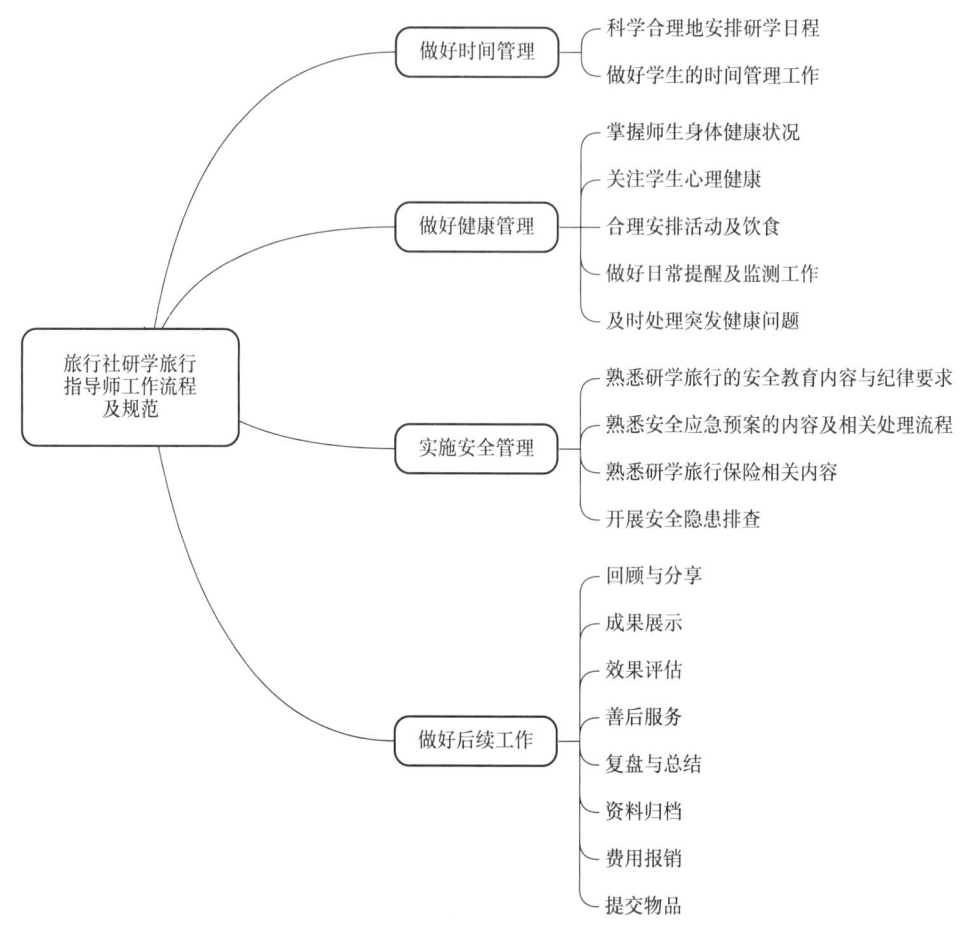

```
                          ┌─ 科学合理地安排研学日程
              做好时间管理 ┤
                          └─ 做好学生的时间管理工作

                          ┌─ 掌握师生身体健康状况
                          ├─ 关注学生心理健康
              做好健康管理 ┼─ 合理安排活动及饮食
                          ├─ 做好日常提醒及监测工作
                          └─ 及时处理突发健康问题

旅行社研学旅行              ┌─ 熟悉研学旅行的安全教育内容与纪律要求
指导师工作流程              ├─ 熟悉安全应急预案的内容及相关处理流程
及规范        实施安全管理 ┼─ 熟悉研学旅行保险相关内容
                          └─ 开展安全隐患排查

                          ┌─ 回顾与分享
                          ├─ 成果展示
                          ├─ 效果评估
              做好后续工作 ┼─ 善后服务
                          ├─ 复盘与总结
                          ├─ 资料归档
                          ├─ 费用报销
                          └─ 提交物品
```

任务一　做好接待准备

🔖 任务导入

通过不断学习,小王对研学旅行指导师这一职业有了深刻的认识,也具备了一定的工作能力。某学校初中二年级的学生将赴西安进行为期三天的研学旅行,目的是通过研学实践深入了解秦朝的历史与文化,同时培养团队合作能力和历史探究精神。旅行社安排小王作为研学旅行指导师,全程参与此次研学实践活动的接待工作。在研学旅行开始前,小王应做好哪些准备工作呢?

任务解析

　　行前准备工作是研学旅行活动方案落地实施的重要环节,决定了研学旅行活动能否顺利开展。旅行社研学旅行指导师在接到研学旅行计划后,要对研学旅行活动方案进行深入细致的分析,了解研学旅行活动的日程安排和研学旅行课程的内容,综合考量重要节点的活动安排,进而开展周密细致的准备工作。

任务重点

　　掌握旅行社研学旅行指导师开展准备工作的内容与方法。

任务难点

　　能够根据研学旅行工作手册,制订旅行社研学旅行指导师的工作计划,并做好准备工作。

任务实施

步骤一:熟悉研学旅行计划

　　研学旅行计划即学校研学旅行的承接机构委托研学旅行目的地接待机构负责落地实施研学实践活动的契约性文件,同时也是旅行社研学旅行指导师从研学机构领取的研学旅行任务执行单,其中包括研学日期、研学教师和学生的人数、学生学龄、抵达/离开的时间、研学旅行课程及体验活动的内容,以及涉及研学旅行服务保障的交通、餐饮、住宿等方面的事宜,是旅行社研学旅行指导师了解研学团队基本情况和实施研学旅行课程的重要依据。

　　旅行社研学旅行指导师在领取了研学旅行计划后,应仔细阅读,认真思考计划的执行流程,并对计划内的重点内容和存疑的地方进行标注。在行前动员会上,旅行社研学旅行指导师应认真听取研学操作交接计划,掌握研学团队的基本情况,重点关注研学日程安排、特殊要求等细节内容,对执行过程中的重要环节和特殊节点进行记录,及时对存疑的地方进行沟通。研学旅行计划包含以下内容。

一、研学组织机构基本信息

　　(1)研学组织机构的名称及联系方式。

　　(2)研学组织机构工作人员的联络表,内容包括总领队和各班生活辅导员的姓名、联系电话或其他联系方式(如微信账号等)。

　　(3)研学组织机构的标志。

二、研学团队基本信息

（1）研学团队的人数信息，如学生人数、教师人数、工作人员人数等。

（2）研学团队成员的学龄、性别、国籍、民族、饮食禁忌，以及有无食物及其他方面的过敏史、有无重大疾病史、有无需要特别关注及特殊照顾的情况等信息。

（3）研学旅行活动的主题、研学团队的各项接待服务的标准，包括用车的车型及数量、膳食标准（有无特色餐要求）、住宿标准及房间数量、体验活动的内容及时长等。

（4）研学团队抵达及离开的日期、所使用的交通港站名称和往返所乘交通工具的车次/班次等相关信息。

三、研学日程安排

（1）旅行社研学旅行指导师应认真阅读研学旅行计划，查看研学日程表上所列出的活动日期、活动安排，以及每项活动的研学主题、内容和时长等信息。

（2）旅行社研学旅行指导师应熟悉研学日程中的特殊活动安排，如开营活动、消防演练、入住巡查、夜间巡查及值夜、闭营活动等的组织与实施流程。

步骤二：落实研学旅行计划

旅行社研学旅行指导师在熟悉了研学旅行计划以后，应在研学团队抵达前的这段时间内，与提供研学旅行服务保障的相关业务部门联系，核实研学团队的接待事宜，重点落实研学团队所涉及的交通、住宿、餐饮、体验活动等方面的服务工作。

一、核对研学日程安排

旅行社研学旅行指导师需要根据研学旅行计划，结合研学行前动员会所强调的重要内容，再次核对研学日程安排，认真查看研学日程安排中的活动日期、活动时间节点和时长，用餐地点及菜单，入住酒店信息及房间数量、房间类型等信息。旅行社研学旅行指导师需要结合研学团队名单核实以上信息，如若发现纰漏或者不合适的情况，应及时进行调整，从而保障研学旅行接待工作的顺利实施。

二、落实交通安排

旅行社研学旅行指导师需要与司机提前沟通联系，告知司机研学团队的接站日期、接站时间及接站地点；核对相关信息，如司机姓名及联系方式，司机驾驶车辆的车型、车牌号码等信息；再次确认车辆的座位数量，提醒司机检测车内设施设备，保证安全带、麦克风等均能正常使用。接站前，旅行社研学旅行指导师应要求司机对所驾驶的车辆进行必要的安全检查，并对车辆进行清扫，保持车内干净、整洁、无异味。旅行社研学旅行指导师应根据研学日程安排,要求司机提前熟悉并规划好行车路线,提前选择好服务区等休息地点,并提醒司机严格按照学生研学旅行的行车标准来执行。

三、落实住宿安排

旅行社研学旅行指导师需要提前了解研学团队入住酒店的有关信息,如酒店的位置、酒店的标准、酒店的楼层数量、酒店的电梯数量、酒店早餐厅所在楼层及早餐厅座位数量、酒店有无大巴车停车场以及停车场的位置等信息,以及酒店所在地对研学团队办理入住手续的规定及要求。此外,旅行社研学旅行指导师还应仔细核对研学团队的房间数量、房间标准等信息。

四、落实用餐安排

旅行社研学旅行指导师需要提前落实研学团队用餐事宜,涉及餐厅所在地位置、餐厅餐饮的特色、有无大巴车停车场以及停车场的位置等信息。此外,旅行社研学旅行指导师还需确认研学团队研学日程安排中的餐饮安排,与餐厅核对研学团队的用餐日期、用餐时间、用餐人数、餐饮标准、菜品口味要求,特别需要强调少数民族用餐及餐饮特殊要求等问题,并提醒餐厅做好餐食的留样工作。

五、落实研学旅行资源点安排

在准备阶段,旅行社研学旅行指导师需要提前了解研学旅行资源点的相关信息,如研学旅行资源点的位置、开放时间、行车线路、停车场位置,以及研学旅行资源点的有关研学团队的预约方式及入园要求、研学旅行资源点的参访路线等内容,事无巨细,都需要提前落实,这样才能保障研学旅行的顺利进行。对研学旅行资源相关政策变化的不了解,可能会导致准备工作做得不充分。在这种情况下,学生可能会在研学旅行资源点等待较长时间,这会影响研学旅行活动的正常进行,导致研学旅行计划无法顺利实施,最终引发研学组织机构的投诉。

六、落实研学体验活动安排

研学旅行中的体验活动是主题研学课程外的重要活动内容,旅行社研学旅行指导师需要提前与研学实践教育基(营)地联系,落实研学团队预约的体验时间及活动场次,核对体验活动的人数及项目名称,此外,还需要提前了解研学实践教育基(营)地的位置、行车线路、参访线路等内容,提醒研学实践教育基(营)地提前做好接待准备工作。

七、沟通团队信息

研学旅行计划落实工作的最后一步,是提前与研学组织机构的生活辅导员取得联系。旅行社研学旅行指导师需要了解研学团队的相关情况,包括学生人数,以及住宿、餐饮等方面的需求有无变化,并提醒生活辅导员安排学生准备好有效身份证件、学校研学证明等相关材料,并将研学旅行资源点关于研学团队的购票政策要求等信息,准确无误地传达给对方,以便对方提前做好准备。旅行社研学旅行指导师还需要针对近期的天气情况,与对方提前沟通,方便学生做好物品准备,以备不时之需;提前沟通此次研学旅行课程内容及实施要求,方便对方提前准备,如有其他需要,应及时调整执行计划。

步骤三:做好物资准备

旅行社研学旅行指导师在熟悉并落实了研学旅行计划后,需要着手进行研学旅行的物资准备工作。

一、工作用品准备

旅行社研学旅行指导师在出发前,需要领取研学旅行计划表、介绍信、电子行程单、研学团队名单、分房表、研学旅行服务质量评价表等,并认真核对相关物品的数量。旅行社研学旅行指导师还要准备好其他工作所需的物品,包括研学手册、研学旗帜、扩音器或蓝牙耳机、接站牌、研学车辆标识牌、研学教具、互动小礼品等。研学旅行工作用品准备表见表2-1。

表2-1　研学旅行工作用品准备表

物品名称	完成情况
研学旅行计划表	
介绍信	
分房表	
研学手册	
研学旗帜	
扩音器或蓝牙耳机	
研学车辆标识牌	
互动小礼品	
电子行程单	
研学团队名单	
研学旅行服务质量评价表	

续表

物品名称	完成情况
研学旅行帽	
研学条幅	
接站牌	
研学教具	
导师服装	
其他	

二、个人用品准备

要想做好研学旅行接待工作,旅行社研学旅行指导师需要积极地准备好个人的行李和随身物品。必备的个人用品包括洗漱用品、换洗衣物、运动鞋、个人防护用品(如雨具、遮阳帽等)、常备药品、水杯、笔记本、笔等。研学旅行个人用品准备表见表2-2。

表2-2　研学旅行个人用品准备表

物品名称	完成情况
导游证	
换洗衣物	
洗漱用品	
常备药品	
笔记本	
身份证	
运动鞋	
个人防护用品(如雨具、遮阳帽等)	
水杯	
笔	
其他	

步骤四:做好心理准备

研学旅行相关工作内容较为烦琐,需要旅行社研学旅行指导师拥有良好的身体素质和心理素质。旅行社研学旅行指导师首先应当在思想上深刻认识到研学实践活动的重要意义与价值,高度重视这些活动对学生成长所起的关键作用,此外,他们还需在体力上做好充分准备,以满足研学实践活动的要求,并在心理上充分理解和接纳这些活动可能是艰苦且复杂的,从而更好地指导学生参与其中。因此,在准备阶段,旅行社研学旅行指导师要做好充分的心理准备。

一、以师者的情怀与担当,端正工作态度

旅行社研学旅行指导师要从思想上认识自己所从事的工作的意义,具备师者的情怀与担当,热爱本职工作。在工作过程中,旅行社研学旅行指导师应时刻将学生的安全放在首位,并密切关注他们的成长需求,充分发挥自身的专业特长,以饱满的工作热情激发学生的兴趣和好奇心,积极组织开展丰富多彩的研学实践活动,让学生通过这些活动,拓宽视野、增长见识,助力研学实践活动的顺利开展。

二、做好应对烦琐工作的心理准备

研学旅行活动的主体是学生,由于生活经验和社会经验的不足,学生在研学旅行过程中会暴露出诸多问题。为了活动能够安全顺利地开展,旅行社研学旅行指导师不仅要考虑研学旅行活动的流程及规范,还要考虑学生主体的各种研学需求,及时有效地处理研学实践过程中的各种突发问题及事件。因此,旅行社研学旅行指导师要做好应对烦琐工作的心理准备。

三、做好沉着冷静处理各种问题的心理准备

旅行社研学旅行指导师在研学实践活动中,需要时刻紧绷安全弦,审时度势,未雨绸缪,避免各类安全事故的发生,全程保障师生的人身及财物安全。对于研学旅行过程中出现的各类问题,旅行社研学旅行指导师应保持沉着冷静,做到及时有效地处理,保障活动的顺利进行。

步骤五:做好形象准备

旅行社研学旅行指导师的个人形象,不仅体现了其个人审美及人生态度,还直接与研学旅行接待机构的企业形象相关联。为了确保在研学旅行中展现出良好的个人形象,旅行社研学旅行指导师应以教师的形象标准严格要求自己,精心管理个人形象,包括准备符合职业要求的仪容与仪表,以最佳状态迎接每一次研学旅行任务。

一、自然清爽的仪容

旅行社研学旅行指导师应当保持面容整洁,具体而言:男性应避免蓄须,保持面部的干净、清爽;女性则不宜浓妆艳抹,不应漂染发色,在妆容打造方面以清新、自然为

主。此外,无论男女,头发都应保持干净、整齐,女性长发最好束起,而男性则以短发为宜,鬓角及头部后面的头发不应过长。

二、干净整洁的仪表

旅行社研学旅行指导师的着装应当符合其职业要求与规范,应以教师的形象标准严格要求自己,最好统一穿着工作服,以便于研学旅行活动的开展。此外,个人卫生同样重要,旅行社研学旅行指导师需保持清爽的个人形象,着装应大方得体。在带领研学团队开展活动时,旅行社研学旅行指导师应避免有明显的外露文身,不宜佩戴饰品如项链、佛珠、手串等。在研学旅行的开营与闭营活动中,尤其是闭营活动,为更好地组织活动及展现个人良好风貌,旅行社研学旅行指导师应准备适合这类场合的服饰,如中山装或汉服等民族服装,以彰显专业性与对活动及参与者的尊重。

步骤六:做好备课准备

在研学旅行计划实施前,旅行社研学旅行指导师应根据研学日程安排,综合考虑学生学段、研学主题、研学目标等方面的因素,充分做好研学相关知识准备工作。在研学实践活动中,旅行社研学旅行指导师不仅要进行常规的讲解,还需针对研学旅行课程中的核心知识点,为学生提供系统化的课程讲解,引导学生主动思考、大胆探索。同时,旅行社研学旅行指导师应基于研学任务,结合研学手册,做好课程讲解与辅导工作,为研学旅行课程相关服务奠定坚实基础。

一、课程知识准备

中小学研学旅行是由学校精心规划并组织的一项活动,旨在推动教育的全面实施,创新人才培养模式,鼓励学生主动融入社会,促进书本知识与生活实践紧密结合。作为研学旅行中的关键角色,旅行社研学旅行指导师需依据学生的特性,在旅行过程中激发学生的求知欲,并通过课程化的讲解、实施恰当的授课策略,为学生提供高质量的学习体验。旅行社研学旅行指导师应充分利用好研学手册这一重要媒介,积累研学旅行课程相关知识,以确保研学旅行的教育价值得以彰显,让学生在研学旅行中有所收获、健康成长。

二、旅行知识准备

学生通过研学旅行,走出校园,走进社会,旅行社研学旅行指导师应该适时引导学生主动地融入社会,了解整个社会的公序良俗和道德行为规范。旅行社研学旅行指导师还应引导学生学习并掌握旅行相关知识,这不仅能满足学生的旅行探索需求,更重要的是,还能从小培养他们形成文明旅行的意识,帮助他们养成良好的旅行行为习惯。

旅行社研学旅行指导师可以通过引导学生文明研学,彰显新时代学生积极向上的精神风貌。

实训安排

研学旅行接待准备实训任务书

任务名称	研学旅行接待准备实训	学时	2
任务说明	某家专注于青少年教育的研学旅行机构即将开展一次面向初中生的以"历史文化探索"为主题的研学活动。该研学团队由50名学生和2名随行教师组成,计划访问有着丰富历史文化底蕴的古城西安,研学点包括陕西历史博物馆、古城墙及大雁塔等著名文化遗址。请以小组为单位,模拟研学团队接待准备工作		
实训方式	模拟实训,以6—8人为一组,分组进行练习		
实训目标	熟悉研学旅行计划,掌握研学旅行接待流程,能识别并解决潜在问题,确保接待计划的周密性和可执行性,增强团队协作能力、沟通协调能力与问题解决能力		
空间要求	教室或实训室		
物品要求	笔记本、笔等		

研学旅行接待准备实训记录单

任务名称		学时	
小组成员			
任务分析			
实训流程			
评价要点			
分数			
总结与建议			

任务二　做好接站服务

任务导入

行前准备工作完成后,接下来需要做好研学团队的接站服务工作。接站服务是研学旅行活动落地实施的开端,在这一工作环节,旅行社研学旅行指导师首次与研学团队见面,应该如何有效地开展工作呢?

🎨 任务解析

接站服务是研学旅行活动落地实施的开端,旅行社研学旅行指导师需要在研学团队抵达前做好充分的准备工作,包括提前到达接站地点、确认研学团队的抵达时间、准备接站标识等。当研学团队抵达时,旅行社研学旅行指导师需要热情迎接,核对人数和信息,引导研学团队登车,并致欢迎词。在行车途中,旅行社研学旅行指导师需要向研学团队介绍研学旅行目的地的概况和行程安排。在整个研学旅行过程中,旅行社研学旅行指导师需要确保研学团队的人身安全和财产安全。

🎨 任务重点

明确接站服务的基本流程和要求,能够按流程要求完成接站服务,并给研学团队留下良好的第一印象。

🎨 任务难点

能够按照流程独立、高效地完成接站服务。

🎨 任务实施

步骤一:研学团队抵达前的工作安排

一、确定研学团队的抵达时间

研学团队抵达前一天,旅行社研学旅行指导师应全面梳理并检查准备工作的落实情况。研学团队抵达当天,旅行社研学旅行指导师应提前联系研学团队的领队或负责人,了解研学团队所乘交通工具是否准点发车以及交通工具的运行情况。若是遭遇恶劣天气,旅行社研学旅行指导师应与研学团队的领队或负责人保持联络,随时了解交通工具的运行情况,以及研学团队的状况。接站前,旅行社研学旅行指导师应提前半小时到达车站(或机场、码头等),通过查询车站屏幕的动态信息,了解研学团队的准确抵达时间,或者通过向车站问询处咨询的方式,了解研学团队所乘交通工具的运行情况及准确抵达时间。

二、与大巴车司机联系接站

旅行社研学旅行指导师需要根据研学团队准确的抵达时间,提前与大巴车司机取得联系,告知研学团队所乘坐的交通工具及计划抵达的交通站点和时间,并与大巴车司机商定大巴车停靠的位置,便于进行下一步的接站服务。如果旅行社研学旅行指导师与大巴车司机一同接站,应保证在研学团队抵达前半小时抵达。

三、再次核对准确的抵达时间

旅行社研学旅行指导师在抵达车站(或机场、码头等)后,应与研学团队的领队或负责人联系,告知已抵达接站地点,明确接站标识,同时确认研学团队的准确抵达时间,积极做好接站的迎接工作。沟通完成后,旅行社研学旅行指导师可随时通过观看车站大屏的滚动信息或向问询处咨询的方式,了解研学团队所乘交通工具的运行信息。

如果发现研学团队车次(或班次)的抵达信息出现变更,旅行社研学旅行指导师应及时向问询处了解车次晚点的情况。如果延迟的时间不长,旅行社研学旅行指导师可以在接站地点继续等待接站;如果延迟的时间较长,旅行社研学旅行指导师应及时将情况汇报给研学旅行接待社的相关负责人员,在充分沟通后,做好下一步的计划调整。

四、持接站牌迎候研学团队

通常情况下,当研学团队车次(或班次)抵达后,研学团队的领队或生活辅导员,会在到达车站或机场出口前,先统一整队集合,清点好人数和行李,再统一带领学生前往出口位置。

旅行社研学旅行指导师在研学团队抵达前,应通过电话、微信等方式联系研学团队的负责人,并告知接站口的准确位置及接站标识。旅行社研学旅行指导师应身着工作服,彼此间保持一人的距离,站成整齐的一列,手持接站牌,面带微笑,准备迎接研学团队的到来。接站牌上通常会写明学校名称、研学旅行活动主题、研学团队编号等信息。

步骤二:研学团队抵达后的工作安排

一、认找研学团队

当研学团队抵达出站口时,旅行社研学旅行指导师应尽快找到研学团队。研学团队通常规定学生着统一的校服进行活动,因此非常容易辨认。若是出现有多支研学团队在同一出口抵达时,旅行社研学旅行指导师应站在出口较为明显的位置,最好是能看到出口情况的位置,并高举研学团队的接站牌或研学旗帜,以便研学团队的领队或负责人能够迅速找到,从而顺利进行研学团队的交接工作。当研学团队出站后,旅行社研学旅行指导师应主动上前询问,与研学团队进行对接。与研学团队的负责人见面后,旅行社研学旅行指导师应仔细核对研学团队的学校名称及学生人数,以免出现接错、漏接等情况。

二、集合整队,核对人数

在接到研学团队后,旅行社研学旅行指导师应主动向研学团队的负责人进行自我介绍,对研学团队的到来表示热烈欢迎,并与负责人核对研学团队的人数等相关信息。若遇到人数变更的情况,旅行社研学旅行指导师应及时通知研学旅行接待机构的相关工作人员,对餐饮、住宿、研学旅行资源点预约等方面的计划进行调整。旅行社研学旅行指导师还应向研学团队负责人询问交通方面的情况,尤其是学生在乘坐交通工具时的行为表现,对学生的情况进行初步了解,便于在后续的研学旅行活动中更有效地与学生进行沟通和交流。

三、集合上车,清点人数

旅行社研学旅行指导师负责对研学团队进行整队,并提醒学生清点好自己的行李和随身物品。旅行社研学旅行指导师负责道路引领,应手持研学旗帜走在队伍前方,并随时提醒学生保持队形,有序前往停车场。在引导研学团队向停车场行进的过程中,旅行社研学旅行指导师还需通知大巴车司机已接到研学团队,并要求司机打开大巴车行李舱,为迎接研学团队登车提前做好准备。

在研学团队抵达停车场后,旅行社研学旅行指导师应组织学生有序地摆放行李,提醒学生注意安全。旅行社研学旅行指导师可以协助司机将行李放入行李舱内,并逐一码放整齐。在学生上车时,旅行社研学旅行指导师应站在大巴车前面车门右侧,引导学生有序上车,提醒学生注意上车的台阶。旅行社研学旅行指导师还需提醒上车的学生尽快入座,以保持过道通畅。等待学生全部上车后,旅行社研学旅行指导师应与司机确认行李舱门关闭并锁紧,以防止行车途中行李滑动,避免因行李舱门意外打开而造成行李损坏,更重要的是,确保行车安全不受影响。

学生上车后,旅行社研学旅行指导师应将放置于行李架上的行李摆放整齐,确保没有背包悬挂在行李架边缘,以防在行车过程中背包掉落,对学生造成伤害。待学生全部就座以后,旅行社研学旅行指导师应提醒学生系好安全带,并将座位扶手放下,随后,为学生讲解并强调乘坐交通工具时的注意事项。最后,旅行社研学旅行指导师应核对人数,清点无误后,方可提醒司机发动车辆驶离。

步骤三:赴餐厅途中服务

在大巴车启动以后,旅行社研学旅行指导师的车上讲解服务工作也开始了。从车站(或机场、码头等)到餐厅或宾馆的行车途中,旅行社研学旅行指导师除了要表现出热情、好客,还应在言谈和举止上展现良好的职业道德和专业素养,从而获得研学团队的好感,留下专业、可信的第一印象。

一、致欢迎词

致欢迎词作为旅行社研学旅行指导师首次亮相的开场白,意义重大。欢迎词时长一般应控制在五分钟之内。要想利用好这短短的五分钟,充分展示个人的学识与素养,并给师生留下美好的印象,需要旅行社研学旅行指导师在日常生活中勤加练习与学习积累。

研学旅行活动的欢迎词的内容主要包括:问候师生并表示热烈的欢迎;介绍此次研学旅行活动的主要工作人员;介绍此次研学旅行活动的主题及日程安排;简要概括此次研学旅行课程的内容等。

欢迎词示例:

尊敬的老师们、亲爱的同学们:

大家好!我是研学旅行指导师小王,非常荣幸能在美丽的古城西安迎接大家的到来。首先,请允许我代表我们研学旅行公司向远道而来的各位老师和同学表示最热烈的欢迎!

在这次研学旅行中,我们将一起探索西安丰富的历史文化和自然景观,通过实地考察和互动体验,深入了解这座古城的独特魅力。为了让大家有一个充实且有意义的旅程,我先为大家介绍一下此次研学旅行活动的主要工作人员。

我是此次研学旅行活动的指导师,负责整个行程的组织和协调工作。张老师是生活老师,负责大家的生活安排,为大家提供安全保障;李师傅,负责安排大家的交通出行,确保大家安全、准时地到达各个目的地。

我们非常荣幸能够为大家提供这次研学旅行服务,并承诺将以最诚挚的态度和专业的服务,确保大家的安全和舒适。希望这次研学之旅不仅能为大家带来知识上的收获,还能激发大家对于历史文化的兴趣和热爱。

接下来我将简单向大家介绍一下本次研学旅行的日程安排。我们的研学主题是"古都探秘与文化传承",为期三天。具体日程为……

现在,让我们一起来了解一下今天将要前往的第一个研学旅行目的地——秦始皇兵马俑博物馆。兵马俑被誉为"世界第八大奇迹",它不仅是秦始皇陵的一部分,还是中国古代雕塑艺术的杰出代表。今天的研学旅行活动可以让大家了解到秦朝的历史背景、兵马俑的制作工艺及其在考古学上的重要地位。希望大家在参观过程中认真听讲,积极提问,争取有更多的收获。

最后,预祝此次研学旅行活动圆满成功,希望大家在接下来的几天里能够学有所获、玩得开心,谢谢大家!

二、研学旅行目的地讲解

在行车途中，旅行社研学旅行指导师应向学生讲解研学旅行目的地的概况，讲解内容应尽量全面，从而有助于学生对研学旅行目的地形成直观认知，增进学生对研学旅行目的地的好感。讲解内容包括研学旅行目的地的地理位置、地形特征、气候类型、面积、历史沿革、风土人情、代表性的研学旅行资源等。旅行社研学旅行指导师在介绍时要紧扣研学主题、链接学科知识，讲解的内容应与研学旅行课程内容相呼应。此外，旅行社研学旅行指导师在讲解时应注重结构的完整性、内容的准确性以及节奏的合理性，并确保重点突出。在表述方面，旅行社研学旅行指导师须口齿清晰，语调自然流畅，同时将音量和语速控制在适中水平。讲解内容应能够准确传达意图，做到通俗易懂，同时加入一定的幽默元素，使语言既流畅又富有感染力和亲和力。整体讲解应当结构合理、层次分明、详略安排得当、逻辑性强。

三、适时的沿途风物讲解

在行车途中，旅行社研学旅行指导师可以对沿途风物进行讲解，以满足学生初到研学旅行目的地的好奇心和求知欲。在围绕沿途风物进行讲解时，旅行社研学旅行指导师应运用简洁明快、富有节奏感的语言，适时引导师生观赏沿途的风景，确保讲解内容与师生的观赏体验保持同步。

四、宣布研学日程安排

在完成了首次沿途讲解后，旅行社研学旅行指导师应该与研学团队的领队或生活辅导员及时沟通，核对此次研学旅行的日程安排，并共同商讨接下来的行程安排，包括确定酒店的叫早时间、早餐时间以及后续的集合时间和地点。在商定后，由旅行社研学旅行指导师向学生宣布当日或次日的研学日程安排，并提醒学生出发时带好研学手册及笔记本，提前做好研学主题课程的预习。同时，旅行社研学旅行指导师应对学生的研学课题给予指导，确保每个学生都做好充分的研学旅行准备。

五、宣布集合时间、地点和停车地点

研学团队抵达研学实践教育基(营)地或宾馆时，旅行社研学旅行指导师应向师生交代清楚集合时间、地点、出发时间及大巴车的停靠位置，提醒师生出发时需要带好的证件和物品等。在下车前，旅行社研学旅行指导师应向师生强调大巴车的车牌号码、车型和车身颜色等信息。待车辆停稳并确认周边环境安全后，旅行社研学旅行指导师应组织师生有序下车，提醒师生将行李和随身物品带下车。研学团队下车时，旅行社研学旅行指导师应站在车门的右侧，提醒师生在下车的过程中主动保持安全距离，切勿发生争抢、推搡等危险行为，同时注意脚下台阶，确保自身安全。

实训安排

接站工作实训任务书

任务名称	接站工作实训		学时	2
任务说明	"历史文化探索"主题研学旅行活动的研学团队即将抵达高铁站,请依据旅行社研学旅行指导师的职责要求模拟接站工作,确保研学团队在抵达后得到高效、热情的接待服务			
实训方式	模拟实训,以6—8人为一组,分组进行练习			
实训目标	(1)熟悉接站服务的标准流程,包括行前准备、接站时的组织与沟通、行车途中的服务等。 (2)掌握处理接站过程中可能遇到的突发情况的方法,如交通工具晚点、人员变动等。 (3)提升沟通能力与专业形象,确保给研学团队留下良好的第一印象。 (4)加强团队协作,确保研学旅行的顺利启动			
空间要求	教室或实训室			
物品要求	接站牌、扩音设备、简易行李箱包、车模型或用椅子模拟大巴车座位布局、白板或投影仪、手机或对讲机等			

接站工作实训记录单

任务名称		学时	
小组成员			
任务分析			
实训流程			
评价要点			
分数			
总结与建议			

任务三 做好交通管理

任务导入

在研学旅行活动中,研学团队需利用各种交通工具辅助出行。研学团队的出行安全问题一直备受家校及社会各界的关注,这也是研学旅行活动过程中的重中之重。在乘坐交通工具期间,旅行社研学旅行指导师应增强安全风险防范意识,提高应急处理能力,采取多项措施确保师生乘坐的车辆安全运行,保障师生的人身安全,维护正常的研学旅行活动秩序,做好交通安全事故的预防工作。要想做好以上工作,旅行社研学旅行指导师需要掌握哪些交通管理的知识和技能呢?

⊗ 任务解析

旅行社研学旅行指导师应牢固树立交通安全意识,强化交通安全理念,深刻认识到交通安全管理的重要性。旅行社研学旅行指导师应积极向学生普及交通安全知识,开展有效的交通安全教育,确保学生严格遵守乘车秩序和规范。旅行社研学旅行指导师应积极思考交通管理有关问题,细致开展交通管理工作,为研学旅行活动提供坚实的安全保障,从而让学生既能享受快乐的学习,又能体验美好的旅行。

⊗ 任务重点

(1)掌握不同类型交通工具的特点。
(2)掌握乘坐不同类型交通工具的规范与要求。

⊗ 任务难点

熟练运用交通管理知识,做好乘坐不同交通工具时的管理工作。

⊗ 任务实施

步骤一:做好乘汽车管理

汽车是研学旅行中极为常见的交通工具,使用频次较高,旅行社研学旅行指导师需对学生开展乘车安全教育,进行文明乘车规范的宣讲,以增强学生的安全意识,倡导文明乘车。乘汽车管理的工作内容主要包含以下几个方面。

一、做好车辆调度及管理

(一)行前调度

旅行社研学旅行指导师在行前应制作车辆调度安排表,标注所用车辆车型、车座数量,以及司机的姓名、联系电话等信息,除了要求司机提前对车辆进行安全检查,还要确保车内安全带完好无损,消防及紧急逃生器材齐全、有效。

（二）有效沟通

旅行社研学旅行指导师应在行前与司机进行沟通，确认接站服务、研学日程、入住宾馆等方面的信息，并将研学团队的具体要求告知司机。

（三）实时观察

在乘车过程中，旅行社研学旅行指导师应负责观察车辆的行驶状况、司机的驾车状态等，提醒司机不要在驾驶的过程中接打电话，严禁疲劳驾驶。

（四）及时提醒

旅行社研学旅行指导师应提醒司机密切关注行驶途中的路况及天气变化情况，以便有效预防各类道路交通安全事故的发生。

（五）安全监督

旅行社研学旅行指导师应提醒司机每日定时进行车辆安全检查，并详细做好行车记录。同时，旅行社研学旅行指导师应向司机强调必须严格遵守各项车辆安全管理规定，以确保学生的人身安全。

二、做好学生候车管理

（1）在学生候车期间，旅行社研学旅行指导师应提醒学生妥善保管个人随身物品和行李，严禁携带易燃易爆物品及管制刀具等，以防发生人为性不安全事件。

（2）旅行社研学旅行指导师应及时组织学生站队，快速清点好人数。在队伍集合好后，要求学生站在指定位置等候，以免阻碍交通及产生安全隐患。

（3）旅行社研学旅行指导师应提醒学生在候车期间保持队形，强调安全纪律，要求学生不得大声喧哗或嬉戏打闹，以免造成危险；要求学生不得擅自离开候车地点，若有上卫生间等需求，应及时报告，在获得批准后方可离开，并在规定的时间内迅速归队。

（4）旅行社研学旅行指导师应提醒学生，在大巴车抵达后，须耐心等待车辆停稳，将行李摆放整齐，之后有序排队上车，排队时保持安全距离，不得插队或推搡。学生应按照分组，自后排依次向前落座，不留空座。旅行社研学旅行指导师可以将前排座位安排给有严重晕车症状的学生或需要特殊照顾的学生。

三、做好学生乘车管理

（1）上车后，旅行社研学旅行指导师应对学生开展交通安全教育，播放交通安全教育视频，提高学生的交通安全意识，强化学生的交通安全行为。

（2）乘车期间，旅行社研学旅行指导师应要求学生全程系好安全带，并特别提醒靠近走道的学生将座位的扶手放下。

（3）旅行社研学旅行指导师需要从前到后依次检查，确保所有的学生都已系好安全带，以及靠近走道的学生已将座位的扶手放下。

（4）旅行社研学旅行指导师需要自后往前依次检查行李架上的物品，确保所有物品摆放整齐且稳固，避免行车期间发生安全隐患。

（5）旅行社研学旅行指导师需要提醒学生文明乘车，不要在车内吃零食，自觉保持车内的干净整洁。

（6）在行车过程中，任何人不得在车内随意走动，更不得在车上大声喧哗、嬉戏打闹。

（7）司机在驾车期间需要保持精神高度集中，任何人不得与司机攀谈，以免影响其正常驾驶，从而避免危险情况的发生。

（8）旅行社研学旅行指导师还需着重强调，在大巴行驶过程中，任何学生不得打开后座的车窗，更不能将头、手伸出窗外，严禁向车窗外丢扔物品。

四、做好学生下车管理

（1）待大巴车停稳、司机打开车门后，旅行社研学旅行指导师才可以允许学生抬起座位扶手并解开安全带。

（2）旅行社研学旅行指导师应提醒学生自前往后有序下车，注意脚下的台阶，保持安全距离，不要拥挤，更不能推搡，以免发生危险。

（3）旅行社研学旅行指导师应最先下车，下车后应环顾四周，留意周围是否有来往的车辆。

（4）待学生全部下车后，旅行社研学旅行指导师应选择一处安全的地点，要求学生集合站队，并提醒他们不要随意走动，一切听从旅行社研学旅行指导师的统一指挥和安排。

步骤二：做好乘火车管理

当开展跨省研学或在省内开展距离较远的研学时，常常会选择火车作为交通工具。乘火车管理的工作内容主要包括以下几个方面。

一、做好乘车准备

（一）核对车次及学生信息

旅行社研学旅行指导师在出发前，应认真仔细地核对所乘火车的信息，包含火车的车次、检票口、发车时间、抵达时间，以及火车在目的地车站的停车时长等信息；核对学生的车座信息，及时了解每节车厢学生的分布情况，对每节车厢的学生进行分组，安排专门人员负责引领学生候车、乘车、下车等，保障学生有序乘车及上下车的安全。

（二）妥善保管身份证件

旅行社研学旅行指导师应提醒学生妥善保管身份证件，每次使用完身份证件后，都应立即将其放回原先的位置妥善保存。证件丢失是研学旅行中常见的问题，因此，旅行社研学旅行指导师需要在活动过程中做好提醒工作，以防学生丢失证件，造成不必要的麻烦。

（三）乘车安全提示及安全教育

在组织研学团队进入车站前，旅行社研学旅行指导师应对学生进行乘车安全提示，并开展乘车安全教育。旅行社研学旅行指导师应时刻留意现场的情况，适时给予学生安全提示。安全教育的内容包含安检流程、乘坐扶梯的注意事项、候车纪律、乘车行为规范，以及下车应注意的安全事项等，旨在确保学生能够全面掌握安全乘车的相关知识，保障整个乘车环节人员的安全。

（四）申请绿色通道

在研学团队出发前，旅行社研学旅行指导师应主动联系车站工作人员，通报研学团队的出发时间、车次、人数等信息，向车站申请绿色通道，并询问检票是否需要出示身份证件等。

在研学团队抵达车站后，旅行社研学旅行指导师应组织研学团队按班级站队，清点好人数和物品，随后带领研学团队在绿色通道前排队。旅行社研学旅行指导师应向车站安检人员出示相关身份证件，待车站检票人员确认并同意后，组织学生进入团队绿色通道，引导学生有序进行安检，提醒学生带好自己的行李和随身物品，特别注意要保管好个人的身份证件，同时强调安全注意事项。

学生在进行安检时，应妥善看管自己的行李和随身物品，所有的物品都需要进行安检。在安检结束以后，学生需及时取回自己的行李，并仔细核对行李数量，确保所有行李都已领取，随后携带行李前往指定地点集合。

学生在车站内乘坐扶梯时，务必注意将双脚放在扶梯台阶的内侧，左手紧握扶梯扶手，右手拿好行李，并确保行李与双脚在同一层台阶上。乘坐扶梯时，学生应保持安静，切勿嬉闹，并保持一定的安全距离。当扶梯抵达目标楼层时，学生应尽快携带行李离开，切勿在扶梯口逗留，以免造成人员的拥堵，进而引发安全事故。

（五）学生候车

学生进入候车室后，旅行社研学旅行指导师应查看车站大屏幕上的信息，确认所乘火车的车次、检票口、发车时间。如果抵达时间临近检票时间，旅行社研学旅行指导师应将研学团队带到检票口附近并整理好队伍。此时，旅行社研学旅行指导师应提醒有如厕需求的学生尽快如厕，并仔细清点这部分学生的人数，同时明确告知他们集合的具体时间和地点。对于其余学生，旅行社研学旅行指导师应提醒他们检查个人的行李和随身物品是否齐全,确保所有人都做好乘车的各项准备。

　　需要注意的是,旅行社研学旅行指导师应提前抵达检票口,并与检票口的工作人员取得联系,为研学团队申请人工绿色通道。旅行社研学旅行指导师应将研学团队的车次信息及人员数量报给检票口的工作人员,如需要提前验证身份信息办理乘车手续,旅行社研学旅行指导师应及时收集并清点研学团队的身份证件,统一交给检票口的工作人员,办理提前检票手续。待检票口的工作人员完成研学团队成员的身份信息录入后,旅行社研学旅行指导师可以带领研学团队前往人工检票口,有序通过绿色通道进入车站站台。

二、组织学生乘车

　　在学生通过车站检票口前,旅行社研学旅行指导师应提醒学生在乘坐扶梯下至站台时,妥善保管好个人行李和随身物品,抓好扶手,留意脚下,确保个人安全。

　　学生在有序抵达站台后,应遵循车站工作人员的指引,在相应车厢位置的站台黄线内侧排队候车。候车期间,学生不得在站台上随意走动,严禁跨过站台边缘的黄线,或是从队伍前方穿插通行以寻找车厢,这些都是非常危险的行为。

　　当列车缓慢驶入站台后,学生应听从车站工作人员的指挥,带好自己的行李和随身物品,缓慢地移动,等待上车。在等待上车期间,学生应主动礼让,为列车上的乘客留出足够的下车空间,并自觉与他人保持安全距离,不得出现推搡等危险举动。待车上乘客都下车后,学生应留意列车与站台之间的空隙,在确保安全的前提下,迅速有序地登车。

　　进入列车车厢后,学生应迅速找到自己的座位,并将行李稳妥地放置于车厢上方的行李架上,确保物品没有悬挂在行李架边缘。若行李架上无法容纳,应将行李放置于列车两端的大件行李存放区,并牢记行李的具体位置。在行李摆放完毕后,学生应迅速回到自己的座位上坐下,为其他乘客腾出空间,避免造成车厢内拥堵。由于列车在每个台站的停车时间有限,在学生上车之前,旅行社研学旅行指导师要反复向学生强调乘车过程中的注意事项和具体要求,确保学生行动迅速,避免因人数众多而导致等待时间过长,进而发生学生没有及时登车的情况。

　　在列车发车后,旅行社研学旅行指导师需要做好以下工作。

　　首先,旅行社研学旅行指导师应根据学生名单,逐一核对各车厢学生的上车情况,并及时检查学生行李的摆放是否稳固、安全。同时,旅行社研学旅行指导师应提醒学生,在乘车的过程中注意看管好自己的行李和随身物品,注意人身及财物安全。

　　其次,旅行社研学旅行指导师应向学生强调文明规范及研学纪律。在乘车期间,学生应自觉保持车厢内的卫生,不得随意丢弃垃圾,给列车工作人员增加工作负担。学生可以自由选择预习研学手册或阅读课外读物等,不得使用电子产品等。车厢内禁止大声喧哗,更不能嬉戏、追逐打闹,以免影响其他乘客休息。列车停靠站点时,学生不得下车,以免被遗留在站台上。

再次,旅行社研学旅行指导师应提醒学生在列车上的安全注意事项,包括:切勿触碰列车上的红色按钮,在靠近列车的连接处时,要谨防夹伤;在使用洗手间前,应确认其处于空闲状态,注意文明如厕;在接打热水时,不宜接得太满,谨防烫伤,接完水后,应先将杯盖拧紧,再稳步返回座位。

最后,由于乘车时间较长,旅行社研学旅行指导师需提醒学生在休息时,将身体稳妥地靠在座椅靠背上,并缓慢地调节座椅靠背至舒适的位置。同时,旅行社研学旅行指导师应提醒学生不得趴在小桌板上休息,以免在列车制动过程中发生危险。

三、组织学生有序下车

在列车即将抵达目的地前十五分钟,旅行社研学旅行指导师应提醒学生开始收拾个人物品,确保没有物品遗漏。当列车广播进行报站时,旅行社研学旅行指导师应组织学生带好各自的物品,在车厢内有序排队,做好下车准备。

当列车抵达目的地后,旅行社研学旅行指导师应组织学生有序且迅速地下车。在下车过程中,旅行社研学旅行指导师应提醒学生注意列车与站台之间的缝隙。随后,旅行社研学旅行指导师应引导学生在站台中间位置集合站队,并留有足够空间给其他乘客通行。待其他车厢的学生全部到齐后,旅行社研学旅行指导师须清点人数,提醒每位学生再次检查并确认自己的行李和随身物品已全部携带下车。最后,旅行社研学旅行指导师应引导学生有序出站。

步骤三:做好乘机管理

飞机是较为便捷的交通工具,尤其适用于跨省距离较远的研学旅行活动。与火车相比,飞机在长距离旅行中可以显著缩短往返时间,因此在涉及较远距离的研学旅行活动时,飞机常常被选为主要交通工具。组织研学团队乘坐飞机时,旅行社研学旅行指导师需要注意以下几个方面。

一、核对机票信息

旅行社研学旅行指导师应组织研学团队提前两个半小时抵达机场。在此期间,旅行社研学旅行指导师需要仔细核对每个学生的机票信息,并确认研学团队所乘坐飞机的详细航班信息,包括航空公司名称和班次、飞机起飞时间、飞机抵达时间等内容。

二、讲解乘机知识

旅行社研学旅行指导师需要掌握航空公司及机场相关基本常识,熟悉各家航空公司的名称及航线特点等。在前往机场的途中,旅行社研学旅行指导师应向学生详细讲解办理登机手续的流程以及乘机的注意事项,提醒学生保管好个人身份证件、行李和随身物品,并着重强调办理值机手续时严禁携带的物品。

三、办理登机手续

抵达机场后,旅行社研学旅行指导师应组织学生携带好个人行李和随身物品,有序进入机场候机楼。在确定了所乘航空公司航班对应的值机柜台后,旅行社研学旅行指导师应咨询值机工作人员,告知研学团队的航班信息及人数,申请团队值机通道。

旅行社研学旅行指导师应带领学生持身份证件,将需要托运的行李带至值机柜台前,打印登机牌并办理行李托运手续。旅行社研学旅行指导师应站在柜台旁,协助学生完成,并提醒学生注意背包内的物品是否符合航空公司的安检规定。完成了行李托运的学生应在附近等候,待托运的行李顺利通过安检后,再到指定的地点集合。

办理完值机手续后,旅行社研学旅行指导师应带领学生进入安检通道。在安检口,学生应手持登机牌和身份证件,依次排队,注意在等候安检期间,应站在柜台黄线外侧。依次通过安检后,旅行社研学旅行指导师还需要提醒学生保管好身份证件,带好个人的随身物品,确认没有遗漏后,方可离开。

安检过后,旅行社研学旅行指导师应带领学生前往登机口,出示登机牌,准备值机。待最后一个学生登机后,旅行社研学旅行指导师方能登机。

四、做好期间管理

在登机前,旅行社研学旅行指导师应提醒容易晕机的学生提前吃晕车药。

在条件允许的情况下,旅行社研学旅行指导师应选择靠近研学团队的座位,或者选择机舱中间靠近走道的位置,方便在飞机飞行期间照顾学生。

旅行社研学旅行指导师应提前强调乘机纪律,提醒学生在登机后听从乘务人员的安排,具体包括:在飞机起飞前,认真听乘务人员讲解乘机安全知识;在飞机飞行过程中,配合乘务人员的工作,如果需要服务可以按铃呼叫乘务人员,并注意全程系好安全带,不得在机舱内随意走动。

五、组织学生有序下机

飞机降落后,学生应听从乘务人员的安排,在听到可以解开安全带的指令后,方可解开安全带,并按照飞机广播的提示,待舱门打开后有序下机。旅行社研学旅行指导师应提醒学生带好个人的随身物品,有序排队下机。在抵达机场航站楼后,旅行社研学旅行指导师应选择空旷的位置,高举研学旗帜,召集已经从廊桥上走下来的学生。全员集合完毕后,旅行社研学旅行指导师应及时清点人数,引领研学团队取回托运的行李,并核对行李的数量,确认托运的行李完好无损。在取完行李后,旅行社研学旅行指导师应带领研学团队走出机场。

步骤四：做好乘船管理

研学旅行也会涉及乘船类的水上交通方式，在乘船过程中，旅行社研学旅行指导师应做好以下几方面的管理。

一、核对船务信息

旅行社研学旅行指导师应提前核对船务信息，包括乘船码头、船的类型、船的座位数、抵靠的码头等信息。旅行社研学旅行指导师应提前联系码头或船务公司，确认预订的乘船时间及登船的码头。在赶往码头的途中，旅行社研学旅行指导师应对研学团队进行风险提示，强调坐船的安全要求，并对研学团队进行安全教育。

二、组织学生候船

抵达码头后，旅行社研学旅行指导师应组织学生快速站队，引导研学团队在码头候船。旅行社研学旅行指导师应提醒学生在登船时注意船只与码头之间的缝隙，握住船上的栏杆，快速且安全地跨过去。在进入船舱后，学生应听从船务人员的安排，自后往前依次就座，并穿好救生衣、系好安全带。

三、做好期间管理

在船只行驶期间，旅行社研学旅行指导师应着重强调以下几点：任何学生不得在船内随意走动，在未到达目标码头前，不得脱下救生衣；注意保管好个人物品，严禁将头、手伸出窗外；由于船上空间相对封闭，学生应注意个人言行举止，自觉维护船内卫生，严禁向水面抛扔杂物。此外，乘船期间，学生不得擅自前往船头或船尾区域，应安静地坐在指定位置，共同维护良好的乘船环境。

四、做好下船准备

在船只抵达岸边后，学生应听从船务人员的统一安排，在收到指令后方可脱下救生衣，并有序走出船舱。旅行社研学旅行指导师需提醒学生带好自己的随身物品，并在下船前做好个人物品的检查工作，以免将个人物品遗留在船舱内，并将产生的垃圾随身带离船舱。

步骤五：做好研学实践教育基（营）地内交通管理

在研学实践教育基（营）地内，通常会利用基（营）地内提供的交通工具到达各个研学场馆。在乘坐基（营）地内的交通工具时，应该注意以下几点。

一、了解交通安排

在活动开始前,旅行社研学旅行指导师应详细了解基(营)地内的交通安排,包括车辆类型、运行时间表和停靠站点。此外,旅行社研学旅行指导师应获取基(营)地内的交通路线图,并熟记各个场馆的具体位置,以便合理规划行程。

二、准时乘车

旅行社研学旅行指导师应组织学生严格按照基(营)地提供的交通时间表乘车,避免因迟到而错过重要活动。建议提前5—10分钟到达指定的乘车点,以免因突发情况耽误行程。

三、安全乘车

上车后,旅行社研学旅行指导师应提醒学生遵守基(营)地内的乘车规定,如系好安全带、不随意走动等;应将随身携带的物品放置在指定位置,确保不影响其他乘客的安全。此外,在上下车时,旅行社研学旅行指导师应提醒学生注意脚下台阶,避免摔倒。

四、文明乘车

旅行社研学旅行指导师应维持乘车秩序,杜绝学生在车上大声喧哗等情况,以免影响他人。此外,旅行社研学旅行指导师应提醒学生不要在车上吃零食或乱扔垃圾,以保持车内环境整洁。

五、应急处理

旅行社研学旅行指导师应了解基(营)地内的应急措施和紧急联系方式,以备不时之需。如有任何疑问或需求,可以向基(营)地工作人员咨询,切忌在车辆行驶过程中与司机攀谈。如果发现车辆有异常,旅行社研学旅行指导师应及时向司机或基(营)地工作人员反馈,以确保行车安全。

实训安排

研学旅行安全出行保障实训任务书

任务名称	研学旅行安全出行保障实训	学时	2
任务说明	以小组为单位,模拟不同交通方式下的管理场景		
实训方式	以小组为单位,分组扮演旅行社研学旅行指导师、学生、司机、带队教师等角色		

续表

任务名称	研学旅行安全出行保障实训	学时	2
实训目标	（1）了解研学旅行中常见的交通方式,如汽车、火车、飞机和船等。掌握在采取不同交通方式下的研学旅行的管理要点,如车辆调度、学生候车管理、乘车管理、下车管理等。 （2）能够运用所学知识,模拟不同交通方式下的管理场景,如核对车次信息、办理登机手续等;能够针对不同交通方式下的突发情况,如车辆故障、学生晕车等,进行应急处理;能够与司机、车站工作人员、航空公司工作人员等进行有效沟通,协调交通事宜		
空间要求	教室或实训室		
物品要求	交通票据、白板或投影仪、手机或对讲机等		

研学旅行安全出行保障实训记录单

任务名称		学时	
小组成员			
任务分析			
实训流程			
评价要点			
分数			
总结与建议			

 # 任务四　实施住宿管理

任务导入

　　李老师是一位资深的旅行社研学旅行指导师,近期负责组织一次为期一周的黄山生态研学旅行。这次旅行的目标是让学生了解黄山的自然生态,同时培养他们的环保意识和团队协作能力。实施住宿管理是确保研学旅行顺利进行的关键环节之一。为确保学生住宿的安全与舒适,李老师应做好哪些工作呢?

任务解析

　　为了便于对学生进行管理,研学旅行往往采用集中住宿的形式。旅行社研学旅行指导师在带队过程中,要通过周密细致的工作安排,保障学生的住宿安全。同时,旅行社研学旅行指导师要通过住宿管理培养学生的自理能力、团队协作能力和环保意识。

任务重点

学习研学旅行的住宿管理知识,熟练掌握住宿管理工作的内容与方法。

任务难点

熟悉住宿管理的各个流程,能够灵活应对现场突发情况。

任务实施

步骤一:落实住宿安排

(1)在入住基(营)地前,旅行社研学旅行指导师应提前联系基(营)地的工作人员,确定基(营)地的位置,核对用房信息,并告知工作人员研学团队成员的人数及所需的房间数量。

(2)旅行社研学旅行指导师应提醒基(营)地尽早提供房间号码,要求尽量将房间集中安排在靠近的楼层,以便于分房和对学生进行管理。

(3)旅行社研学旅行指导师应向基(营)地工作人员确认入住的手续,如是否需要刷脸办理入住等。此外,旅行社研学旅行指导师应了解基(营)地配备的电梯数量、早餐的开餐时间及餐厅的位置等。

(4)在基(营)地提供了房间号码后,旅行社研学旅行指导师和班主任应根据提前做好的学生分房表填写房间信息,并告知学生相应的房间号码,要求学生将房间号码记在笔记本上。这样能有效节省等待的时间,提高办理入住手续的效率。

(5)在抵达酒店前,旅行社研学旅行指导师应与研学总领队商定早上叫早、用早餐及出发的具体时间,并在下车前公布集合的时间、地点及次日的研学日程安排,让学生提前准备好次日所需携带的物品。

步骤二:做好入住准备

(1)在前往基(营)地的途中,旅行社研学旅行指导师应为学生讲解办理入住的流程及注意事项,提醒学生妥善保管好个人财物,在入住期间注意用水、用电安全,重点强调住宿的安全管理要求,强化学生的安全防范意识。

(2)抵达基(营)地后,旅行社研学旅行指导师应通知学生拿取个人行李和随身物品,提前拿出个人身份证件,准备办理入住手续。

步骤三:现场办理入住

(1)旅行社研学旅行指导师在基(营)地前台拿到房卡后,应仔细清点房卡数量,将房卡统一交给生活辅导员或班主任,根据分房表上提前分好的房间号码,对学生进行点名。学生在领取了房卡后,前往前台依次办理入住手续。

(2)在学生办理完入住手续、回房休息前,旅行社研学旅行指导师务必向学生强调次日的集合时间和地点,并将带队教师的房间号码及联系方式告知学生并让他们记录下来,以备不时之需。

(3)学生在进入房间后,应立即查看房间内的设施设备是否可以正常使用,如果有任何问题,应及时联系旅行社研学旅行指导师,或向班主任反映,以便得到及时修理或更换。

(4)在所有学生办完入住手续后,旅行社研学旅行指导师应查看酒店逃生通道的位置,确认逃生通道顺畅,并组织学生熟悉楼层的环境,适时开展消防演练活动。

(5)在组织完消防演练活动后,旅行社研学旅行指导师应按照同性别查寝的原则,进行第一次查房。旅行社研学旅行指导师应根据分房表,依次进入房间询问情况,指导学生正确、安全地使用酒店的设施设备。

(6)旅行社研学旅行指导师应向学生强调入住纪律,提醒学生妥善保管随身物品,并注意保护个人隐私,如及时拉上窗帘等。此外,旅行社研学旅行指导师还应向学生强调:在晚间应将空调调整至适合温度,不宜过低或过高;关好门窗,不得给陌生人开门,禁止串房,有问题可以及时联系旅行社研学旅行指导师或带队教师寻求帮助。

步骤四:做好晚间管理

旅行社研学旅行指导师应做好晚间的就寝管理,在查房后严禁学生外出,禁止串房,要求学生按时熄灯,以保证充足的睡眠。

旅行社研学旅行指导师在查房时,应向学生明确以下规定:不得使用手机等电子设备,不可佩戴耳机或使用随身听,不允许玩棋牌类游戏,不得在房间内观看电视;在房间内应保持安静,避免大声喧哗,以免影响他人休息;除了可使用的一次性物品,房间内的物品不得损坏,否则须按原价赔偿。

晚间管理应实行夜值制度,具体安排包括:从22:00至24:00,旅行社研学旅行指导师及相关工作人员需在走道内进行巡查;凌晨时段,由基(营)地的安保人员负责巡查,确保学生入住期间的安全。

步骤五：办理退房事宜

在办理退房手续前,学生应将个人行李和随身物品整理妥当,并将房间收拾整齐。出门前,学生应检查物品是否有所遗漏,重点检查床头、枕边等容易忽略的地方。随后,学生应带好个人行李和随身物品以及酒店的房卡,关闭房门并将房卡交至前台,或交给旅行社研学旅行指导师。最后,学生应前往指定的位置集合。

旅行社研学旅行指导师在收取房卡的同时,要提醒学生再次检查个人行李和随身物品,确保所有的物品都已携带,以免遗漏在基(营)地,造成不必要的麻烦。

实训安排

住宿管理实训任务书

任务名称	住宿管理实训		学时	2
任务说明	一天的研学旅行活动结束,研学团队即将入住酒店,请思考旅行社研学旅行指导师应如何高效、科学地安排学生入住酒店			
实训方式	模拟实训,以6—8人为一组,分组进行练习			
实训目标	(1)掌握入住酒店流程。 (2)做好期间管理。 (3)能够灵活处理突发事件			
空间要求	教室或实训室			
物品要求	多媒体设备、房卡等			

住宿管理实训记录单

任务名称		学时	
小组成员			
任务分析			
实训流程			
评价要点			
分数			
总结与建议			

任务五　课程实施管理

任务导入

　　张老师是一位资深的旅行社研学旅行指导师,近期负责组织一次为期两天的上海科技馆研学旅行。研学旅行的第一天,张老师带领学生参观了上海科技馆的航天展览。在参观过程中,张老师不仅引导学生观察展品,还鼓励他们多提问题,并与讲解员进行了互动交流。午餐后,学生分组进行了简单的科学实验,张老师和实验指导老师在旁边提供指导和帮助。晚上,张老师组织了一次小组讨论,让学生分享自己的学习体会。第二天,学生参加了一场关于人工智能的专家讲座。讲座结束后,张老师引导学生进行了深入的思考和讨论。在返回学校的途中,张老师在车上组织了一次简单的评价反馈活动,让学生谈谈自己的收获和建议。

　　这一系列的课程实施管理工作确保了研学旅行的顺利进行,并取得了良好的教育效果。学生不仅学到了丰富的科技知识,还培养了创新思维和团队合作能力,这次上海科技馆研学旅行成为学生难忘的学习经历。

　　请思考:张老师是如何进行上海科技馆研学之旅的课程实施与管理的?

任务解析

　　研学旅行是一种将研究性学习与旅行体验相结合的校外教育形式,旨在通过学生的亲身体验和实践,让学生在真实的情境中动脑思考、动手实践,更好地学习和掌握知识,提升综合素养。旅行社研学旅行指导师作为引导学生进行研学实践活动的专业人士,其对课程实施的管理不仅关系到学生研学目标是否能够达成,还体现了旅行社研学旅行指导师自身的专业素养和教育理念。

任务重点

　　结合研学旅行课程目标,学习课程实施知识,掌握课程实施的流程、方法以及规范。

任务难点

　　学会有效利用研学手册,并能根据学生的表现及时调整课程实施策略。

任务实施

步骤一：做好课程实施准备

旅行社研学旅行指导师作为研学实践活动的灵魂人物，主导着研学实践活动的进程。为了确保研学旅行的顺利进行，让学生有更多的成长与收获，实现研学旅行的课程目标，旅行社研学旅行指导师需要做好充分的课程实施准备。

一、解析研学目标，进行学情分析

旅行社研学旅行指导师应根据课程方案设定的研学目标及学情分析，对学校、学生及家长进行深入分析，充分考虑学生的年龄、认知水平以及地区特色等因素，了解学生的需求、兴趣和特点，以及通过此次研学旅行学生能够获得的知识和技能，确保每个学生都能在研学中得到成长。研学目标的梳理，是整个课程实施的基础，有助于旅行社研学旅行指导师做好研学旅行前的准备工作，包括研学旅行课程的设计等。旅行社研学旅行指导师应综合考虑地域等因素，将学生的安全和健康问题放在首位，确保学生在研学旅行中的安全和舒适，并制订详细的研学执行计划，做好具体的行程安排，包括合理安排行程顺序和时间、确定研学的主要内容和活动等，以确保各项准备工作顺利进行。

二、研读研学方案，制订接待计划

旅行社研学旅行指导师需要根据研学方案，制订详细的研学执行计划，包括研学日程安排、交通安排及管理、餐饮和住宿安排及管理、安全管理措施及预案等。在制定研学执行计划时，旅行社研学旅行指导师需要充分考虑学生的需求和研学旅行目的地的实际情况，以确保研学旅行的顺利进行。

三、充分利用研学手册，认真备课

旅行社研学旅行指导师需要充分利用研学手册，对研学旅行目的地进行深入了解，包括当地的历史文化、地理环境、风土人情、特产等方面。同时，旅行社研学旅行指导师还需要对学生的研学主题进行深入研究，认真备课，以便能够为学生提供有深度和广度的知识，并对研学中的重点知识进行现场授课，通过课程化的方式深入剖析研究课题。

四、准备研学教具，筹备研学物料

为了让学生在研学旅行中更好地学习和探索，旅行社研学旅行指导师还需要准备必要的研学资料和工具,如导师用书、教具、地图、指南、实验器材等。这些资料和工具可以帮助学生更好地了解研学主题,提升研学效果。同时,旅行社研学旅行指导师还需要确保相关材料和资源的可靠性,以保障研学旅行顺利进行。

五、组建研学服务团队,开展行前培训

研学旅行涉及多个活动主题,单靠旅行社研学旅行指导师来执行是远远不够的,研学旅行的质量与师资水平密切相关,这就需要有一支专业过硬的研学服务团队来提供支持,共同完成相关工作,团队成员主要包括学校研学旅行指导师、研学实践教育基(营)地指导师、相关领域的专家学者等。这些人员不仅需要具备相关的专业知识和技能,如具备为学生提供有益的现场指导的能力等,还应具备良好的职业道德和责任心。

研学服务团队需要接受一定的培训和管理,从而提高教育教学能力和组织协调能力,以确保能够按照研学目标的要求完成工作。旅行社研学旅行指导师应向研学服务团队强调安全意识和服务意识,同时还需要对研学服务团队成员进行考核和评估,以便及时发现问题并采取有效措施。

六、做好安全教育,"系好研学的第一粒扣子"

在研学旅行活动开始前,旅行社研学旅行指导师需要对学生进行相关培训和教育,包括安全教育、纪律教育、环保教育等。培训和教育有助于学生了解研学旅行的相关要求和注意事项,增强学生的安全意识和自我保护能力。

总之,为了确保研学旅行顺利进行,并为学生提供优质的研学服务,旅行社研学旅行指导师需要做好充分的课程实施准备。

步骤二:做好课程实施管理

在研学旅行过程中,旅行社研学旅行指导师须全程陪同学生,确保学生的安全。同时,旅行社研学旅行指导师还需根据研学计划,引导学生深入了解研学主题,组织学生开展各项研学活动,课程实施是研学旅行的重点部分,它涉及研学旅行的各个环节,关乎研学目标的达成、研学成果的实现。课程实施过程是一个系统性的工作,需要精心策划和细致落实。

一、做好活动课程设计

旅行社研学旅行指导师在课程实施的过程中,需要明确研学目标和研学主题,确保整个课程的教育性和实践性。旅行社研学旅行指导师在进行课程设计时,要遵循研学目标,结合学生的需求和兴趣,以《关于推进中小学生研学旅行的意见》等相关文件为指导,制订具体的教学计划,为课程的实施做好充分的准备。旅行社研学旅行指导

师的课程设计要注重教育性、安全性、实践性和探究性,有助于激发学生的好奇心和求知欲,培养学生的创新思维和实践能力。旅行社研学旅行指导师还需制订详细的执行计划,包括活动安排、时间安排等,以确保课程顺利进行。

二、有效利用研学旅行资源

在课程实施过程中,旅行社研学旅行指导师要有效利用教育资源、文旅资源、社会资源等,协调各方关系,确保这些资源的有效利用和合理配置,挖掘资源的教育价值,为学生开展研学活动提供有力的支持。此外,旅行社研学旅行指导师还需要充分利用丰富的教学资源,如研学手册、教具等,以便学生在研学旅行过程中能够更好地学习和探索。

三、激发学生兴趣,进行互动交流

在课程实施上,旅行社研学旅行指导师需注重知识性、趣味性与实践性的结合,激发学生的探究欲望和学习兴趣,引导学生积极参与研学活动。旅行社研学旅行指导师可以通过设置有趣的情境、展示有趣的实物或图片等方式,吸引学生的注意力。旅行社研学旅行指导师应鼓励学生提问、发表个人观点、交流想法等,这不仅可以活跃气氛,还可以帮助学生加深对研学旅行课程的理解。同时,旅行社研学旅行指导师还应认真听取学生的意见和建议,不断改进教学方式和方法。

四、引导学生开展研究性学习

现场授课要求旅行社研学旅行指导师应具备高水平的教学技巧和组织能力。在课程实施过程中,旅行社研学旅行指导师应为学生创设一个安全、开放、舒适、有趣的学习环境,强调学生的主体性地位,让学生能够在真实的情境中自由地表达、探索和发现;应引导学生通过观察、记录、调查、小组讨论等多种学习形式,联系课本知识,结合查阅的资料,进行自主学习、合作学习、探究学习;应开展各种形式的探究活动,鼓励学生主动发现并解决问题,掌握解决实际问题的技巧和方法;应运用教育学和心理学相关知识,培养学生的团队协作精神、创新思维和实践能力,促进学生综合素养的提升。

五、做好活动的执行和监督

旅行社研学旅行指导师应按照研学方案,组织学生开展研学活动,引导学生主动探究,并监督研学活动的进度。在这一过程中,旅行社研学旅行指导师需确保所有研学活动按照预定的计划进行,并及时处理出现的问题。

六、做好研学旅行安全管理

研学旅行涉及的安全问题较多,旅行社研学旅行指导师需要加强安全管理。实施安全管理需要制定详细的安全应急预案和应急措施,加强安全教育和培训,以确保学生的安全和健康。

七、灵活处理突发状况

旅行社研学旅行指导师应严格执行各项安全措施,确保学生的安全。在课程实施过程中,可能会遇到各种突发情况,如天气变化、学生生病等。在遇到突发情况时,旅行社研学旅行指导师应迅速采取有效措施,保障学生的安全。旅行社研学旅行指导师需要具备灵活应变的能力,能够迅速调整研学旅行计划,确保学生的安全和健康,同时,还需要关注学生的心理状态,及时给予学生关心和支持。

八、全方位全过程评价

在课程实施过程中,旅行社研学旅行指导师需要及时给予学生反馈和评价,帮助他们了解自己的学习状况,发现不足之处并加以改进。旅行社研学旅行指导师可以通过学生自评、小组互评、教师评价等多种评价方式开展研学评价,以检验研学旅行的活动效果及学生的收获。

九、反思和总结研学效果

在研学旅行活动结束后,旅行社研学旅行指导师应对本次课程进行总结和反思。这一过程包括收集学生、教师及家长的反馈,评价的内容包括学生的参与度、收获等方面。旅行社研学旅行指导师需整理学生的研学成果,并以此为依据撰写研学报告;对本次研学旅行的组织和实施过程进行反思,分析教学中的亮点和不足之处,总结经验教训,并对方案进行持续的优化,为今后开展研学旅行活动提供参考和借鉴。此外,旅行社研学旅行指导师还需致力于教学方式和方法的创新,不断提高自身的专业素养、教学水平和能力,提升研学旅行的质量和效果。

总之,研学旅行课程实施需要注重细节和流程,从课程设计、资源管理、师资配备、安全保障和效果提升等方面进行全面管理和控制,只有这样,才能确保研学旅行的质量和效果,达到研学旅行的目的。

步骤三:做好课程收尾工作

课程收尾工作是研学旅行的重要环节,它关系到研学目标的实现,以及学生在整个研学旅行过程中的收获与成长。为了确保课程收尾工作的顺利进行,旅行社研学旅行指导师需要从以下几个方面进行筹划和实施。

一、课程总结与反思

(1)在课程结束前,旅行社研学旅行指导师应对本次研学旅行课程内容进行简要的回顾和总结,结合研学旅行课程目标,利用研学手册,帮助学生梳理此次研学旅行所学的知识,加深学生对这些知识的理解和记忆。此外,旅行社研学旅行指导师还应针对学生在研学旅行过程中遇到的问题,引导学生进行深入思考,开展细致的探讨,并提供详尽的解答,确保学生能够真正理解并掌握所学知识。

(2)旅行社研学旅行指导师应组织学生对研学课题、日程安排、团队协作等方面进行总结与反思,让学生总结自己在此次研学旅行中的成长与收获,认识自己的优点与不足,从而提升学生的理性思维和勤于反思的能力,助力学生自主发展。

(3)旅行社研学旅行指导师应指导学生对研学成果进行自我评价,培养学生的自主学习能力,这有助于学生在今后的学习和生活中不断进步。

(4)旅行社研学旅行指导师应结合学生的评价,对整个研学实践活动进行反思与总结,找出其中存在的问题,为改进下一阶段的研学旅行活动提供方向。旅行社研学旅行指导师还应总结自身的问题与不足,努力提升自身的专业素养和职业能力。

二、做好成果展示与分享

(1)旅行社研学旅行指导师应当激励学生采用多样化的形式来展示他们的研学成果,如PPT、手抄报、心得体会以及手工作品等。这样的分享不仅能激发学生的学习兴趣,增强他们的学习动力,还能促进学生间的交流与学习,充分展现学生在研学旅行中的丰富收获。

(2)旅行社研学旅行指导师应对学生的成果展示进行指导与点评,指出研学成果中的优点和不足,帮助学生优化研学成果。指导与点评过程旨在提高学生的实际操作能力,强化学生的表达能力和沟通技巧。

三、做好课程评价与反馈

(1)旅行社研学旅行指导师应结合学生在研学旅行过程中的表现,参照研学成果等开展课程评价,可以利用自我评价、他人评价、小组评价、教师评价等多种评价形式,激励学生不断地提升自己的能力,助力学生成长。

(2)旅行社研学旅行指导师应主动收集并认真听取学生、教师的意见和建议,正视研学旅行过程中的不足,并在今后的工作中不断提升个人能力、优化研学实践课程、提升研学旅行服务水平。

(3)旅行社研学旅行指导师应及时将课程评价结果反馈给学校,让学校了解学生在研学旅行中的行为表现,为学生的全面发展提供支持。

四、做好资料整理与总结

旅行社研学旅行指导师应对研学旅行相关资料进行整理和分析,并以此为依据撰写书面总结报告,为研学旅行机构提供研学旅行课程的改进方向和优化策略。

总之,旅行社研学旅行指导师的课程收尾工作是至关重要的,课程收尾工作的顺利开展能为研学旅行课程的圆满结束提供保障。旅行社研学旅行指导师可以通过自我提升,为开展下一阶段的研学旅行课程做好准备,这也有助于学生在研学旅行中收获更多的知识和成长。

任务六　实施用餐管理

🌀 任务导入

在研学旅行活动中,餐饮是学生了解当地饮食文化的重要途径。旅行社研学旅行指导师需要在餐前、餐中和餐后做好充分的准备工作,确保学生用餐安全、卫生。同时,旅行社研学旅行指导师还需要倡导文明用餐,引导学生遵守用餐礼仪,培养学生良好的用餐习惯。

🌀 任务解析

用餐服务是研学旅行活动为学生提供的基本服务,用餐环节也是研学旅行中的重要一课。合理的用餐安排,既能让学生品尝到当地特色美食,满足学生的生理需要,也能为学生提供了解当地文化的机会。

🌀 任务重点

(1)掌握研学旅行用餐管理的相关知识,做好用餐管理工作。
(2)掌握不同类型餐饮服务的管理方法。

🌀 任务难点

掌握用餐管理的相关知识和规范,能够灵活处理各种突发问题。

🌀 任务实施

步骤一:做好餐前准备

研学旅行活动期间应统一安排学生用餐,若其中有少数民族学生,则安排餐饮时要考虑其饮食禁忌,若其中有过敏体质的学生,则应调查清楚过敏食物。旅行社研学旅行指导师需要仔细查看学生名单,与学生进行反复确认后,及时通知餐厅进行特别安排。

为了保障用餐的顺利、有序,旅行社研学旅行指导师需要在前往餐厅的途中,对学生进行用餐管理,重点强调用餐纪律,倡导文明用餐,如不得大声喧哗、合理膳食、注意用餐礼仪等。

研学团队抵达餐厅后,旅行社研学旅行指导师应组织学生整队,按照事前分好的用餐小组站队;引导学生以小组为单位,有序进入餐厅,按照餐桌上的桌号分组入座,等待开餐;用餐开始前,应提醒学生以桌为单位,相互帮助盛汤、盛饭,等待全体学生到齐以后,方可开始用餐。

步骤二:做好餐中服务

(1)用餐期间,旅行社研学旅行指导师应引导学生相互帮助、互相礼让,倡导勤俭节约的中华美德,并宣传"光盘行动"的意义和价值,引导学生开展"光盘行动";提醒学生保持餐桌整洁,在盛汤、盛饭、夹菜时,与其他同学保持一定距离;引导学生合理膳食,注意吃菜的顺序是先素后荤,不宜挑食。

(2)用餐期间,旅行社研学旅行指导师应进行1—2次巡视,查看学生用餐的情况,并根据学生的用餐需求,及时与餐厅进行沟通和协调,确保学生顺利用餐。

步骤三:做好餐后服务

用餐结束后,旅行社研学旅行指导师应引导学生清理餐桌,帮助学生养成良好的用餐习惯;提醒学生要等所有人用餐完毕后,才能离开餐桌;提醒学生带好个人物品,与餐厅服务人员礼貌道别,感谢他们所提供的餐饮服务。

步骤四:做好自助餐服务

自助餐是研学旅行常见的用餐形式,学生可以根据自己的口味偏好、饮食习惯等按需取餐,这种用餐形式备受学生的喜爱。旅行社研学旅行指导师在提供自助餐服务时,应注意以下几点:强调自助餐的用餐要求,提醒学生在拿取食物时应遵循"多次、少取"的原则,注意节约,杜绝浪费;组织学生有序领取餐具、拿取食物;及时与餐厅工作人员沟通,保障餐食正常供应;提醒学生用餐期间应保持安静,不得在餐厅内大声喧哗或追逐打闹。

步骤五：做好特色风味餐服务

特色风味餐是备受学生欢迎的一种用餐形式，以品尝具有当地特色的风味佳肴为主。特色风味餐作为研学旅行目的地的一种特色餐食，能够展现当地的传统文化，因此，介绍特色风味餐也有助于弘扬民族饮食文化。

旅行社研学旅行指导师要做好特色风味餐服务的落实工作，包括提前与餐厅沟通，确认餐厅的位置、抵达餐厅的时间、用餐区域等信息。在享用特色风味餐时，旅行社研学旅行指导师应主动为学生介绍餐点的历史背景、制作特色、人文内涵以及正确的食用方法，这样既能让学生大饱口福，又能增进学生对当地饮食文化的了解，为做好这方面的工作，旅行社研学旅行指导师需掌握特色风味餐的服务技巧，包括了解地方特色风味的文化传承、特色菜的来源与相关传说等，结合研学团队的特点为其提供高质量的特色风味餐服务。

任务七　做好时间管理

任务导入

2024年4月20日至21日，蒙阴县第六中学七年级的613名学生走进蒙阴岱崮红色革命景区和孟良崮战役纪念馆，开展了内容丰富的研学拓展活动，在欣赏家乡美景的同时，接受了红色教育。此次研学之旅的目的地包括岱崮拓展训练营、三线军工博物馆、崮上草原和孟良崮战役纪念馆，行程安排十分紧凑。

假如你是此次活动的研学旅行指导师，你将如何做好时间管理工作？

任务解析

为了保障研学旅行活动顺利开展，旅行社研学旅行指导师要学会根据研学日程安排，制订周密且细致的计划，并科学合理地分配各个活动节点的时间，从而确保研学旅行课程能够有条不紊地推进，使学生高效地参与并完成研学实践活动。

能否做好时间管理工作、合理地安排研学日程，并根据活动时间的变化灵活调整研学日程安排，这是衡量一名旅行社研学旅行指导师是否合格的重要标准。

任务重点

认识时间管理的重要性，掌握时间管理的内容与方法。

任务难点

科学合理地安排研学日程,并做好各环节的时间管理,能够根据现场情况灵活进行时间调整,确保研学旅行活动有序、顺利地进行。

任务实施

步骤一:科学合理地安排研学日程

(1)在行前,为了研学团队能够顺利、有序地开展研究性学习,旅行社研学旅行指导师需要仔细研究研学日程,制定明确的时间规划,从而更好地管理时间,避免时间的浪费。

(2)旅行社研学旅行指导师在制订时间计划时,需要考虑研学旅行课程任务的优先级和重要程度,妥善安排课程时间。

(3)旅行社研学旅行指导师应综合考虑学生的身心特点等因素,合理安排研学日程,做到张弛有度,保障各项活动时间充分,让学生获得较好的体验。

(4)旅行社研学旅行指导师应合理规划行车路线,包括合理地计划停靠的服务区及在服务区休息的时间。在服务区内,旅行社研学旅行指导师应充分利用时间,做到既能解决学生的生理需求,也能让司机得到必要的休息,以缓解长途驾驶带来的疲劳感,恢复体力,从而保障行车安全。

(5)旅行社研学旅行指导师应合理安排用餐时间,兼顾学生在校的作息习惯,确保学生能按时用餐,及时补充体力。

步骤二:做好学生的时间管理工作

一、培养学生的时间观念

旅行社研学旅行指导师应培养学生的时间观念,帮助他们更好地管理时间,逐步养成良好的习惯,慢慢适应研学旅行的节奏。旅行社研学旅行指导师要在研学旅行过程中每天的叫早时间、用餐时间、在服务区停留的时间等方面,做好时长规划,这有助于改变学生拖沓的不良习惯,提高学生的活动效率。

二、安排科学合理的作息

研学旅行是研究性学习与旅行相结合的校外活动,采用集中住宿的方式。学生只有保持充足的睡眠,才能以饱满的情绪和充沛的精力参与研学活动,从而提高学习的创造力。因此,在安排作息时,旅行社研学旅行指导师要考虑到学生的年龄和体力等方面的因素,保证足够的睡眠时间,使学生能够放松身心,以更好的状态参与每天丰富多彩的研学活动。

三、保证研学探究的时间

旅行社研学旅行指导师在进行时间管理时,除了给学生留出基本活动时间,还需重点留出研学探究的时间,应结合学生的思维特征和认知水平,引导学生根据研学小组的探究课题进行项目式学习,合理的时间规划能够为学生的项目式学习提供保障。

四、保证研学体验活动的时间

旅行社研学旅行指导师还应考虑研学体验活动的时间安排。研学体验活动是非常受学生欢迎的活动,能够锻炼学生的动手能力,提高学生的专注力,提升学生的审美情趣。只有提供有效的时间保障,学生才能专注于研学体验活动,从而深化对自我的认知。若是时间不足,导致研学体验活动匆匆结束,研学体验活动的价值将大打折扣。

五、灵活地调整时间

旅行社研学旅行指导师还应懂得灵活地调控时间,保证下一站研学活动不受影响。如果旅行社研学旅行指导师在某一研学点花费过多的时间,未能根据研学日程安排灵活地调整课程时间,那么一整天的行程都将陷入被动,导致学生参与感不佳,最终影响研学团队整体的反馈和评价。

任务八　做好健康管理

 任务导入

研学旅行是一项校外实践活动,学生结伴走出了熟悉的校园,走进了广阔的社会和广袤的大自然。学生需要保持健康的身心状态,从而顺利地完成研学旅行任务。学生离开了熟悉的生活环境后,会接触到各种各样新鲜又陌生的事物,但是他们缺乏生活经验,自理能力较弱,因此,在研学旅行活动过程中,健康管理对于学生来说尤为重要。

研学旅行活动中会突发哪些健康问题?旅行社研学旅行指导师应该如何进行正确处理?

任务解析

研学旅行的时间跨度一般是一天到一周不等,甚至是更长的时间。初出茅庐的学生在开阔眼界、增长见识的同时,可能会遇到各种身体与心理上的挑战。旅行社研学旅行指导师在研学旅行活动中,应重视对学生健康方面的管理工作,随时观察学生的表现,关注学生的健康状况,对学生进行有效的健康管理。针对学生突发的健康状况,旅行社研学旅行指导师要学会采取适当的措施迅速、有效地应对。

任务重点

(1)学习健康管理的相关知识,掌握健康管理的方法。
(2)能够运用健康管理的知识,指导开展研学旅行工作。

任务难点

能够运用健康管理的知识,及时、有效地应对突发状况,确保师生健康。

任务实施

步骤一:掌握师生身体健康状况

为了更好地对学生开展健康管理工作,旅行社研学旅行指导师需要掌握师生身体健康状况。旅行社研学旅行指导师可以利用学校提供的报名表,为所有师生建立健康档案,以便查看他们的基本信息,了解他们的健康状况。旅行社研学旅行指导师应重点关注有既往病史、过敏史等的师生,为方便查找,应对这类师生做好重点标记,这将有助于旅行社研学旅行指导师了解研学团队的身体健康状况。在研学旅行过程中,旅行社研学旅行指导师应对身体健康状况欠佳的师生给予特别的关注,及时发现潜在的健康问题,防患于未然。

步骤二:关注学生心理健康

在研学旅行活动中,旅行社研学旅行指导师不仅要关注学生的学习成果,还应关注他们的身心健康。关注学生心理健康,也是旅行社研学旅行指导师工作的重要组成部分。

心理健康(Mental Health)是指心理的各个方面及活动过程处于一种良好或正常的状态。心理健康的理想状态是保持认知正确、情感适当、态度积极、适应良好。

心理健康的学生在心理、情感和行为等方面通常表现为良好的状态,如活泼开朗、乐观自信、乐于沟通、善于表达,遇到压力或挫折时能够从容地应对。当一个学生表现出过分的焦虑、暴躁易怒等不良情绪和行为时,其可能存在心理不健康的状态。

在研学旅行过程中,旅行社研学旅行指导师应随时关注学生的情绪和行为的变化,通过积极引导、鼓励等方式,对学生进行心理疏导,做好学生的管理工作。

一、与学生建立良好的关系

旅行社研学旅行指导师要给学生留下良好的第一印象,让学生对其产生好感,愿意与其接触,逐渐建立信任关系,进而愿意袒露心声,倾诉自己遇到的问题和困惑,这样有利于旅行社研学旅行指导师更好地了解学生的内心世界,帮助他们解决问题。

二、开展心理健康教育

旅行社研学旅行指导师应适时开展心理健康教育,向学生普及心理健康相关的知识,鼓励学生勇敢地直面问题,提高他们的心理素质。

三、关注学生的言行

旅行社研学旅行指导师要时刻留意学生的言行。对于情绪低落和出现怪异举止的学生,旅行社研学旅行指导师要留心观察,及时地询问情况,对他们给予关心和帮助,如进行简单的心理疏导等,帮助学生处理研学旅行中的情绪问题,引导他们走出困境,积极参与到研学旅行活动中来。

四、保护学生的隐私

旅行社研学旅行指导师应尊重学生的个人隐私权,在与学生相处时,要注意保护他们的个人隐私。

五、提升自身心理素质和教育能力

旅行社研学旅行指导师要学习并掌握儿童心理学、发展心理学、应用心理学、教育心理学等方面的专业知识,不断地提高自身的心理素质和教育能力。旅行社研学旅行指导师只有在具备了良好的心理素质和教育能力后,才能更好地关注学生的心理健康,为学生的研学旅行保驾护航。

步骤三:合理安排活动及饮食

合理安排活动及饮食是旅行社研学旅行指导师的重要工作,这可以为学生的研学旅行提供有力的保障,间接地提高研学活动的质量。

一、落实研学日程计划

旅行社研学旅行指导师在开展研学旅行活动时,应该认真落实研学日程计划,做到合理地分配研学旅行课程的时间,确保行程安排合理,严格控制活动的时长,避免学生过度疲劳或长时间参与活动,要给学生留出充足的休息时间。

二、合理安排膳食

旅行社研学旅行指导师应让学生认识到健康饮食的重要性,引导学生合理搭配膳食,强调在用餐时应先食用蔬菜再食用肉类,同时养成细嚼慢咽的进餐习惯,避免暴饮暴食;为了获得足够的能量和必需的营养,应均衡摄入蔬菜、水果、谷物和高蛋白质食物等,控制高脂肪和高糖分食物的摄入。

三、合理安排作息时间

研学旅行活动内容非常丰富,需要消耗大量的能量,这就要求学生以充足的体力和饱满的热情参与其中。充足的睡眠是恢复体力的有效方式,适当的休息对于学生的身心健康至关重要。旅行社研学旅行指导师需要合理地安排学生的作息时间,保证学生有 7—9 小时的睡眠时长,使学生有充沛的精力投入到研学活动中。

步骤四:做好日常提醒及监测工作

旅行社研学旅行指导师应时刻关注学生的身体状况,对学生的健康进行管理,做好日常提醒及监测工作,确保学生身体健康,能够顺利地完成研学任务。

一、开展健康教育

旅行社研学旅行指导师应利用间歇时间开展健康教育,向学生普及基本的健康知识和技能,增强学生的健康意识和自我保健能力。例如,旅行社研学旅行指导师可以通过播放视频、现场教学等方式教导学生科学洗手,注意个人卫生。若研学旅行活动在炎热的夏季开展,旅行社研学旅行指导师应教会学生科学防晒,提醒学生保持充足的水分摄入,以有效预防中暑或皮肤晒伤等。

二、关注体弱学生

研学团队往往会配备专业的随队医生,为师生提供必要的医疗服务。旅行社研学旅行指导师应安排随队医生对患有慢性疾病的师生进行健康检查,若是发现师生身体状况存在异常,应积极采取必要的治疗措施。

三、及时沟通交流

研学旅行是对学校教育和家庭教育的延伸,离不开学校和家长的支持与配合。旅行社研学旅行指导师应该及时向学校、家长汇报学生的健康状况,听取他们的意见和建议,共同保障学生的身心健康。

四、实行健康状况跟踪

旅行社研学旅行指导师对学生的健康状况进行跟踪是确保学生安全和健康的重要措施。在研学旅行期间,旅行社研学旅行指导师应对学生的健康状况进行跟踪,密切关注学生的身体状况,及时发现并解决潜在的健康问题。对于身体不适的学生,旅行社研学旅行指导师应及时安排随队医生进行检查和治疗。旅行社研学旅行指导师可以通过提供个性化的服务,确保学生在研学旅行中的安全和健康。同时,旅行社研学旅行指导师应提醒学生做好自身的健康管理,若是感到不适,应及时告知。

除了对身体状况的跟踪,旅行社研学旅行指导师还需要关注学生的心理状况。处于陌生的环境中或面对新的挑战时,学生可能会产生紧张、焦虑或不安的情绪。旅行社研学旅行指导师需要密切关注学生的情绪变化,提供必要的心理支持和辅导,帮助学生更好地适应环境并保持良好的心态。

五、及时报告天气

研学旅行通常涉及长时间的户外活动,学生需要了解天气状况以做好相应的准备。如果天气状况不佳,旅行社研学旅行指导师需要及时提醒学生,并指导他们采取相应的措施。在活动前,旅行社研学旅行指导师可以与学生分享天气预报和相关注意事项,提醒他们做好相应的准备;在活动中,如果遇到突发天气状况,旅行社研学旅行指导师应及时通知学生并采取必要的措施。

六、制定应急预案

旅行社研学旅行指导师在制定应急预案时,应该详细列出每一种紧急情况的应对措施,包括联系医生、通知家长等,还要注意保护学生的隐私。应急预案有助于旅行社研学旅行指导师在紧急情况下迅速采取行动,因此旅行社研学旅行指导师应该熟练掌握应急预案的内容及相关流程,以有效保障学生的身体健康。

步骤五:及时处理突发健康问题

学生的健康和安全是旅行社研学旅行指导师应首要关注的。在研学旅行活动中,学生可能会突发健康问题,这时候就需要旅行社研学旅行指导师及时采取适当的措施迅速、有效地应对。

一、了解学生的健康状况

旅行社研学旅行指导师首先要了解患病学生之前的健康状况,这是非常重要的。旅行社研学旅行指导师应向患病学生的同学和老师了解患病学生此前的身体状况。

二、保持冷静

当得知学生突发健康问题时,旅行社研学旅行指导师要保持冷静,不要慌乱,以免让患病学生和其他师生感到不安;应该第一时间通知随队医生,对患病学生进行初步的检查,并根据随队医生的建议,尽快采取下一步的行动。

三、寻求医疗援助

如果患病学生的状况需要医疗救助,旅行社研学旅行指导师应该尽快拨打120,联系当地的急救中心,并通知学校的领队教师和研学活动总领队。在急救医护人员到达之前,随队医生可以根据实际情况对患病学生采取一些基本的急救措施。

四、与家长沟通

当学生突发健康问题时,旅行社研学旅行指导师应及时与患病学生的家长进行沟通,这是非常重要的。旅行社研学旅行指导师应协调学校,请教师尽快通知患病学生的家长,并告诉他们发生的情况和已经采取的措施,听取家长的意见和建议,以便更好地照顾患病学生。

五、撰写书面报告

在处理完学生的突发健康问题之后,旅行社研学旅行指导师应该撰写书面报告,将发生的情况和所采取的措施记录下来。这有助于总结经验教训,以便更好地应对未来可能发生的类似情况。

◎ 实训安排

健康管理实训任务书

任务名称	学生健康状况筛查实训	学时	2
任务说明	全面了解学生的健康状况是非常重要的,请以旅行社研学旅行指导师的身份,设计一份学生健康状况调查问卷并完成学生健康状况筛查		
实训方式	模拟实训,以6—8人为一组,分组进行练习		

续表

任务名称	学生健康状况筛查实训	学时	2
实训目标	（1）掌握调查问卷设计方法。 （2）掌握数据分析方法		
空间要求	教室或实训室		
物品要求	电脑、多媒体设备等		

健康管理实训记录单

任务名称		学时	
小组成员			
任务分析			
实训流程			
评价要点			
分数			
总结与建议			

任务九　实施安全管理

任务导入

　　在一次登山活动中，一名学生在下山时不慎扭伤了脚踝。作为旅行社研学旅行指导师的小王立即启动应急预案，组织助教将受伤学生转移到安全地带，并进行了初步的急救处理。同时，小王联系了当地的医疗机构，并安排了车辆将学生送往医院。在医院，受伤学生得到了及时的治疗，所幸伤势并不严重，康复较快。

　　请思考：小王是如何正确处理研学旅行中的安全问题的？旅行社研学旅行指导师应如何做好研学旅行过程中的安全管理工作？

任务解析

　　在上述案例中，小王采取了一系列安全管理措施，确保受伤学生得到及时救治。安全管理工作是研学旅行中的重中之重，旅行社研学旅行指导师要时刻绷紧安全这根弦，做好研学旅行的安全管理工作，规范有序地开展研学实践活动，保障师生的安全。

任务重点

掌握安全管理的内容,熟悉应急预案及相关处理流程,做好安全管理工作。

任务难点

强化安全防范意识,提升安全管理能力。

任务实施

步骤一:熟悉研学旅行的安全教育内容与纪律要求

在研学旅行中,保障安全是旅行社研学旅行指导师的首要任务。旅行社研学旅行指导师需要熟悉安全教育的相关内容,教导学生遵守研学旅行的各项纪律要求,以确保整个行程顺利推进。

一、熟悉研学旅行的安全教育内容

旅行社研学旅行指导师需要熟悉研学旅行的安全教育内容。安全教育主要分为人身安全教育和财物安全教育两方面。人身安全教育包括了解研学旅行途中的安全防范措施,涉及交通安全、食品安全、住宿安全等方面。学生需要掌握在遇到突发情况时的应对方法,学习一定的急救技能,了解相关紧急联络方式等。此外,学生还需要了解研学旅行目的地的文化习俗和礼仪规范,以避免因文化差异而引起的不必要的冲突。财物安全教育主要教导学生要妥善保管个人贵重物品。

二、熟悉研学旅行的纪律要求

旅行社研学旅行指导师需要了解研学旅行的纪律要求。研学旅行活动能够很好地体现学校的校园文化和学生的精神面貌。在研学旅行过程中,学生需要听从安排,服从管理,按照规定的研学日程参与研学活动;保持良好的行为举止,讲文明、懂礼貌,尊重研学旅行目的地的文化习俗,遵守景区规定;注意自身安全和财物安全,不随意离队,不在危险区域逗留等。

总之,旅行社研学旅行指导师组织学生学习研学旅行安全教育内容及纪律要求是研学旅行顺利进行的重要保障。认真学习安全知识和遵守纪律要求,有助于学生更好地融入集体、体验生活,同时也可以保障学生自身安全,避免增加不必要的风险和造成损失。

步骤二：熟悉安全应急预案的内容及相关处理流程

　　为了保障研学旅行活动的顺利进行，确保参与研学活动的人员的安全，旅行社研学旅行指导师必须对安全应急预案的内容及相关处理流程有深入的了解，以便在紧急情况下能够迅速采取正确的应对措施，确保学生的安全。

　　首先，旅行社研学旅行指导师需要了解各种可能出现的紧急情况，如自然灾害、突发疾病、交通事故等，并制定相应的安全应急预案。安全应急预案的内容应该包括紧急情况的应对措施、救援方式等。

　　其次，旅行社研学旅行指导师需要具备应对突发事件的能力。旅行社研学旅行指导师需要学习急救知识，以及心肺复苏等基本的急救技能，以便在紧急情况下迅速采取措施，保护师生的生命安全。

　　此外，旅行社研学旅行指导师需要密切关注天气、路况等外部环境因素，以便及时调整研学日程，避开风险区域；应定期对车辆、设备进行检查和维护，并做好记录，确保其正常运行，避免因设备故障等引发安全问题。

　　总之，旅行社研学旅行指导师需要具备高度的责任心和敬业精神，时刻关注学生的安全状况，及时发现并处理潜在的安全隐患，以确保研学旅行安全、顺利地进行。此外，旅行社研学旅行指导师需要不断丰富知识储备，提高自己的专业素养，为学生提供更加安全、愉快的研学旅行体验。

步骤三：熟悉研学旅行保险相关内容

　　研学旅行保险是一种特殊类型的旅行保险，旨在为参加研学旅行活动的学生、教师和相关工作人员提供有效保障，以应对在研学旅行过程中的突发状况。旅行社研学旅行指导师需要熟悉研学旅行保险的内容及处理流程，以确保研学活动顺利进行。

一、了解研学旅行保险的内容

　　旅行社研学旅行指导师需要了解研学旅行保险的内容。一般来讲，研学旅行保险包括意外伤害保险、医疗保险和紧急救援服务三部分内容。意外伤害保险可以简单地理解为，针对研学旅行过程中的意外事故导致的人身伤亡或财产损失，所投保的保险公司将给予相应的赔偿。医疗保险可以简单地理解为，投保人在研学旅行期间出现因疾病或意外伤害就医治疗时，其所投保的保险公司将承担一定的医疗费用。紧急救援服务是指投保人在遇到紧急情况时，其所投保的保险公司将为其提供及时的医疗救助和紧急救援服务。

二、熟悉研学旅行保险的处理流程

如果在研学旅行过程中出现意外事故,旅行社研学旅行指导师需要及时向保险公司报案,并保留相关的证据材料,如医疗费用发票、鉴定报告等。同时,旅行社研学旅行指导师还需要及时联系保险公司指定的紧急救援机构,使伤员得到及时救助。在处理这类事件的过程中,旅行社研学旅行指导师需要保持冷静,按照保险公司的要求进行操作,确保伤员的权益得到保障。

三、注意研学旅行保险的适用范围和限制

旅行社研学旅行指导师要注意研学旅行保险的适用范围和限制,因为不同保险公司的保险产品之间可能存在些许差异。在为学生进行投保时,旅行社研学旅行指导师需要仔细阅读保险合同,了解保险的具体适用范围和限制。此外,旅行社研学旅行指导师还需要注意保险的有效期限,若需要走保险,应及时向保险公司报案。

总之,熟悉研学旅行保险的相关内容是旅行社研学旅行指导师的必修课。深入了解研学旅行保险的具体内容、相关处理流程,以及适用范围和限制,有助于旅行社研学旅行指导师有效保障投保人的权益。

步骤四:开展安全隐患排查

一名合格的旅行社研学旅行指导师应始终以"学生安全"为己任,具有高度的安全防范意识,能够防患于未然,积极开展安全隐患排查工作,确保学生的安全。

一、安全教育

旅行社研学旅行指导师需要加强对研学团队的组织与管理,对研学团队开展安全教育,引导研学团队学习并掌握安全知识与技能,增强安全防范意识,避免安全事故的发生。

二、安全检查

旅行社研学旅行指导师要对研学旅行涉及的研学场地及其设施设备等进行全面检查,确保其安全可靠。此外,旅行社研学旅行指导师还要对研学旅行的行进路线、交通工具进行检查,确保其安全可靠。

三、过程监控

旅行社研学旅行指导师要加强对研学旅行的过程监控,包括对研学活动进行组织

与管理、对安全防范措施进行安全检查等,排查安全隐患,及时对可能存在安全问题的行为进行制止,确保研学旅行安全开展。

实训安排

安全管理实训任务书

任务名称	受伤学生的应急处理实训	学时	2
任务说明	此次的研学旅行活动是攀登华山,若是在登山过程中有学生不慎扭伤了脚,旅行社研学旅行指导师应如何处理		
实训方式	模拟实训,以6—8人为一组,分组进行练习		
实训目标	(1)掌握扭伤的急救措施。 (2)掌握处理突发安全问题的流程		
空间要求	教室或实训室		
物品要求	手机、急救箱、担架等		

安全管理实训记录单

任务名称		学时	
小组成员			
任务分析			
实训流程			
评价要点			
分数			
总结与建议			

任务十　做好后续工作

任务导入

　　小王是一名经验丰富的旅行社研学旅行指导师,他刚刚带领北京某中学的初二学生完成了在西安的研学旅行。虽然研学旅行已经结束,但小王深知,他的工作并没有结束。作为研学旅行的"灵魂人物",小王需要开展一系列后续工作,以确保研学旅行的效果得到持续优化。

　　在研学旅行结束后,小王面临着许多重要的任务,包括回顾与分享、成果展示、效果评估、善后服务、复盘与总结、资料归档、费用报销和提交物品等。这些后续工作不仅关乎研学旅行课程的优化提升,还关乎小王能否真正从这次研学旅行中获得有益的经验并有所成长。

任务解析

　　研学旅行结束,并不意味着整个研学接待服务工作也结束了。旅行社研学旅行指导师作为研学旅行的"灵魂人物",是研学活动的引领者、研学方案的策划者和实践者,起着至关重要的作用。后续工作不仅关乎研学旅行课程的优化提升,还关乎旅行社研学旅行指导师能否真正从这次旅行中获得有益的经验并有所成长。

任务重点

　　学习旅行社研学旅行指导师后续工作的内容,明晰后续工作的重要性。

任务难点

　　掌握旅行社研学旅行指导师复盘与总结、评价与反馈的方式和方法,提升个人能力。

任务实施

　　研学旅行活动结束后,为了确保工作圆满完成,持续优化研学旅行的效果,旅行社研学旅行指导师还需要开展一系列的后续工作,包括善后服务、复盘与总结、费用报销、提交物品等。

步骤一:回顾与分享

　　在研学旅行即将结束的时候,旅行社研学旅行指导师要组织一次回顾与分享活动,让学生积极分享他们在研学过程中的所见所闻、所得所悟。这样不仅可以帮助学生回顾研学历程,还能提升他们的沟通表达能力。

步骤二:成果展示

　　为了让师生更好地了解此次研学旅行的成果,旅行社研学旅行指导师在组织回顾与分享活动的同时,可以通过照片、视频、手工作品、小论文等形式进行研学成果的展示。研学成果的展示不仅可以激励学生,还可以让学生了解到自己的成长与进步。

步骤三：效果评估

在研学旅行结束以后，旅行社研学旅行指导师应对研学效果进行评估。旅行社研学旅行指导师可以通过向师生发放调查问卷，了解师生对研学旅行的评价与反馈，总结研学过程中的经验教训。这有助于旅行社研学旅行指导师发现此次研学旅行的成功之处和不足之处，并以此为依据优化课程内容。评估结果不仅是对此次研学旅行活动的总结，还可以作为未来开展研学旅行活动的参考。

步骤四：善后服务

旅行社研学旅行指导师必须认真对待研学团队遗留的物品并进行妥善处理。一旦发现研学团队成员在酒店或大巴车上的遗留物品，旅行社研学旅行指导师应立即与相关人员联系，按照研学团队提供的地址，安排遗留物品的快递事宜。寄完快递后，旅行社研学旅行指导师务必将快递单号及时告知研学团队的生活辅导员，以确保整个处理流程顺利进行。

步骤五：复盘与总结

旅行社研学旅行指导师在完成研学团队的接待工作后，应进行复盘总结，即对整个研学过程进行细致回顾，对学生在活动中的表现及学生的研学成果等进行实事求是的总结。旅行社研学旅行指导师既要通过深入分析发现工作亮点，还要认识到工作中存在的不足之处，这些宝贵的经验和教训能为之后开展的研学旅行活动提供重要参考。同时，旅行社研学旅行指导师应整理学生的研学报告和心得体会，挖掘其中的创意之处，为后续的研学旅行课程设计注入新的元素。

在接待环节，旅行社研学旅行指导师应重点关注住宿安排、餐饮服务、大巴车调度等方面的细节。此外，旅行社研学旅行指导师还应对处理问题的策略和方法进行深入反思与总结，以不断提高服务质量。

对于研学团队对接待环节中合作单位提出的意见和建议，旅行社研学旅行指导师应予以高度重视。旅行社研学旅行指导师应主动与研学旅行接待机构沟通，转达研学团队的意见和建议，推动相关部门进行工作改进，为今后的接待工作积累经验。

对于较为严重的问题或团队意见较大的问题，除了及时汇总和梳理，旅行社研学旅行指导师还应将其整理成书面材料。这些书面材料应翔实，在引用原话时应注明研学团队人员的身份以增加真实性，这样有助于研学旅行接待机构了解实际情况并做出有效判断。若发生重大安全事故，旅行社研学旅行指导师必须如实记录现场情况，并实事求是地撰写事故报告，同时，及时向研学旅行接待机构和组织机构汇报，妥善保管所有证明材料以备查验。

旅行社研学旅行指导师应对此次研学旅行活动进行总结,整理学生的研学成果,围绕此次研学旅行的整体情况撰写报告。旅行社研学旅行指导师应对此次研学旅行活动的组织与实施过程进行反思,以不断提升工作水平,同时,也应对自身在接待工作中的表现进行深入的反思和总结。对于个人疏忽所造成的问题,旅行社研学旅行指导师应积极调整心态,针对性地补充知识,积累相关经验,以提升个人能力,避免再次犯错。

旅行社研学旅行指导师应持续提升自身的专业素养。研学旅行工作涉及教育学、心理学等多个学科领域,为了更好地指导学生,旅行社研学旅行指导师应不断学习新知识,掌握最新的教育理念和技术手段,不断提升自身的专业能力和综合素养。

步骤六:资料归档

旅行社研学旅行指导师需要整理研学过程中的各类资料,如图片、视频、报告等,并将这些资料进行妥善归档。这些资料不仅是对研学旅行的全面记录,还体现了旅行社研学旅行指导师对此次研学旅行的总结与反思,能够让旅行社研学旅行指导师更好地了解此次研学旅行的成功之处和不足之处,为今后研学旅行工作的开展提供有益借鉴。做好资料归档工作能为旅行社研学旅行指导师提供优质服务奠定坚实基础,从而更好地满足研学团队的需求。

步骤七:费用报销

旅行社研学旅行指导师应仔细处理所需上交的票据,严格按照研学日程逐一核对票据的完整性,并核查账目中所列出的费用是否符合研学旅行计划的预期开支。对于发票,旅行社研学旅行指导师需确保其与已预订的酒店、餐厅和研学旅行资源点相匹配。对于临时增加的费用,旅行社研学旅行指导师需进行特别标注以示区分。

按照研学旅行接待机构的相关规定,旅行社研学旅行指导师须在规定的时间内完成费用的报销工作。在填写结算表格时,旅行社研学旅行指导师应务必保证信息清晰、准确,并将保留的票据、研学日程表等一并上交至相关部门。旅行社研学旅行指导师应确保所有账目均已结清,保障整个结算过程的规范性。

步骤八:提交物品

在研学旅行中,提交物品也是一项重要的后续工作。在这个过程中,旅行社研学旅行指导师需要认真履行自己的职责,根据研学旅行工作用品准备表整理所借物品,确保所有物品都得到妥善归还和维护。同时,旅行社研学旅行指导师还需对整个研学旅行的效果进行评估和总结,提交研学旅行服务评价表和研学总结。这些资料将由研学旅行接待机构统一存档,以备后续使用。

做好后续工作不仅有助于旅行社研学旅行指导师进行总结与提升,还有助于为学生提供更加全面和优质的研学服务,进而提高研学旅行的整体质量,因而需要引起旅行社研学旅行指导师的高度重视。

⛵ 项目小结

本项目主要对旅行社研学旅行指导师的工作流程和规范进行了梳理。通过本项目的学习,读者能够对旅行社研学旅行指导师工作的意义与价值形成充分认知,掌握研学旅行活动各服务环节的内容与实施方法,熟知旅行社研学旅行指导师的工作流程和规范。读者需结合本项目的学习内容进行具体的实践,以不断深化对相关工作流程和规范的理解,从而提升个人能力,确保能更出色地完成研学旅行服务与指导工作。

⛵ 知识与技能训练

知识训练

1.研学旅行中的交通管理涉及哪些内容?

2.研学旅行课程的实施流程包含哪些内容?

技能训练

1.济南某中学要组织一次为期三天的赴临沂蒙阴的红色研学之旅,你作为某旅行社的研学旅行指导师,是此次活动的总负责人,请问你应如何做好准备工作?

2.请你选择一处研学旅行目的地,围绕当地的文化特色,设计一个文化活动方案,并对活动流程、预期效果,以及融入课程目标的方式进行具体说明。

项目三
学校研学旅行指导师
工作流程及规范

 项目导读

　　《关于推进中小学生研学旅行的意见》中规定,各中小学要结合当地实际,把研学旅行纳入学校教育教学计划,与综合实践活动课程统筹考虑,促进研学旅行和学校课程有机融合,要精心设计研学旅行活动课程,做到立意高远、目的明确、活动生动、学习有效,避免"只旅不学"或"只学不旅"现象。学校是研学旅行活动的核心策划者,研学旅行是学校实施素质教育的重要手段。在研学旅行活动中,学校研学旅行指导师扮演着至关重要的主导性角色,并代表校方执行研学方案,为研学旅行活动提供专业的指导和服务。同时,学校研学旅行指导师具备相应的教师资格,能够为学生提供高质量的教学服务,使研学旅行真正达到"以研促学"的教育目的。

 **学习目标**

知识目标

　　能够充分理解学校研学旅行指导师的意义和作用,掌握学校研学旅行指导师的工作流程及规范。

能力目标

　　能够解读研学方案和研学手册,督导研学方案的具体实施,开展多元化的研学旅行评价活动。

素养目标

　　(1) 通过对研学方案的研究以及工作实操,培养优秀的职业道德素养,树立正确的职业观念。

（2）提升与多方沟通的能力及解决问题的能力，加强沟通技巧与人际交往能力。

（1）掌握学校研学旅行指导师的工作流程，能够有效组织开展研学旅行活动。

（2）了解研学方案和研学手册，能指导不同学段学生完成研学任务。

（3）能够督导研学方案的执行，组织多元化的研学旅行评价活动。

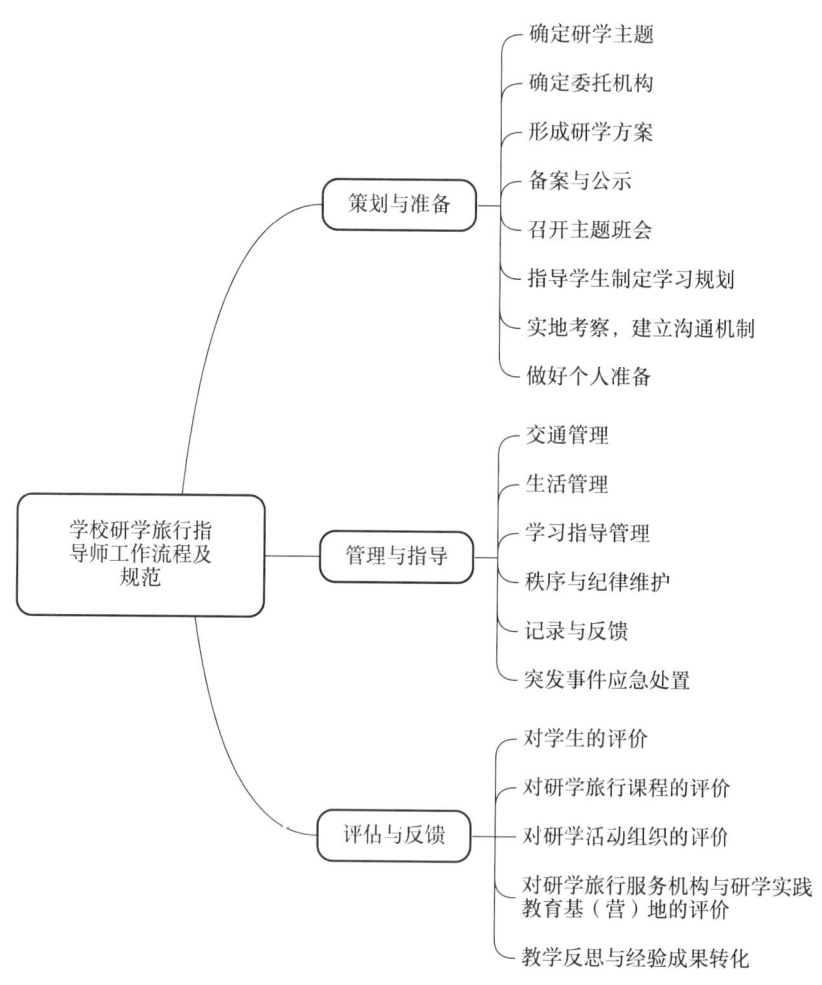

任务一 策划与准备

任务导入

张老师是某小学的综合实践课程教师,作为学校综合实践课程组的成员,他还肩负着协助组织开展本校研学旅行活动的任务。该校准备组织四年级全体学生参加一次自然教育类研学旅行活动,通过向上级报批,按要求进行招投标,最终确定了承办单位。该校安排张老师担任校方研学旅行指导师团队的负责人,负责本次研学旅行活动的沟通协调工作,并确保研学旅行活动顺利进行。张老师深知责任重大,立即着手进行行前准备。

请思考:张老师应从哪些方面着手进行行前准备呢?

任务解析

学校研学旅行指导师在行前的准备工作对于确保研学旅行顺利进行和实现预期教育目标具有重要意义。准备工作一般包括制订工作计划、召开主题班会、指导学生制定学习规划等。充分的行前准备是研学旅行活动顺利开展的基础。

任务重点

能够按要求制定研学方案,明确行前工作流程及规范。

任务难点

能够做好行前准备的各项工作。

任务实施

步骤一:确定研学主题

学校是研学教育活动的策划者和核心组织者,在策划研学旅行活动时,确定研学主题至关重要,一般应综合考虑以下因素。

一、教育目标和课程要求

研学主题应与国家课程标准和学校的办学理念相符合,确保研学活动能够支持并加强学校教育。依据《研学旅行服务规范》(LB/T 054—2016)及《关于推进中小学生研学旅行的意见》的相关要求,小学一至三年级参与研学旅行时,宜设计以知识科普型和文化康乐型资源为主的产品,并以乡土乡情研学为主;小学四至六年级参与研学旅行时,宜设计以知识科普型、自然观赏型和励志拓展型资源为主的产品,并以县情市情研学为主;初中年级参与研学旅行时,宜设计以知识科普型、体验考察型和励志拓展型资源为主的产品,并以县情市情省情研学为主;高中年级参与研学旅行时,宜设计以体验考察型和励志拓展型资源为主的产品,并以省情国情研学为主。

二、学生学情

应考虑学生的年龄特点、兴趣爱好和学习需求,选择能够激发学生兴趣和提高学生参与度的研学主题。

三、资源特点和研学实践教育基(营)地条件

应对学校所在区域的资源进行深度开发,选择资源丰富、基础设施完善的研学实践教育基(营)地,以保障安全和提升教育效果。

四、学科知识

应注重学科知识的渗透和融合,鼓励跨学科学习,通过研学旅行活动整合不同学科的知识,促进学生的全面发展。

步骤二:确定委托机构

目前,学校一般委托研学旅行服务机构组织开展研学旅行活动。学校在选择研学旅行服务机构时,应遵循一系列流程和规范,以保障研学旅行活动的质量和安全。

一、需求分析

学校应明确研学旅行的教育目标、参与学生的需求、预期的研学旅行目的地和活动内容,形成采购需求。

二、资质审核

学校应依据《研学旅行服务规范》(LB/T 054—2016)等,审查研学旅行服务机构的合法注册证明、相关行业标准符合性,以及是否具有学生实践活动组织经验。

三、制定遴选方案

学校应制定详细的遴选方案,明确对研学旅行服务机构的专业能力、经验、师资力

量等方面的要求。

四、公开招标或邀请招标

学校应通过公开招标或邀请招标的方式,让多个研学旅行服务机构提交提案。

五、综合评估

学校应对研学旅行服务机构提交的提案进行综合评估,考虑教育目标、课程内容、服务保障等多方面的因素。

六、签订合同

学校应与选定的研学旅行服务机构签订服务合同,合同应包含合作事项、权利与义务、合作期限、安全责任、争议解决办法等方面的内容。

步骤三:形成研学方案

一、与研学旅行服务机构共同制定研学方案

学校是研学旅行活动的主办方,应与研学旅行服务机构进行充分的沟通,共同制定研学方案。学校研学旅行指导师在课程开发与设计、校本特色挖掘、学生学情分析等方面具有一定的专业优势,作为承办方的研学旅行服务机构在研学旅行目的地资源、交通资源、旅游人力资源、信息资源等方面有着明显的优势。在制定研学方案时,学校应当将二者的优势相结合。

二、形成相关研学手册

学校应结合研学方案,精心规划活动内容、设计行进路线、制定日程安排,并妥善安排交通与食宿事宜,最终整合成教师指导手册和学生活动手册。

三、落实安全事故防范措施

(一)制定应急预案

学校应制定并落实科学有效的研学实践活动安全应急预案,探索建立行之有效的安全责任落实、事故处理、责任界定及纠纷处理机制;明确学生生病或受伤等情况的应急处理流程,做好突发事件的应急处置演练,提高应急响应能力,与承办方一起做好研学旅行医疗及救助工作,确保配备充足的随行医疗救助力量,妥善保管就诊医疗记录。

（二）购买保险

学校应按照有关要求及保险法规定，为出行师生购买合适的意外伤害保险，投保校方责任险等。

（三）与各供应方明确安全责任

学校应与具备资质的研学旅行服务机构签订安全责任书，细致审核安全责任书内容；严把人员关，明确相关工作人员与研学旅行服务机构之间的责任关系；严格做好研学实践活动场所的安全保障措施检查，确保活动开展场所、设施设备、教学用具等符合中小学生安全健康要求并满足相关资质；如果集中安排餐食，应严格按照有关部门对师生餐饮的规定，选择具备资质的餐饮服务商，安排安全、卫生、营养丰富、价格合理的餐食。

步骤四：备案与公示

学校应将拟定的研学方案报教育行政部门备案，研学旅行过程中不随意变更研学方案的内容；通过召开家长会等形式告知家长活动意义、时间安排、出行线路、费用收支、注意事项等信息；与家长签订协议书，明确学校、家长、学生的责任与权利；对于不能参加活动的学生，要妥善安排这部分学生的学习生活。

步骤五：召开主题班会

主题班会主要包括以下几个方面的内容。

一、介绍研学旅行的目的和意义

学校研学旅行指导师需要向学生解释研学旅行的教育意义，以及研学旅行课程与学校的教育目标和课程内容相结合的方式。

二、说明研学旅行的目的地与活动安排

学校研学旅行指导师需要向学生发放研学手册，详细介绍研学旅行目的地、日程安排和预期的学习成果等。

三、进行安全教育与公共卫生教育

学校研学旅行指导师需要讲解研学旅行中的安全注意事项，包括交通安全、住宿安全、饮食安全和紧急情况应对，特别要加强防溺水、防滑防摔、防踩踏等方面的安全教育。此外，还应注重对学生开展公共卫生教育。

四、讲解行为规范和纪律要求

学校研学旅行指导师需要确保学生了解并遵守研学旅行中的行为规范和纪律要求,引导学生文明参观,增强学生的环保意识。

五、建立学习组织架构

学校研学旅行指导师需要对学生进行分组和角色分配,说明分组情况和每个学生在小组中所担任的角色及其职责,鼓励学生在研学旅行中展现出团队精神,相互帮助,共同完成任务。

六、物资准备

学校研学旅行指导师应列出学生需要携带的物品清单,包括衣物、个人卫生用品、学习工具等。

七、鼓励与动员

学校研学旅行指导师需要向学生讲解研学旅行的评估机制,详细说明评估标准(包括参与度、学习态度和项目完成情况等方面),可以通过分享过往类似的研学旅行经历、阐述研学旅行活动的意义等方式,激发学生的参与兴趣与热情。

步骤六:指导学生制定学习规划

学校研学旅行指导师应指导学生研读并熟悉研学手册的内容,引导学生根据研学旅行课程内容和任务,制定个人学习规划。

一、设定目标

制定学习规划时应坚持目标导向。学生要明确自己在研学旅行过程中的具体目标,以便有针对性地进行学习,如提高某项技能、结识志同道合的朋友等。这有助于学生在研学旅行过程中保持积极的心态,增强学习动力。学校研学旅行指导师要引导学生根据自己的兴趣、特长和需求来确定学习目标,从而使学习目标具有可行性和可衡量性。

二、规划时间

学校研学旅行指导师应根据研学旅行的时长,引导学生合理分配时间,确保各项学习任务得以顺利完成。

三、选择学习方法

学生应结合自身的学习特点,选择合适的学习方法,例如,可以通过阅读资料、观看视频、讨论交流等方式,提前了解研学主题的相关知识。学校研学旅行指导师应根据学生的学习特点和学科特点,引导学生选用合适的学习方法。

四、预设成果

学校研学旅行指导师应根据学生的兴趣、个性等,指导学生规划学习成果的展示内容和形式。

步骤七:实地考察,建立沟通机制

在确定了研学方案后,学校研学旅行指导师要带领研学团队前往研学实践教育基(营)地或研学点,对当地研学旅行资源进行考察,这有助于确保活动的安全性、教育性和实用性。学校研学旅行指导师在进行实地考察对接时需要考虑的关键点有以下几个。

一、安全评估

学校研学旅行指导师应检查所有预定的研学点和研学线路,确保没有安全隐患,重点评估交通安全、紧急疏散路径和安全警示标志等方面。

二、资源核实

学校研学旅行指导师应确认研学实践教育基(营)地或研学点是否可以提供所需的教育资源。

三、基础设施检查

学校研学旅行指导师应评估交通、住宿、餐饮和卫生设施等方面是否符合学生需求,并确保其适宜性。

四、课程内容对接

学校研学旅行指导师应与研学实践教育基(营)地的工作人员讨论并确定可以提供的教育活动和课程内容,确保它们与学校的教育目标和课程计划相匹配,并模拟学生身份进行体验和预演。

在考察的同时,学校研学旅行指导师应与研学旅行服务机构和研学实践教育基

(营)地密切沟通,对活动内容、交通、住宿、餐饮等方面的具体事宜进行确认,确保行程安全、顺利,研学富有成效。

步骤八:做好个人准备

一、物资准备

准备研学旅行活动所需的物资,如研学手册、安全装备、饮料和食物,以及必要的教育教学器材和工具(如笔记本电脑、投影仪、教学挂图、实验器材等),并确保所有物资完好无损。

二、自身职责与角色认知

明确自己的职责,包括教学指导、学生管理、安全保障等方面;理解自己在研学旅行活动中的角色(既是教师,又是导游,还是学生的朋友);坚守职业操守,遵守教育规范和研学旅行的相关规定。

三、知识准备

了解研学旅行目的地相关的历史背景、文化背景、科学背景等,掌握研学旅行课程的教学方法和策略,如探究式学习、合作学习等,不断更新教育教学理念。

四、心理准备

(1)调整好心态,以积极乐观的态度面对研学旅行活动中的挑战和不确定性。
(2)培养良好的心理承受能力,能够承受高强度的工作。
(3)学会倾听,具备同理心,关注学生的情感需求,能为他们提供心理支持。

任务二　管理与指导

任务导入

某实验小学组织五年级学生到鸟类博物馆进行研学旅行,该校的德育副校长担任本次研学旅行活动的校方负责人,在组建学校研学旅行指导师团队时,其邀请五年级科学教研组的王老师与五(二)班的班主任张老师共同担任五(二)班的研学旅行指导师。王老师欣然答应,其在行前与张老师沟通时说道:"这次研学旅行安排了承办旅行社,博物馆有专门的讲解员,咱们就数好人数就行。"张老师说:"咱们作为学校研学旅行指导师,需要负责很多工作,如提前了解行程安排、与承办旅行社和博物馆沟通、关注学生的安全问题等。"王老师点头认同,并表示会一起努力,确保研学旅行活动顺利开展。

任务解析

在研学旅行过程中,学校研学旅行指导师和旅行社研学旅行指导师各承担着不同的角色和职责,他们的分工合作对于确保研学旅行的教育效果和安全至关重要。学校研学旅行指导师一般承担日常管理、教育引导、安全监督、家校沟通等方面的职责,其与其他指导师的紧密合作是研学旅行成功开展的关键。

任务重点

掌握研学旅行过程中管理与指导工作的内容、基本原则和方法。

任务难点

能够正确处理研学旅行中可能出现的各种问题,做好管理与指导工作。

任务实施

步骤一:交通管理

一、确保学生遵守交通规则

学校研学旅行指导师应时刻关注学生的交通行为,确保他们遵守交通规则,避免发生交通事故。

二、确保交通工具安全可靠

学校研学旅行指导师应确保交通工具安全可靠,注意观察交通工具的运行状况,如若发现异常应及时上报。

三、与其他工作人员协作

(一)与司机保持沟通联系

学校研学旅行指导师应与司机保持良好沟通,确保行程顺利推进,同时及时查看司机的驾驶状况,确保交通安全。

（二）与其他指导师、安全员协作

学校研学旅行指导师应与旅行社研学旅行指导师、安全员协作，认真履行安全职责。在交通运输过程中，学校研学旅行指导师要协助旅行社研学旅行指导师做好人员清点、安全提示等工作。在车上，学生须遵守相关规定，如系好安全带、保持安静、不得随意走动等。若有学生出现晕车等不适症状，学校研学旅行指导师应给予关注并及时提供帮助。到达研学旅行目的地后，学校研学旅行指导师要与旅行社的工作人员共同组织学生有序下车。同时，学校研学旅行指导师要确保每个学生都能准确找到自己的队伍，防止学生走失。

四、行程监控与调度

学校研学旅行指导师应根据实际情况，适时调整行程计划，确保研学旅行活动顺利进行。

五、突发交通事故处理

在遭遇交通事故或其他突发状况时，学校研学旅行指导师应立即启动应急预案，保障研学团队成员的生命安全。此外，学校研学旅行指导师须及时向上级汇报情况，并妥善做好学生管理及安抚工作。

步骤二：生活管理

一、住宿管理

（1）学校研学旅行指导师应根据学生的性别、年龄，充分考虑团队合作和个人隐私保护等方面的需求，与其他指导师协作，合理分配住宿房间，并做好学生登记，以便于开展查房巡视及日常管理工作。

（2）学校研学旅行指导师应检查住宿环境的安全性及舒适度，包括检查床铺、卫浴设施、空调等的状况。

（3）学校研学旅行指导师应提醒学生遵守住宿规定，如保持房间整洁，安静就寝，注意防火、防盗等。

（4）学校研学旅行指导师应在学生入住后和休息前进行查房巡视，查看学生住宿情况，了解学生的需求并解决问题。

二、餐饮管理

（1）学校研学旅行指导师应维持就餐秩序。

（2）学校研学旅行指导师应监督餐食的准备和分发工作,确保食物新鲜、卫生。

（3）学校研学旅行指导师应关注学生的饮食情况,引导学生养成良好的饮食习惯,如不浪费食物、文明用餐等。

（4）学校研学旅行指导师应在学生用餐时进行巡视,强调用餐纪律,协助学生解决用餐过程中遇到的问题。

（5）学校研学旅行指导师应关注特殊学生,如食物过敏者、身体不适者等,为这些学生提供特别的关注和照顾,确保他们的需求得到满足。

步骤三:学习指导管理

在研学实践阶段,学校研学旅行指导师应该善于抓住契机,适时启动游学中的实践课堂,鼓励和引导学生进行自主探究、分工协作。

一、学习方法指导

学校研学旅行指导师应依据学生的特性和研学主题,引导学生自主开展实践探究活动,实施分组合作学习,将校内所学知识应用于实际情境中,并促使学生在小组内自主进行任务分工。在此过程中,学校研学旅行指导师应着重培养学生的自主学习能力,激发学生的内在驱动力,鼓励学生在研学活动中主动提问、自主解决问题,逐步养成独立思考的习惯。学校研学旅行指导师应针对不同的活动形式,提供针对性的指导,包括:在观察环节,教授学生有效观察的方法,包括注意细节、记录关键信息和提出假设;在讨论环节,组织学生以小组为单位进行讨论,鼓励学生分享观点,促进学生之间的相互学习和思维碰撞;在实践环节,指导学生进行实验、调查等实际操作,通过亲身实践加深对知识的理解。

二、适时提供启发和鼓励

当学生面临困境时,学校研学旅行指导师应及时给予点拨和启示,密切关注学生的状态,并提供个性化的辅导,同时,也要及时给予学生反馈,指出他们的进步之处和需要改进的地方。

三、给予情感支持

当学生出现畏难情绪时,学校研学旅行指导师应及时对学生进行疏导,鼓励他们勇敢面对挑战,增强他们解决问题的信心。

步骤四:秩序与纪律维护

学校研学旅行指导师应协助研学旅行课程实施者维护学习纪律,确保学生在整个研学旅行过程中严格遵守纪律,特别是在较为分散的区域开展活动时,要注意清点学生的人数以确保学生的安全。

步骤五:记录与反馈

学校研学旅行指导师应当详细记录学生的学习过程与表现,及时掌握学生的学习进度及遇到的问题,并组织讨论和提供反馈,以引导学生不断改进学习方法,提高实践能力。同时,学校研学旅行指导师应密切关注学生的表现与变化,为课程评价和学生评价奠定坚实的基础。此外,学校研学旅行指导师应定期与家长沟通学生的学习状况与表现,取得家长的支持和配合。

步骤六:突发事件应急处置

在发生安全事故后,学校研学旅行指导师应迅速向学校相关部门报告,确保各方能够及时了解事故情况。同时,学校研学旅行指导师要对事故进行初步评估,判断事故等级和处理难度,为后续救援和善后工作提供依据。

学校研学旅行指导师应根据事故评估结果,迅速启动应急预案,组织救援力量进行现场救援。在救援过程中,学校研学旅行指导师应确保救援人员的安全,并密切关注事故现场动态,随时向上级汇报事故处理进展。

学校研学旅行指导师要积极与家长、学校相关部门、事故发生地主管部门等方面进行沟通和协调,确保救援和善后工作的顺利开展。在此过程中,学校研学旅行指导师应充分调查事故发生的原因并进行责任划分,为后续处理工作提供有价值的参考依据。

针对事故对学生和家长造成的影响,学校研学旅行指导师要开展心理疏导工作,帮助学生和家长尽快走出事故阴影。此外,学校研学旅行指导师要对师生进行安全教育,增强他们安全防范意识,预防类似事故再次发生。

任务三　评估与反馈

任务导入

某中学二年级三班为期两天一夜的研学旅行活动即将结束,学校研学旅行指导师王老师在返程前的总结会上对研学旅行活动进行了总体评价,并要求各小组在下次综合实践课上向二年级全体师生展示本次研学旅行活动的学习成果。

任务解析

在研学旅行结束后,组织学生进行成果展示与汇报,对学生及研学旅行活动进行评估与反馈是必要环节,有利于巩固学习成果,提升研学旅行的教育价值,能够对学生的全面发展和后续活动的有效组织起到积极的推动作用。学校研学旅行指导师应当明确研学旅行活动评价的内容、方法,以及学生成果展示的形式,做好评估与反馈工作,从而提升研学旅行活动的教育价值和学生的综合素养。

任务重点

(1)能够组织不同主题、不同类型的研学旅行活动的成果展示活动,并对学生进行科学、多元的评价。

(2)能够做好研学旅行课程、研学旅行服务机构的评估与反馈工作。

任务难点

通过组织研学旅行活动成果展示和评价活动,增强学生的实践能力和社会责任感,提升研学旅行的效果。

任务实施

步骤一:对学生的评价

一、学生成果展示与汇报

在研学旅行活动结束后,学校研学旅行指导师可根据不同研学主题和内容,组织各类实物成果(如科技制作、手工作品等)展示活动。学生在此过程中,可通过设计、制作巩固所学知识,通过解决问题深化对知识的理解,提高表达能力和实践能力。学校研学旅行指导师须在制作过程中适时给予学生指导与帮助,并在成果展示时优化布置,实现合理布局。

二、学生自评与他评

综合实践课程评价宜采取学生自我评价与他人评价相结合的方式,注重学生自我反思性评价,让学生通过自我反思性评价,实现自我发现、自我调整、自我改进,让评价过程成为学生学习、体验、发展的过程。自评是指学生根据自己的表现和收获进行自我评价,他评则主要表现为学生之间的相互评价。在这个过程中,学校研学旅行指导师要引导学生客观、公正地评价自己和他人,发现自身及他人的优点和不足之处。同时,学校研学旅行指导师要关注学生在评价过程中的心理变化,及时给予指导和鼓励,确保评价活动的顺利进行。

三、总结与反馈

学校研学旅行指导师对于学生的评价应更具示范性和导向性:一方面,学校研学旅行指导师要对学生的研究成果给予充分肯定和鼓励,并指出其中的不足之处,提出相应的改进建议;另一方面,学校研学旅行指导师的评价是基于专业视角的评价,有助于学生进一步提炼研究成果,学校研学旅行指导师应鼓励学生在后续课程学习活动中对研究成果进行拓展和延伸,从而提升研学旅行活动的教育效果。

学校研学旅行指导师在组织针对学生的评价活动时,应倡导多元化的评价,秉持发展性评价的理念,将质性评价与量化评价、形成性评价与总结性评价相结合。

步骤二:对研学旅行课程的评价

研学旅行的课程设计是研学旅行的核心内容,学校研学旅行指导师需要对研学对象进行深入分析,选择恰当的内容与教学方法,最终制定出一个完整的教育方案。研学旅行课程教学不仅仅是引导学生掌握现成的知识结构,更重要的是帮助学生将所学知识应用于真实的情境中,让学生充分理解问题的复杂性,从而创造性地解决问题。在研学旅行活动中,学校研学旅行指导师是学生学习的指导者、促进者,能够帮助学生进行自我促进,在活动过程中获得知识、学习方法、健全人格。因此,学校研学旅行指导师应站在育人的高度进行综合性的总结,依据课程的实施过程和结果,综合考虑研学主题是否鲜明,研学内容是否符合国家课程标准,所采用的教育方法是否符合本学段学生,研学手册的设计是否完整、丰富等方面的问题。

在实施研学旅行课程评价时,一般以"课程评价之父"泰勒的课程评价模式为基础,考查课程实施过程中既定的教育目标的实现程度,如学生通过研学旅行活动所获得的具体知识与技能、所形成的情感态度与价值观。同时,由于研学教育活动具有生成性和开放性等特点,学校研学旅行指导师应重点关注实施过程中的动态变化和学生的自主建构。

步骤三:对研学活动组织的评价

在研学旅行过程中,存在很多难以把控的主客观因素,会出现各种问题。学校研学旅行指导师应针对研学旅行过程中出现的问题以及其中处理得当的、欠妥的地方进行分析和总结,以积累经验、探索最优解决方案、改进研学实施过程、提高研学活动的质量。研学活动组织评价包括以下几个维度。

一、组织与管理

评价活动的组织与管理效率、人员配合度、资源分配的合理性、安全措施的完备性和应急管理的有效性等多个方面。

二、学生体验及家长反馈

评价学生的参与度、兴趣激发程度、满意度和体验的丰富性,以及家长对活动的支持度和满意度。

三、活动的多样性和资源利用效率

评价行程中活动形式的丰富性,如讲座、实地考察、互动体验等方面,以契合不同学生的学习风格;评价研学活动对教育资源的利用效率,包括教学材料、场地设施和人力资源的合理安排与使用等方面。

四、经济效益

考虑研学活动的经济效益,评价成本效益比。

五、安全与健康

评价研学活动在安全保障和健康管理方面的表现,包括预防措施的实施和应急处理机制的设置等。

六、行程与线路安排

评价行程与线路安排等方面是否合理、高效。

步骤四:对研学旅行服务机构与研学实践教育基(营)地的评价

在研学旅行活动结束后,学校研学旅行指导师除了要及时对课程设计和实施过程进行总结,还需要公正、客观地对承办方的工作表现进行总结并以报告的形式反馈给教育行政部门。总结汇报的内容包括:相关工作人员的专业素养以及承办方的接待资质等是否符合要求,设计研发的研学旅行课程的内容是否能与学校课程内容有效地衔接,活动场地是否符合预期,生活方面的设施设备是否符合标准,安全保障措施的实施是否到位等。

步骤五:教学反思与经验成果转化

教学反思能力也是学校研学旅行指导师必须掌握的一种重要能力,通过教学反思,学校研学旅行指导师可以认识并解决教学实践过程中存在的问题,进而提高教学效率、改善教学效果。研学旅行作为一种寓教于游的教学新业态,对学校研学旅行指导师的专业能力提出了更高的要求,学校研学旅行指导师应不断积累经验,及时对研学旅行活动进行分析与总结,并将经验转化为成果,以丰富教学实践、提高理论素养。

一、进行教学反思

学校研学旅行指导师在研学活动中,对原有活动方案的修改和完善的过程,就是其对活动设计的自我反思性评价过程。在研学旅行活动结束后,学校研学旅行指导师应对活动组织、教学过程、教学方法与教学效果等进行自我反思性评价。学校研学旅行指导师自评的结果,可以书面的形式写在教案自评中,也可以作为个人的积累,为下一次组织活动提供参考。

二、进行教学研究和成果转化

学校研学旅行指导师可以结合课程实施过程中收集的数据等,运用问卷调查法、访谈法、案例分析法等进行课题研究,并将研究成果转化为教学资源,如教学案例、教学视频、研学手册等,或者进一步将研学旅行的实践经验和成果提炼为学术论文或报告,与教育界同仁分享。这一方面可以为后续研学实践教育活动的开展提供借鉴,推动研学旅行课程的规范化和标准化发展;另一方面,可以提升学校研学旅行指导师自身在研学旅行课程设计和实施方面的专业能力。

实训安排

学生评价实训任务书

任务名称	学生评价实训	学时	2
任务说明	学校研学旅指导师在研学旅行结束后,应对参加研学活动的学生进行评价。请依据研学方案制定评价方案并组织实施评价活动		
实训方式	模拟实训,以6—8人为一组,分组进行练习		
实训目标	各小组能够制定评价方案、评价量表,对学生开展多元化的评价活动		
空间要求	室内,能够设置模拟实训场景,做到空间分区,能够支持1—2组成员同时进行现场演示		
物品要求	多媒体设备、桌椅、课程实施道具等		

学生评价实训记录单

任务名称		学时	
小组成员			

续表

任务名称		学时	
任务分析			
实训流程			
评价要点			
分数			
总结与建议			

 项目小结

本项目主要围绕学校研学旅行指导师在研学旅行活动中的职责、工作内容及相关流程进行讲解。学校研学旅行指导师的职责主要包括：在研学旅行前，负责研学旅行课程和研学活动的策划与准备工作；在研学旅行过程中，负责研学活动的交通安排工作，对学生进行生活照料、学习指导，与各个相关部门进行沟通和协调，以及对研学活动全流程进行安全管理等；在研学旅行结束后，负责成果汇报、评估与反馈、总结等方面的工作。

基于本项目的学习内容进行相关实践，有助于读者了解学校研学旅行指导师的角色定位和工作重点，提升理论素养与实践能力。

 知识与技能训练

知识训练

1.在研学旅行过程中，学校研学旅行指导师应做好哪些方面的管理工作？

2.学生研学成果展示包含哪些形式？

技能训练

济南某中学组织了赴敦煌阳关景区的研学旅行，学生参与了"阳关壮别""修筑长城""烽火传递""拓片制作"等特色研学活动，全方位地了解了长城文化、敦煌文化、丝路文化，丰富了学习经历和生活体验。

假设你是该活动的学校研学旅行指导师，需要组织一场敦煌阳关研学成果展，请制定一份详细的策划方案。

慎思笃行

▼

项目三

Note

项目四
研学实践教育基(营)地指导师工作流程及规范

 项目导读

　　研学实践教育基(营)地作为研学旅行的核心场所,为学生提供了丰富的实践学习资源和较好的体验平台。研学旅行指导师在研学旅行活动中的作用日益凸显,他们不仅是连接学生、学校与研学实践教育基(营)地的桥梁,还是引领学生深入学习、感受与反思的重要导向者。因此,建立一套完善的工作流程及规范,对于提升研学旅行的质量和效果有着不可忽视的作用。

　　本项目将深入探讨研学实践教育基(营)地指导师在活动前的准备工作、活动中的执行与指导工作,以及活动后的总结与反馈等关键环节的具体职责与工作要求。

 学习目标

知识目标

　　了解研学实践教育基(营)地指导师课前准备工作的意义,掌握学情分析及教案编写的方法,并能够依照课程计划准备物资。

能力目标

　　熟练掌握研学旅行接待服务流程,做好相应的准备工作并组织实施课程计划。

素养目标

　　通过对研学实践教育基(营)地指导师工作内容的了解和课程内容的组织实施,提升职业技能和职业素养。

 **学习重点**

　　(1)了解研学实践教育基(营)地指导师的工作内容与工作要点。

（2）掌握研学实践教育基（营）地指导师的工作流程，能妥善接待研学团队。

（3）能够针对不同的课程教案，现场组织实施课程。

 思维导图

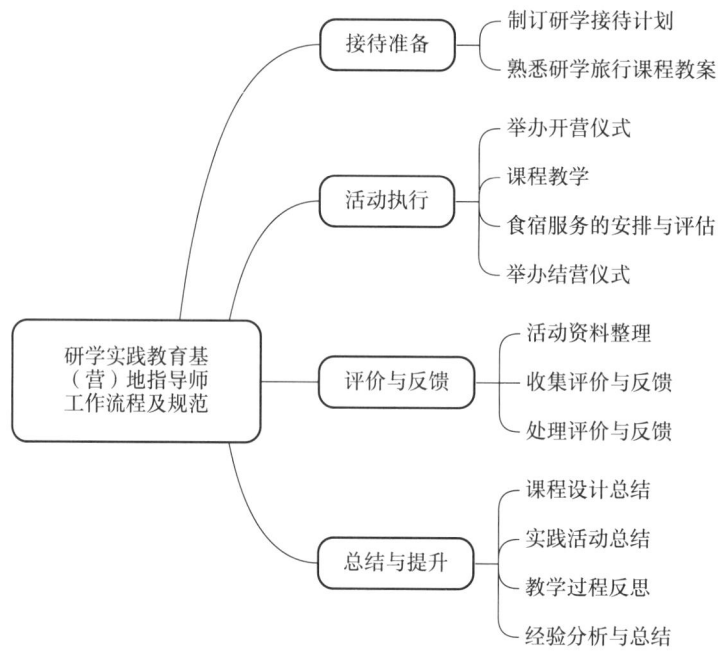

任务一　接待准备

任务导入

　　某农业研学实践教育基地即将接待某小学四年级学生，开展以"爱劳动 爱生活"为主题的研学旅行活动。该基地的小麦老师负责本次研学接待工作。小麦与承接此次研学实践活动的旅行社的相关负责人落实了来基地参与研学实践活动的学生的人数、住宿房间的数量、用餐的特殊要求等具体信息。在了解清楚后，小麦组建了研学旅行指导师接待小组。此次研学旅行活动旨在让学生感受劳动的乐趣，激发学生热爱生活、热爱劳动的情感，根据这一目标，小麦与接待小组的其他成员一起修订了此次研学旅行的课程教案。小麦安排后勤组的同事按照课程内容准备足额的教具和材料，安排设备组的同事检查课程所需影音设备等，并交代相关工作人员在餐饮、住宿、安保等方面做好充分的准备。

任务解析

研学实践教育基(营)地作为研学旅行活动的承接方,是研学旅行活动场地和研学旅行资源的提供者和整合者。为保障研学实践教育基(营)地课程的顺利落地,研学实践教育基(营)地指导师及其相关团队成员应备好相关教案、教具,做好餐饮、住宿等方面的准备工作。

任务重点

能够根据研学手册和学情分析,做好各项准备工作。

任务难点

熟悉研学手册,能够根据不同要求编制相应的教案、设计相关活动。

任务实施

步骤一:制订研学接待计划

研学实践教育基(营)地指导师在制订研学接待计划时需要考虑全面,确保其符合研学目标和学生的需求。

一、了解研学团队需求

研学实践教育基(营)地指导师应与来访的研学团队进行沟通,了解研学旅行活动的目的和主题,确认活动内容、日程安排和特别需求,以确保所制订的研学接待计划与相关方面的要求相契合;收集研学团队的基础信息,如年龄段、兴趣点,以及饮食等方面的特殊要求。

二、设计活动内容

研学实践教育基(营)地指导师应根据研学目标和主题设计具体的活动,包括教育讲座、实地考察、互动体验等,确保内容既有较强的教育性,又能激发学生的兴趣;安排专家或有经验的指导师进行指导和讲解,使学生能深入理解研学内容。

三、合理安排日程

研学实践教育基(营)地指导师应制订详细的日程计划,合理分配每项活动的时间,保证活动有序进行,同时考虑安排一定的自由探索时间;安排充足的休息时间和营养均衡的餐食,保障学生拥有充沛的精力参与研学活动。

四、制定应急预案

研学实践教育基(营)地指导师应对研学场地进行全面的安全检查和风险评估,消除潜在的安全隐患;制定详细的应急预案和疏散计划,确保在紧急情况下可以迅速反应。

五、资料准备与服务保障

研学实践教育基(营)地指导师应准备相关的学习材料、地图、安全指南等,并确保每位学生都能获得;确保所需场地和相关设施设备(如音视频设备等)处于良好状态,妥善进行座椅安排。

六、场地巡查

研学实践教育基(营)地指导师应根据不同的研学对象,细致考察课程实施场地,核实场地规模是否符合要求、设施配备是否完备,模拟推演研学对象的活动流程,以保证课程实施效果;检查安全防护设施和消防设备的完善程度;检查研学旅行生活区的卫浴等配套设施的可用性,确保标识清晰、住宿环境整洁卫生且安全条件达标,从而为研学对象营造一个安全、舒适的学习与生活环境。

步骤二:熟悉研学旅行课程教案

一、分析学情,对标教材

（一）了解学生情况

研学实践教育基(营)地指导师应分析学生的年龄、兴趣、认知水平、学习习惯等,以便确定适合学生的教学内容和方法。

（二）研究教材

研学实践教育基(营)地指导师应熟悉教材内容,研究研学旅行课程相关的学科课程,结合研学实践教育基(营)地的要求及其特色编写课程教案。

二、设置情境

（一）确定情境主题

研学实践教育基(营)地指导师应根据教学目标和内容,选择与现实生活相关的主题,以激发学生的学习兴趣和探究欲望。

（二）创设情境

研学实践教育基(营)地指导师应通过语言描述、图片展示、实物演示等方式,将学生带入所设定的情境中,使学生更好地理解和掌握所学内容。

三、设计活动

（一）明确活动目标

研学实践教育基(营)地指导师应根据教学目标和情境主题,制定具体的活动目标,以确保学生在活动中能够有所收获。

（二）设计活动内容

研学实践教育基(营)地指导师应根据学生的实际情况和活动目标,设计具有趣味性、互动性和探究性的活动内容,以培养学生的动手能力、合作精神和创新思维。

（三）制定活动规则

为了确保活动的顺利进行,研学实践教育基(营)地指导师需要制定明确的规则和要求,包括活动时间、参与人数、操作流程等。

四、准备课程材料

研学实践教育基(营)地指导师应根据课程内容,准备必要的道具、器材和资料等,以确保活动顺利进行。

任务二　活动执行

🌀 任务导入

山东北海湿地鸟类教育基地入选了第一批"全国中小学生研学实践教育基地"名单。该基地近日迎来了滨州市某中学的研学团队。假设你是该基地的工作人员,负责该研学团队的接待和教学服务工作,请问在现场执行环节,你需要做好哪些工作?

🌀 任务解析

研学实践教育基(营)地借助实际的环境、场景和资源组织学生进行参观、考察、研究性学习等活动,结合自身资源特点,提供与学校教育内容相衔接的研学旅行课程。研学实践教育基(营)地指导师在研学旅行活动中的工作任务是让学生在探索体验和学习知识的过程中,培养发现问题并解决问题的能力,学会分享与合作,培养学习兴趣,提高动手能力,进而提升综合素质。

任务重点

掌握研学接待服务和教学服务工作的相关知识,能够顺利接待各类研学团队,组织开展研学教学活动。

任务难点

能够对收集的评价信息进行有效处理。

任务实施

步骤一:举办开营仪式

一、迎接准备

(1)提前到达研学实践教育基(营)地,进行全面检查,确保场地、设施设备准备就绪。

(2)加强与研学团队的沟通,了解其需求和特殊要求,提前做好相应准备。

二、现场迎接

(1)热情迎接研学团队,协助研学团队成员办理入住手续。

(2)带领研学团队负责人参观研学实践教育基(营)地,了解研学实践教育基(营)地的环境和设施分布。

(3)向研学团队成员介绍研学实践教育基(营)地的相关信息,如用餐地点、休息区域、卫生设施等。

三、开营仪式

(1)介绍研学旅行活动的目的、计划和安全注意事项,确保每位参与者都明确相关要求。

(2)对研学团队进行分组,明确各组的负责人和具体的任务,激发研学团队成员的积极性和责任感。

(3)开展团队建设活动(如团队互动游戏等),增强团队凝聚力。

（4）宣布营规,强调营地的纪律和注意事项,确保活动有序进行。

（5）对开营仪式进行内容总结,鼓舞士气,为接下来的研学旅行活动做好充分准备。

步骤二:课程教学

一、教学导入

教学导入环节是激发学生研学兴趣、提升学生学习热情的关键步骤。因此,研学旅行指导师要在研学旅行活动启动时,运用多样化的教学手段激发学生的求知欲,让学生产生获得知识的渴望、追求真理的意愿。有了内在动力,学生才会主动地求知、探索。教学导入的方法有很多,研学实践教育基(营)地指导师可以根据实际课程需求选择适合的方法,如运用直接导入法,用简洁的语言说明研学流程和研学旅行课程中的重要知识,通过设问引起学生的注意、激发学生的探索欲望。此外,研学实践教育基(营)地指导师还可以根据课程内容的特点和学生的需求,以设置情境、角色扮演等寓教于乐的形式引起学生的兴趣。

二、指导实践

研学实践教育基(营)地指导师应依照教学计划安排实践环节,扮演好服务者、引导者和帮助者的角色,努力构建和谐的师生关系。在遇到问题时,研学实践教育基(营)地指导师应与学生共同协商解决,给予学生充分的表达机会,鼓励学生提出不同观点和意见,从而营造一个开放、民主的学习环境。研学旅行课程任务多设计为开放性问题的形式,旨在培养学生自主学习的能力,因此,研学实践教育基(营)地指导师应引导学生积极提问,最大限度地利用学生已有的认知基础,帮助他们找到新旧知识之间的连接点,从而拓展知识的深度与广度。

三、记录过程

研学实践教育基(营)地指导师要关注每个学生的行为表现,特别是关注学生的行为过程。在研学旅行活动中,不同学生承担的任务不同,很难用同一指标有效评估所有学生,因此,对学生在活动过程中的行为表现进行观察和记录十分重要。这些记录不仅可以作为判定学生表现的依据,还有助于研学实践教育基(营)地指导师了解学生对学习内容的理解情况,以便及时给予学生指导和帮助。

四、总结与反思

理性地反思行动是一个追溯性的思考过程,可以促使学生对自己的言行进行总结及内省。通过反思,学生能自主地觉醒,认识到自己与价值标准及行为规范之间的差距,发现自身优点和不足之处。因此,研学实践教育基(营)地指导师要引导学生对实践过程及体验进行总结与反思,这有助于学生将实践经验转化为深刻的感悟,进而提升个人的认知水平。

步骤三:食宿服务的安排与评估

一、用餐服务安排

(1)研学实践教育基(营)地指导师应带领学生前往就餐地点,按餐前定好的用餐座位安排学生就座。在用餐方式方面,研学实践教育基(营)地指导师要根据餐厅的规模、就餐人员数量、后厨供应能力等,提前定好选用自助餐、桌餐或者盒饭等不同的用餐方式。

(2)研学实践教育基(营)地指导师应对学生进行简短的餐前教育,介绍餐食内容、特点,提出用餐要求,如吃饭时不交谈、不挑食等,组织学生有序用餐、文明用餐。

(3)研学实践教育基(营)地指导师应进行餐间巡视,查看学生的用餐情况、确保餐厅服务人员能够满足学生的用餐需求、检查餐食数量和质量是否符合相关要求,并及时解决餐间可能出现的各种问题。

二、住宿服务安排

(1)在学生入住前,研学实践教育基(营)地指导师要对学生进行住前教育,说明基(营)地住宿设施的布局及设备使用的注意事项,以及基(营)地的住宿规定等,并根据分房表协助其他指导师分发房卡。

(2)在学生入住后,研学实践教育基(营)地指导师要与其他指导师协作配合,对房间进行巡视,协助学习指导师清点并核对住宿人数,并在首次查房时重申入住须知、房间物品的正确使用方法及应急处理方法等。在学生入睡前,研学实践教育基(营)地指导师还要再次查房,查看房间设施设备及其他方面的情况。待学生就寝后,研学实践教育基(营)地指导师需要在走廊进行夜间巡查,确保学生遵守就寝规定,消除潜在的安全隐患,做好应对突发状况的准备。

三、食宿服务评估

研学实践教育基(营)地要对学生进行食宿满意度调查,了解学生的需求以及意见和建议,并以此为依据不断优化食宿服务,从而提高学生的满意度。

步骤四:举办结营仪式

一、开场致辞

研学实践教育基(营)地举办结营仪式是为了庆祝并肯定学生在基(营)地期间所获得的学习成果和成长。在仪式上,主持人或基(营)地负责人要对学生在基(营)地期间的付出表示感谢,对即将结束的活动表达不舍之意。主持人或基(营)地负责人应在整个结营仪式上营造一种热烈而温馨的氛围,让学生深切体会到营地生活的美好,对未来充满期许和憧憬。结营仪式有助于学生学会珍视友谊、感恩他人。

二、回顾与总结

研学旅行活动的回顾与总结工作由研学实践教育基(营)地指导师负责,通过视频、图片展示,以及指导师代表、学生代表发言等形式,对学生在基(营)地的生活和学习历程进行回顾,从中提炼经验、吸取教训,从而明确未来的努力方向。

三、表彰

研学实践教育基(营)地指导师可以结合学生在研学旅行活动过程中的表现,对在基(营)地期间表现突出的学生个人和团队进行表彰与颁奖,以调动学生的积极性。

四、合影留念

研学实践教育基(营)地指导师可以利用摄影、录像等手段记录结营仪式的精彩时刻,并安排全体参与者合影留念。此外,研学实践教育基(营)地指导师可以将活动视频和照片精心制作成纪录片,赠送给研学旅行活动的参与者。

任务三 评价与反馈

任务导入

春节假期期间,山东博物馆设计了丰富多彩的研学实践活动。在这里,参与者可以亲手糊一个灯方年画,或是通过染制蓝印花布体验非遗工艺,或是扮演文物修复师体验制作拓片的乐趣。

假设作为研学实践教育基(营)地指导师的你刚刚接待了济南某中学的一批"年味

体验官",在研学团队离开后,你还需要做好哪些工作呢?

🔵 任务解析

当研学团队结束研学旅行、离开研学实践教育基(营)地后,研学实践教育基(营)地指导师的工作并未结束,还需对研学团队的活动资料进行整理,建立研学活动档案,以及对研学活动评价信息进行收集与整理。

🔵 任务重点

掌握在研学实践活动结束后,研学实践教育基(营)地指导师所需要负责的评价工作的流程和内容,能够有效开展研学旅行评价活动。

🔵 任务难点

能够对收集的评价信息进行有效的处理。

🔵 任务实施

步骤一:活动资料整理

研学实践教育基(营)地指导师应运用归类整理、时间梳理、数据分析、编写报告等方式对活动资料进行有效整理,并将整理好的活动资料进行归档保存,确保资料的安全性和长期可追溯性。这有助于提高研学实践教育基(营)地指导师的管理水平和教学水平,为研学实践教育基(营)地的持续发展提供有力支持。

一、归类整理

研学实践教育基(营)地指导师需要将活动资料按照一定的标准进行归类,如划归为活动方案类、活动记录类、活动照片类、活动总结类等,以便于查找和使用。

二、时间梳理

研学实践教育基(营)地指导师需要按照活动发生的时间顺序对活动资料进行排序,概括性地标注活动的主要内容、成果和经验,这有助于梳理活动过程和分析活动变化。

三、数据分析

研学实践教育基(营)地指导师需要对活动资料中的数据(如参与人数、活动时长、活动满意度等)进行分析,以评估活动效果。

四、编写报告

研学实践教育基(营)地指导师需要依据活动资料编写活动报告,应涵盖活动背景、活动目标、活动过程、活动成果和活动反思等方面的内容,以便于后续分享和交流。

步骤二:收集评价与反馈

研学实践教育基(营)地指导师可以通过电话回访、线上问卷调查、面对面访谈等方式收集评价信息,应广泛收集关于基(营)地的整体情况评价信息,包括环境、设施、服务质量、师资队伍建设、课程内容实施等方面,应特别重视学校、学生和家长的反馈意见,并以此为基础,客观而全面地分析和评估基(营)地的优缺点。

步骤三:处理评价与反馈

评价与反馈的处理流程应该形成一个循环,即通过评价与反馈,发现问题、制定改进措施、实施改进措施、跟踪改进效果、持续优化,再通过评价与反馈发现新的问题,从而形成一个持续改进的循环。

研学实践教育基(营)地指导师需要对收集到的评价与反馈进行整理和归类,并在此基础上进行深入剖析,既要揭示其中存在的问题与不足之处,也要提炼出成功的经验和亮点。研学实践教育基(营)地指导师可以依据分析结果,制定针对性的改进措施,对于存在的问题和不足之处,提出具体的解决方案,并明确责任人和改进时间表。研学实践教育基(营)地指导师应将评价与反馈的结果和改进措施反馈给相关的学生、教师、管理人员及家长等,以便他们了解活动的效果和后续的改进方向。在实施了改进措施后,研学实践教育基(营)地指导师需要对改进效果进行跟踪和评估,持续优化和改进基(营)地的研学旅行活动,以不断提升研学旅行活动的质量和效果。

任务四　总结与提升

任务导入

小张是某研学实践教育基(营)地的工作人员,刚刚结束了一个接待任务,领导要求小张对此次研学旅行活动进行总结和分享,请问小张应如何准备呢?

任务解析

　　总结与反思的过程是研学实践教育基(营)地指导师对研学旅行课程实践的再认识、再思考的过程,有助于提升个人工作能力和研学指导水平。通过总结与反思,研学实践教育基(营)地指导师可以深入了解课程实施过程中的经验与教训,发现存在的问题和不足之处,从而更好地完善研学旅行课程设计、提高教学质量。

任务重点

　　掌握研学总结的内容和方法,能够有效进行研学总结。

任务难点

　　能够通过研学总结进行经验转化,从而提升工作能力。

任务实施

步骤一:课程设计总结

　　对研学旅行课程的主题、目标、内容等进行全面的回顾和评估,检查课程设计的合理性和科学性,分析课程设计的优点和不足之处。

步骤二:实践活动总结

　　对研学旅行课程中的实践活动进行总结,包括活动的组织、实施、效果等方面;分析实践活动的可行性和有效性,发现存在的问题和改进空间。

步骤三:教学过程反思

　　对教学过程进行反思和评估,包括教学内容、教学方法、教学态度等方面。

步骤四:经验分析与总结

　　对研学旅行课程实施过程中的成功经验和失败原因进行分析和总结。

实训安排

研学实践教育基(营)地指导师接待工作实训任务书

任务名称	研学实践教育基(营)地指导师接待工作实训	学时	2
任务说明	依据研学实践教育基(营)地指导师的工作流程及规范,模拟基(营)地研学旅行活动的接待过程,确保研学活动安全、有序		
实训方式	模拟实训,分组进行角色扮演		
实训目标	熟悉研学实践教育基(营)地指导师的工作流程及规范,提升指导能力和沟通能力,增强安全意识,为提供高质量接待服务奠定基础		
空间要求	教室/实训室、模拟接待区		
物品要求	多媒体设备、桌椅、课程实施道具等		

研学实践教育基(营)地指导师接待工作实训记录单

任务名称		学时	
小组成员			
任务分析			
实训流程			
评价要点			
分数			
总结与建议			

项目小结

本项目全面梳理了研学实践教育基(营)地指导师的工作流程,以及每个环节的工作内容及要求,重点围绕研学旅行活动前的准备工作、研学旅行活动的现场执行工作,以及研学旅行活动结束后的评价与反馈、总结与提升工作等方面进行阐述。通过本项目的学习和实践,读者能够明确研学实践教育基(营)地指导师的工作定位,掌握其工作流程和操作技巧,从而提升业务能力。

知识与技能训练

知识训练

1.研学实践教育基(营)地指导师的课前准备工作包含哪些内容?

2.研学实践教育基(营)地指导师应如何做好研学旅行活动的总结与反思工作?

技能训练

研学实践教育基(营)地指导师需要协同其他指导师维护好研学旅行活动的纪律,指导学生完成研学任务。

请思考:研学实践教育基(营)地指导师在遇到学生不听从安排时,该如何妥善处理?

项目五
研学旅行课程的组织与实施

 项目导读

  本项目将深入探讨研学旅行课程的组织与实施策略,具体包括:从课程设计的原则出发,分析如何根据研学主题和学生特点来制订合适的教学计划;探讨课程实施的具体步骤和方法,包括资源整合、活动安排、师生互动等方面;关注课程评价与反馈的重要性,讨论如何通过科学有效的评价方式来检验课程效果,进而不断完善和优化课程组织与实施过程。本项目的学习有助于读者更好地理解和把握研学旅行的核心要义,掌握课程组织与实施的关键技能和方法。

 **学习目标**

知识目标

(1)了解研学旅行课程的内涵、分类。

(2)了解研学旅行课程的构成要素。

(3)掌握行前课、行中课、行后课的组织与实施策略。

能力目标

(1)能够深入分析研学方案。

(2)能够做好研学旅行课程的组织与实施工作。

素养目标

(1)理解并把握研学旅行的核心要义。

(2)提升服务意识和服务水平。

学习重点

（1）研学旅行课程的内涵、分类，研学方案的解读方法。

（2）行前课、行中课、行后课的组织与实施策略。

 思维导图

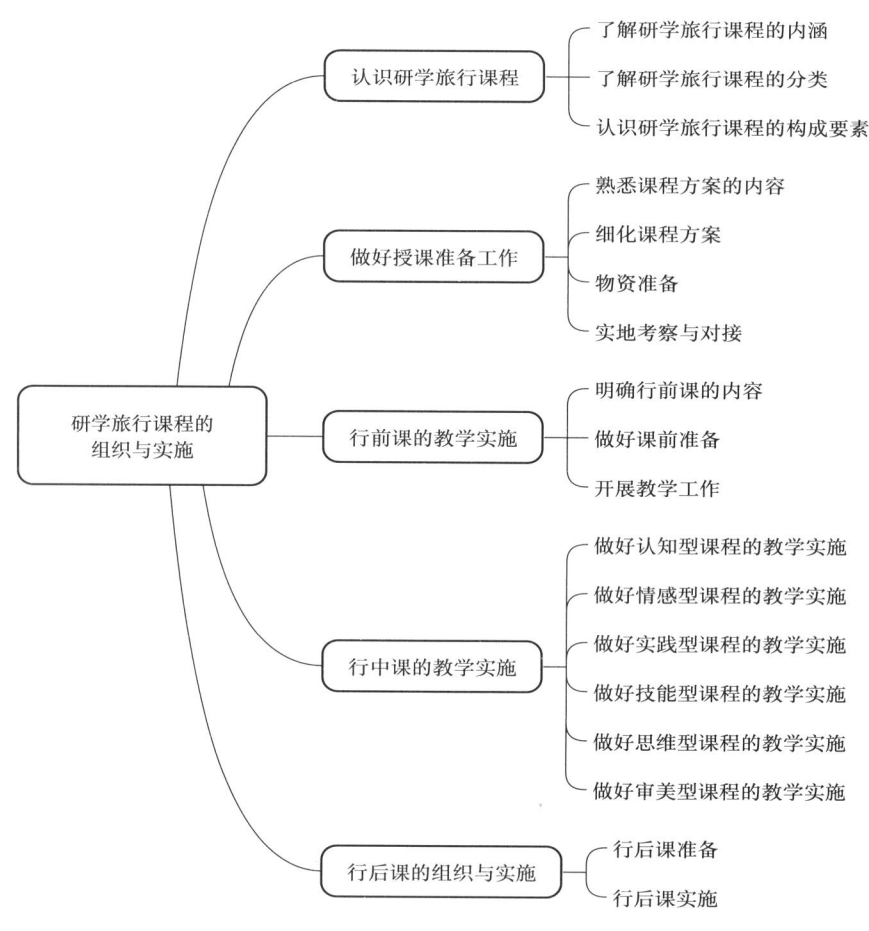

任务一　认识研学旅行课程

 任务导入

　　研学旅行课程是一种跨学科、情境化、体验式的课程，注重结合学术研究与实地考察,既有系统的理论学习,又有生动的实地体验,能使学生直观感受知识的应用场景,加深对知识的理解和记忆。研学旅行课程利用自然生态区、历史遗址、科技场馆、企业园区等,创设丰富多样的学习情境,促进学生在实践中发现、思考、解决问题。

请思考:研学旅行指导师应该从哪些方面了解研学旅行课程呢?

任务解析

研学旅行课程是研学旅行的核心,它涉及课程目标、内容、实施方式等多个方面。研学旅行指导师只有深入了解研学旅行课程,才能为学生提供专业的指导和帮助,确保研学旅行的教育效果。

任务重点

(1)掌握研学旅行课程的内涵和分类。
(2)认识研学旅行课程的构成要素。

任务难点

从研学旅行开展的背景、基础教育课程改革的历程出发,深刻把握研学旅行课程的内涵。

任务实施

步骤一:了解研学旅行课程的内涵

一、研学旅行的开展背景

自20世纪末以来,中国的教育逐步向素质教育转型,更加注重学生的全面发展和综合素质的提升。研学旅行作为一种将课堂学习与社会实践相结合的教育形式,旨在培养学生的实践能力、创新精神和社会责任感,完全契合了素质教育的理念。伴随新一轮基础教育课程改革的推进,越来越多的学校开始尝试打破传统的封闭式教学模式,寻求开放式、体验式的教育方法。研学旅行作为一种实践性、体验性强的校外教育活动,被广泛接纳和推广,成为课堂教学的有益延伸和补充。

教育部等部门相继出台相关政策,大力支持研学旅行的发展。2016年,教育部等11部门联合发布《关于推进中小学生研学旅行的意见》,该文件指出要将研学旅行纳入中小学教育教学计划,并对研学旅行工作的组织领导、经费保障、安全保障、督查评价、宣传引导等方面提出了明确要求,为研学旅行的长远发展奠定了坚实的政策基础。

教育改革越来越重视教育资源的整合与共享,更加关注学生的个性化发展和生涯规划。研学旅行利用地方文化、自然资源、科技创新基地等校外教育资源,搭建了校内

Note

外协同育人的平台,有效解决了学校内部教育资源局限性的问题。同时,研学旅行通过提供多样化的学习情境和实践平台,帮助学生发掘个人兴趣和特长,培养学生的职业意识和社会适应能力,为学生制定未来发展规划和健康发展奠定了基础。

总之,研学旅行在中国教育改革发展的大背景下,逐渐成为一种重要的教育形态和实践途径,它不仅是教育现代化和素质教育改革的必然产物,还是中国教育适应时代发展需求、培养创新型和实践型人才的重要手段。

二、研学旅行课程的性质与特点

《关于推进中小学生研学旅行的意见》中指出,要"开发一批育人效果突出的研学旅行活动课程",将研学旅行活动课程开发列为首要任务,作为统领整个研学旅行的基础。研学旅行活动课程作为一门全新的社会实践类课程,与学校传统课堂教学有着明显的区别,研学旅行活动课程是综合实践活动课程的重要组成部分,是学生的必修课程。

《关于推进中小学生研学旅行的意见》中指出,"中小学生研学旅行是由教育部门和学校有计划地组织安排,通过集体旅行、集中食宿方式开展的研究性学习和旅行体验相结合的校外教育活动"。这实际上对研学旅行课程的基本属性进行了明确界定,即研学旅行课程是一门校外教育活动课程,需要遵循校外教育活动课程构建的基本原则和要求。研学旅行课程的特点具体表现为以下几个方面。

(一)实践性

研学旅行课程强调学生的亲身体验和实践操作。与传统的课堂讲授不同,在研学旅行中,学生有机会走出教室,直接参与各种实际活动,如实地考察、实验操作、社会调查等。这种实践性能让学生更加直观地理解和掌握知识,同时培养学生的实践能力和创新精神。

(二)综合性

研学旅行课程往往融合了多个学科的知识,打破了传统学科之间的界限。学生在研学旅行中,可能需要同时运用历史、地理、科学等多个学科的知识来解决问题。这种综合性有助于培养学生的跨学科思维能力和综合素质。

(三)开放性

研学旅行课程在教学内容、教学方法和教学评价等方面都具有较大的开放性。教学内容并不局限于教材,而是可以根据学生的兴趣和需求进行选择和调整的。教学方法更加注重学生的主动参与和合作学习。同时,教学评价也更加多元化,注重过程评价和学生自评。

（四）情境性

研学旅行课程通常将学习置于特定的情境中,如历史文化遗址、自然风景区、科技馆等。研学旅行课程的情境性特点能让学生更加深入地理解和感受所学知识,同时激发他们的学习兴趣和动力。

（五）自主性

在研学旅行课程中,学生通常拥有更多的自主权和选择权。他们可以根据自己的兴趣和需求选择研究主题、设计活动方案、进行实践操作等。研学旅行课程的自主性特点有助于培养学生的自主学习能力和自我管理能力。

（六）社会性

研学旅行课程往往涉及社会性的互动与合作,如与当地居民交流、参观企业工厂等。这种社会性活动有助于培养学生的社会交往能力、团队协作能力和社会责任感。

总体来说,研学旅行课程因其具有实践性、综合性、开放性、情境性、自主性和社会性等鲜明特点而为培养学生的综合素质和创新能力提供了有力支持。

三、研学旅行课程的内涵

总体来看,研学旅行课程是一种以实践活动为核心,深度融合各学科知识,强调在真实情境中学习的教学模式。研学旅行鼓励学生走出教室,走进自然、社会等多种场景,通过亲身观察、实践操作、探索研究等方式,实现对知识的深度理解和灵活运用,同时也注重培养学生的创新思维、批判性思考能力、团队合作能力、解决问题的能力等多方面的能力和综合素质,从而实现知行合一、全面发展的教育目标。简而言之,研学旅行课程是集知识传授、能力培养、情感态度和价值观塑造于一体的体验式、探究式、生活化的新型教学形态。

步骤二:了解研学旅行课程的分类

一、研学旅行课程的作用与价值

研学旅行课程在全面提升学生综合素质、推动教育模式改革、实现教育公平等方面具有不可替代的作用与价值,具体体现为以下几个方面。

（一）有利于培养学生的实践操作能力

研学旅行课程强调在真实情境中学习和实践,学生可以通过实地考察、动手操作、项目研究等形式,提升实践能力,培养解决问题的能力。

（二）有利于培养学生的跨学科思维能力

研学旅行课程往往涉及多学科知识的交叉融合，有助于打破学科壁垒，培养学生的跨学科思维能力和提升学生的综合素质。

（三）有利于提升学生的创新能力

在研学过程中，学生面对的是复杂的现实问题，需要运用已有知识创造性地去发现、分析和解决问题，这对于培养学生的创新精神和创新能力具有重要意义。

（四）有利于培养学生良好的情感态度和价值观

研学旅行能让学生在参与过程中增进对自然、社会、文化的理解和尊重，培养良好的情感态度和价值观，如社会责任感、环保意识、团队协作精神等。

（五）有利于促进学生的身心健康

学生参与研学旅行活动，走出校园，走进社会、亲近自然，这有利于学生的身心健康，有助于培养其乐观积极的生活态度和适应社会的能力。

二、研学旅行课程分类的重要意义

（一）满足个性化需求

不同年龄段、不同学科背景、不同兴趣爱好的学生有不同的学习需求和发展目标。通过分类，研学旅行指导师可以设计出更具针对性的研学旅行课程，更加贴合每个学生的学习进度和兴趣特长，从而满足不同学生群体的个性化需求。

（二）优化资源配置

不同类型和层次的研学旅行课程需要不同的教育资源支持，如场地设施、师资力量、实践材料等。对课程进行分类有助于研学旅行指导师有效利用这些资源，减少资源浪费，提高研学活动的质量和效率。

（三）明确教育目标

每类研学旅行课程都有其特定的教育目标，如科学探索、历史文化传承、社会服务能力培养等。对课程进行分类可以使课程目标更加明确、课程内容更有针对性，进而确保能够切实有效地实现预期的教育目标。

（四）利于课程设计与评估

对研学旅行课程进行分类有助于研学旅行指导师更科学地设计课程内容和教学

方法,同时也有利于建立相应的课程评价体系,对课程实施效果进行准确、公正的评估。

(五)促进人才多元化发展

多样化的研学旅行课程能够培养学生多方面的能力和素养,包括但不限于实践操作能力、创新能力、团队协作能力、解决问题的能力以及社会责任感等,从而促进学生的全面发展和多元化成长。

三、研学旅行课程的类别

研学旅行课程可以从多个角度进行分类,这些分类标准有助于研学旅行指导师系统地理解和应用研学旅行课程。

(一)按照活动内容划分

按照活动内容,可将研学旅行课程分为历史文化类课程、自然生态类课程、科技创新类课程、社区服务类课程等。历史文化类课程主要通过游览历史遗址、博物馆等,让学生深入了解历史文化和人文精神;自然生态类课程则聚焦于户外自然环境,培养学生观察、探索和保护生态环境的能力;科技创新类课程借助科技馆、企业实验室等场所,培养学生的科学素养和创新能力;社区服务类课程则是通过志愿服务、社区实践活动,提升学生的社会责任感和公民素质。

(二)按照学科领域划分

按照学科领域,可将研学旅行课程分为跨学科综合实践课程、单学科深化实践课程等。跨学科综合实践课程如"地理＋生物"的生态环境研学,"历史＋艺术"的文化遗产研学等,着重培养学生的跨学科思维和解决复杂问题的能力;而单学科深化实践课程,如地质勘探实践、农业科普实践等,可带动学生主要针对某一学科领域进行深度实践探究。

(三)按照活动地点划分

按照活动地点,可将研学旅行课程分为本地研学旅行课程、国内远足课程、国际交流课程等。本地研学旅行课程依托本地文化、自然资源进行教学,便于实施和组织;国内远足课程则带领学生在全国范围内开展研学旅行活动,拓宽学生的视野,增进学生的民族认同感;国际交流课程则在全球范围内开展研学旅行活动,培养学生的国际理解能力和跨文化交流能力。

(四)按照活动性质划分

按照活动性质,可将研学旅行课程分为观察性研学、体验性研学、探究性研学、实践性研学四大类。这种分类方式强调研学旅行活动本身的形式和特点,旨在通过不同类型的活动培养学生多方面的能力。

（五）按照实施方式划分

按照实施方式,可将研学旅行课程分为教师主导型课程、学生自主型课程和教师-学生互动型课程。这种分类标准强调了研学旅行活动中参与主体的不同角色和互动方式,每种互动方式在学生的能力培养方面有着不同的侧重点。

（六）按照教学目标划分

以布鲁姆教学目标分类法为理论基础,我们可以将研学旅行课程分为认知型课程、情感型课程、技能型课程、实践型课程、思维型课程和审美型课程等。

1. 认知型课程

认知型课程关注知识的传授,强调对知识的理解,侧重于帮助学生掌握获取新信息的方法以及理解事物背后的原因或逻辑。教学内容涉及历史背景、科学原理、经济发展等方面,旨在提高学生的知识水平和理解能力。

2. 情感型课程

情感型课程旨在影响学生的情感、态度或价值观。通过参与相关活动,学生可以培养同情心,增强团队合作精神,提升自我价值感,树立正确的道德观念。例如,可以通过探访历史遗址来增强学生的国家认同感,或通过参与志愿服务活动来培养学生的社会责任感。

3. 技能型课程

技能型课程注重具体技能的学习和应用,如语言能力、艺术技巧或体育技能。技能型课程不仅教授技巧,还提供实际操作的机会,通过真实环境或模拟情境让学生练习并掌握所学技能。

4. 实践型课程

实践型课程着重通过应用学到的知识和技能来解决实际问题。这类课程通常包括项目学习、案例研究或实地调查,让学生在真实情境中运用他们的知识和技能,从而增强学习的实用性和有效性。

5. 思维型课程

思维型课程专注于发展学生的批判性思维、创造性思维和问题解决能力。通过讨论、辩论和思考重大问题或复杂案例,学生可以学习如何分析信息、进行创造性思考,做出合理判断和有效决策。以某高中组织开展的"刑事案件模拟审判"课程为例,该课程对真实的法庭审判过程进行了模拟,让学生分别扮演法官、检察官、辩护人、被告人等角色,增进了学生对法律系统和司法过程的理解,提高了学生的表达能力、辩论能力及批判性思维能力。

6. 审美型课程

审美型课程旨在培养学生对美的感知和欣赏能力。这类课程通常包括艺术、音乐、文学和戏剧等方面的元素,通过观赏、参与创作美的作品,提升学生的审美标准和艺术表达能力。

需要注意的是,在一次研学旅行中,可能会同时出现多种类型的课程。

步骤三:认识研学旅行课程的构成要素

一、课程目标

课程目标是研学旅行课程的核心,指明了学生通过课程学习后预期获得的成果。课程目标应具备以下特点。

（一）明确性

课程目标应清晰明确,能够具体描述学生应掌握的知识、技能等。

（二）可衡量性

课程目标应具有可衡量性,以便评估学生的学习成果。

（三）相关性

课程目标应与学生的学习需求、兴趣和社会需求密切相关。

研学旅行指导师在设定课程目标时,应综合考虑学生的认知水平、年龄特点和兴趣爱好等方面。

二、课程内容

课程内容是研学旅行课程的主体,涵盖了学生需要学习的知识、技能和价值观等。课程内容应具备以下特点。

（一）系统性

课程内容应具有一定的系统性和逻辑性,使学生能够建立起完整的知识体系。

（二）实践性

课程内容应注重实践性和应用性,使学生能够在实际操作中学习并掌握知识。

（三）综合性

课程内容应体现跨学科的特点,整合不同学科的知识和技能,以提升学生的综合素质。

在选择课程内容时,研学旅行指导师应充分考虑学生的学习需求和发展潜力,以及社会发展和行业需求的变化。

三、教学方法

教学方法是研学旅行课程实施的关键,它决定了教学的效果。教学方法应具备以下特点。

（一）多样性

教学方法应体现多样性,包含讲授、讨论、实验等多种形式,以满足不同学生的学习需求。

（二）互动性

教学方法应注重师生之间的互动和交流,以激发学生的学习兴趣和积极性。

（三）创新性

教学方法应具有一定的创新性,能够激发学生的创新思维。

研学旅行指导师应根据课程目标、课程内容和学生特点,灵活运用不同的教学方法,以有效提升教学效果。

四、评估与反馈

评估与反馈是研学旅行课程的重要组成部分,主要评估学习成果和教学效果,以及研学旅行课程的科学性、合理性等。评价方法应具备以下特点。

（一）多样性

评价方法应体现多样性,包含测验、作业、报告等多种形式,以全面评估学生的学习成果。

（二）公正性

评价方法应公正、客观,确保评价结果的准确性和可信度。

（三）反馈性

评价方法应能够提供及时的反馈和指导,帮助学生了解自己的学习情况、明确改进方向。

在对学生进行评价时,研学旅行指导师应坚持多元评价和形成性评价的理念,以促进学生的全面发展为目标。

五、教学资源

教学资源是研学旅行课程顺利实施的重要保障,它包括研学方案、学生研学手册、活动指导手册等文本材料,还包括教学设备、研学实践教育基(营)地等设施设备和场地。在准备教学资源时,研学旅行指导师应注意以下几点。

(一)针对性

教学资源应与课程目标和内容相对应,确保能够满足学生的学习需求。

(二)丰富性

教学资源应丰富多样,包含不同形式的教材和教学设备,以满足不同学生的学习需求。

(三)安全性

研学旅行指导师在准备研学实践教育基(营)地等教学资源时,应确保学生的安全和健康。

实训安排

研学旅行课程开发现状调研实训任务书

任务名称	研学旅行课程开发现状调研实训	学时	2
任务说明	设计调查问卷,以小组为单位开展调研活动,每组至少调研5个研学实践教育基(营)地,了解基(营)地研学旅行课程设计的现状(包括课程主题、设计者、课程类别、课程内容、课程实施情况等方面)。随后,对收集到的数据进行分析,形成调研报告,以PPT的形式进行课堂汇报		
实训方式	模拟实训,以6—8人为一组,分组进行练习		
实训目标	各组能够客观理性进行调研,并分析调研结果		
空间要求	无限制		
物品要求	多媒体设备、调研工具等		

研学旅行课程开发现状调研实训记录单

任务名称		学时	
小组成员			
任务分析			
实训流程			
评价要点			
分数			
总结与建议			

任务二　做好授课准备工作

任务导入

本任务主要围绕做好授课准备工作进行讲述,探索课程设计的有效方法,这涵盖了多个方面:首先,应熟悉课程方案的内容,明确课程目标;其次,应对课程方案进行细化,确保每个环节都具体可行;再者,应做好充分的物资准备工作,以满足教学需求;最后,进行实地考察与对接,确保理论与实践的紧密结合。

任务解析

研学旅行指导师的授课准备工作非常重要,可以从细化课程方案,进行物资准备、心理准备、形象准备,落实安全与保险措施,以及进行实地考察等方面着手。研学旅行指导师在进行授课准备时,需要充分考虑课程目标、学生特点、研学旅行目的地等多方面的因素,制订详细的教学计划和安全措施。

任务重点

掌握授课准备工作的内容,能够按照要求做好各项准备工作。

任务难点

能够根据各环节的重点任务,有的放矢地开展授课准备工作,为后续的课程实施奠定基础。

任务实施

步骤一:熟悉课程方案的内容

研学旅行指导师在上岗前的准备工作极为重要,是研学旅行活动安全、有序、有效进行的保障。熟悉课程方案的内容是授课准备工作中非常关键的一步,它直接影响到后续课程的实施效果。

一、整体浏览课程方案

查看课程方案封面,了解课程方案的名称、适用年级、实施地点等基本信息;翻阅目录,大致了解课程方案的结构和各个部分的内容概要;快速阅读全文,对课程方案形成整体的认识,在阅读的过程中,标记出课程方案中的重点部分和需要深入研究的内容。

二、深入研究关键要素

(一)分析课程目标

仔细研读课程目标,理解其对于知识与技能、过程与方法、情感态度与价值观三个维度的要求,思考如何将这些目标融入研学旅行的各个环节。

(二)梳理课程内容

仔细阅读课程内容部分,了解每个主题或模块的具体内容和要求,分析各部分课程内容之间的逻辑关系和内在联系。

(三)审查教学方法与活动设计

审查课程方案中提出的教学方法与活动设计,评估其是否与学生的年龄特点和认知水平相适应,思考如何根据实际情况对活动进行必要的调整或优化。

(四)确定评价与反馈机制

了解课程方案中的评价方式和标准,明确如何对学生的表现进行评价和反馈;思考如何在研学旅行过程中动态地收集学生的表现信息,以便及时调整教学策略。

三、关注细节与实际操作

(一)时间安排与节奏把控

查看课程方案中的时间安排表,了解每个活动的时间分配和整体安排,思考如何在实际操作中合理控制时间,确保活动顺利进行。

(二)资源准备与专业支持

核查课程方案中所需的资源清单,包括场地、器材、资料等,确保这些资源充足;了解课程方案中是否安排有专业的教师或行业专家提供支持,以及与他们进行沟通、合作的技巧。

(三)安全管理与应急预案

仔细阅读课程方案中的安全管理措施和应急预案,确保学生的安全得到充分保障;熟悉应急情况下的处理流程和联系方式,以便在需要时能够迅速做出反应。

通过以上步骤和方法,研学旅行指导师可以全面而深入地掌握课程方案的内容,为后续研学旅行的顺利开展奠定坚实的基础。同时,这也有助于研学旅行指导师更好地发挥自身作用,带领学生获得既丰富又有意义的研学体验。

步骤二:细化课程方案

研学旅行指导师应详细阅读并理解课程方案,分析课程目标、主题内容、活动流程、时间节点等关键信息;将课程方案分解成每一天或每个环节的具体活动计划,包括学习目标、教学方法、活动形式、互动环节等内容,并针对每个环节设计相应的教案或指引手册;预设可能遇到的问题或挑战,制定应急预案,包括天气突变、交通延误、学生意外状况等情况的应对策略。

一、全面解读总体课程方案

研学旅行指导师需要通读并深入理解总体课程方案,明确课程目标、课程主题、学习阶段、教学内容、预期成果以及课程的教育理念和原则。

二、细分课程阶段与活动

研学旅行指导师应根据总体课程方案,将整个研学旅行活动细分成各个阶段,如准备阶段、启程阶段、实地研学阶段、返程阶段和总结阶段等,并在每个阶段下,详细列明每一天或每个环节的具体活动内容,如互动游戏、主题讲座、小组讨论等。

三、设定学习目标与评估指标

对于每一个细分活动,研学旅行指导师都需要设定明确的学习目标与评估指标,确保活动总体方向与课程总体目标相一致。

四、设计活动流程与指导脚本

研学旅行指导师需要设计详细的活动流程和指导脚本,包括活动的启动、进行、结束三个阶段的具体步骤,以及特殊情况下的应对措施,以确保每位参与者(包括学生、随队教师和其他工作人员等)都清楚自己的角色及其职责。

五、整合资源

研学旅行指导师需要根据活动内容整合相关的教育资源,如教材、参考资料、多媒体素材、实验工具等。同时,研学旅行指导师需要对接活动涉及的外部资源,如合作单位、讲解员、导游员等,确保资源到位。

六、考虑安全性与舒适性

在细化课程方案时,研学旅行指导师应将学生的安全问题放在首位,包括交通安全、食宿安全、活动场地安全等,制定详尽的安全应急预案。同时,研学旅行指导师应关注活动舒适性,如衣物准备、休息时段安排等,确保学生在安全、舒适的环境中学习。

七、构建评价体系与反馈机制

研学旅行指导师需要构建一个融合过程评价与结果评价的综合评价体系,设计用于记录学生参与全过程的表格,制定学生学习成果的评价标准,以确保在研学旅行的每一个阶段都能给予学生及时、有效的反馈与指导。

八、沟通与调整

在细化课程方案的过程中,研学旅行指导师需要与学校领导、同事、家长以及合作伙伴充分沟通,听取多方意见,对课程方案进行适当的调整和完善,确保课程方案既符合课程目标,又能满足各方需求。

步骤三:物资准备

研学旅行指导师在上岗前进行物资准备是非常关键的一环,是研学旅行活动顺利进行的保障。研学旅行指导师应根据课程内容,列出详细的物资清单,包括教学工具、学生用品、安全防护设备、急救包、日常必备品等,并确保所有物资数量充足、质量可靠。研学旅行指导师应提前检查并打包好所有物资,确保出行当天可以快速完成装载工作。

一、教学与活动物资

研学旅行指导师应依据课程方案,列出所需的教学资料、活动道具、实验器材、记录工具等,如笔记本、地图、望远镜、测量工具、相机等,并确保数量充足;准备学生手册、课程指南、学习资料、安全手册等书面材料,以便学生在旅途中查阅。此外,如果课程中有特定的实践环节,如科学实验、手工艺制作等,研学旅行指导师须提前准备相关材料。

二、急救用品与安全设备

研学旅行指导师应根据活动规模和性质,准备充足的急救包,包含常用药品(如止痛药、碘伏等),以及绷带、冰袋等急救用品;配备必要的安全设备,如救生圈、防滑鞋、安全帽等,确保在户外活动时有足够的安全防护;学习并熟悉基本的急救技能,确保在紧急情况下能够迅速且正确地应对。

三、通信与导航工具

研学旅行指导师应确保手机、无线电对讲机等通信设备电量充足、信号良好,必要时携带备用电源;使用GPS设备或手机地图软件下载研学旅行目的地及相关区域的地图,确保在网络不稳定的情况下仍能进行导航;建立有效的联络机制,确保在发生紧急情况时可以迅速联系到相关人员。

四、生活用品

研学旅行指导师应根据行程安排,准备必要的生活用品,如雨具、防晒霜、保暖衣物、水壶等;核实住宿和餐饮安排,如有需要,可自备一些方便携带的食物和饮用水;备齐大巴车票、火车票、机票等相关交通凭证。

五、合同与保险文件

研学旅行指导师应确保所有的合作协议、保险文件、学生授权书等材料齐全,装订整齐,并随身携带副本。

六、防护装备与环保物品

研学旅行指导师应根据研学旅行目的地的气候、地理特点,准备合适的防护装备,如防虫剂、防晒霜、遮阳帽等;遵守环保原则,准备充足的垃圾袋,教导学生在活动中注意环境保护、随身带走所产生的垃圾。

通过细致的物资准备,研学旅行指导师可以在实际操作过程中从容不迫,确保研学旅行活动安全、有序、有效地进行。同时,研学旅行指导师也需要不断检查和更新物资清单,以适应新的需求变化。

步骤四:实地考察与对接

对于不熟悉的基(营)地,研学旅行指导师应提前进行实地考察,了解当地的地形、气候、交通、住宿、饮食、安全设施等方面的情况,确保活动地点适宜开展研学旅行活动。

一、前期信息收集

研学旅行指导师可以通过互联网查询、电话咨询以及查阅官方资料等方式,全面了解基(营)地的基本信息,包括基(营)地的功能定位、主要资源、设施设备情况、地理位置、交通状况、接待能力、过往举办的活动案例等,在此过程中,应特别关注基(营)地的安全资质是否合格、环境卫生是否达标、消防安全措施是否到位,以及是否具备针对研学旅行活动的安全保障措施。

二、实地考察

研学旅行指导师应依据研学旅行课程的需求和目标,确定考察的重点内容,如课程对应的教育资源、实践设施、自然景观、人文环境等;安排实地考察的时间表,尽可能涵盖基(营)地的所有重要区域和设施,确保全面了解基(营)地的实际情况。

到达基(营)地后,研学旅行指导师需要详细了解基(营)地的基础设施,如住宿条件、餐饮设施、急救设施等,确保能满足学生的基本生活需求;观察并评估基(营)地内与研学旅行活动相关的教育资源,如展品、标本、演示设备、实验场所等,能否与课程内容紧密结合;与基(营)地的相关工作人员沟通,询问关于基(营)地运营、安全管理、应急预案等方面的细节,了解基(营)地在研学活动组织和实施方面的经验及配合程度。

三、安全评估

研学旅行指导师需要仔细检查基(营)地的安全设施设备,如消防通道、安全出口、警示标志等,确保符合相关规定;了解基(营)地的安全管理制度,如是否定期进行安全演练,是否有专职安全员,是否有针对学生安全教育的方案等。

四、活动可行性论证

研学旅行指导师需要依据实地考察的结果,评估基(营)地能否满足研学旅行课程的教育目标和实践需求,是否有助于提升学生的技能和综合素质;结合基(营)地特点,构思并初步设计研学旅行活动的具体方案,包括活动流程、互动环节、学习目标等。

五、反馈与协商

研学旅行指导师需要将考察结果和初步的活动设计方案反馈给相关部门,与相关部门共同讨论并优化研学旅行活动的具体安排。同时,研学旅行指导师应与基(营)地协商合作细节,包括费用、服务承诺等方面,确保双方权益得到保障。此外,研学旅行指导师还应做好充分的心理准备,包括明确角色认知、有效调控情绪等,在个人形象方面,要注意着装得体,同时,要确保个人知识储备充足,注重提升安全管理知识储备与能力。此部分内容已在项目二至项目四中详细阐述,此处不再赘述。

实训安排

研学实践教育基(营)地现场考察实训任务书

任务名称	研学实践教育基(营)地现场考察实训	学时	2
任务说明	就近选择一个实训基(营)地,或以校园为考察对象,具体考察软硬件设施、课程建设、师资力量等方面,并进行讨论分析,撰写考察报告,为研学旅行活动的实施提出意见和建议		
实训方式	模拟实训,以6—8人为一组,分组进行练习		
实训目标	各组能够客观理性地进行调查,并分析调查结果		

续表

任务名称	研学实践教育基(营)地现场考察实训	学时	2
空间要求	无限制		
物品要求	多媒体设备、调查工具等		

研学实践教育基(营)地考察实训记录单

任务名称		学时	
小组成员			
任务分析			
实训流程			
评价要点			
分数			
总结与建议			

任务三　行前课的教学实施

任务导入

　　行前课作为研学旅行活动重要的开篇,不仅为学生夯实了知识基础,还激发了他们对未知世界的探索欲望。行前课不仅有助于学生做好知识和能力上的准备,还能帮助他们在心理上和行动上做好充分准备,为研学旅行活动安全顺利进行及收获良好教育效果提供了保障。

　　作为一名研学旅行指导师,你应该如何做好行前课的组织与实施呢?

任务解析

　　行前课能够帮学生端正研学旅行中的学习态度,深入理解研学旅行的价值和意义,从而做好思想上的准备。通过行前课,学生可以对所要学习的课程形成基本的了解,对相关知识内容和文化背景形成总体的认知。行前课可以使学生初步熟悉课题研究的基本规范,掌握科学研究的常用方法,并了解研究报告的基本内容和规范结构。行前课着重于让学生掌握各类安全旅行和户外活动相关知识,了解出行前应该做好的准备工作,为研学旅行的顺利进行提供了保障。行前课应采用由浅入深、循序渐进的教学方法,帮助学生逐步适应研学旅行的学习模式。

任务重点

明确行前课的内容,并做好充分的课前准备。

任务难点

掌握行前课的组织与指导方法,能够在有限的时间内将相关课程内容有效地传递给学生,确保学生在行前课中真正理解并掌握相关知识。

任务实施

步骤一:明确行前课的内容

研学旅行指导师应明确行前课的教学目标,确保学生了解研学旅行的意义、目的、基本要求以及所涉及的主要学科知识。行前课的内容应该全面、具体、实用,有助于学生做好充分的准备,从而为研学旅行顺利开展提供保障。

一、研学主题解读

研学主题包含了课程设计者对研学旅行目的地特色的挖掘,深入探究研学主题能够使学生深刻理解研学的目的和意义,有助于学生明确学习方向,提高学习效果,进而使学生从内心重视并期待研学旅行。

二、目的地介绍

研学旅行指导师应对研学旅行目的地进行详细介绍,包括地理位置、历史背景、文化特色、主要景点等方面。同时,研学旅行指导师应提醒学生注意研学旅行目的地的天气、交通、安全等方面的情况,做好相应的准备。

三、行程介绍

研学旅行指导师应依据研学方案和学生研学手册,为师生详细介绍研学旅行的行程安排,包括出发时间、交通方式、住宿安排等方面。研学旅行指导师应重点介绍第一天的集合时间和地点,最后一天的返校时间等重要的时间节点,以及行程中停留1小时以上的地点,引导学生合理安排自己的学习内容。另外,对于衣、食、住、行四个方面的内容的介绍必不可少,研学旅行指导师可以选择其中的重点进行强调。研学旅行指导师应引导学生用好研学手册中的信息表,如分餐表、分车信息表、住宿地点信息表等。

四、安全教育和培训

研学旅行指导师应对学生进行必要的安全教育和培训,包括交通安全、活动安全、食品安全等方面,让学生充分了解安全知识,掌握安全技能,提高自我保护能力。研学旅行指导师还可以在行前课的最后环节邀请学校领导进行讲话,为学生重点强调安全管理措施的具体落实工作。

引导家长加强对安全教育的重视是非常重要的,因此,研学旅行指导师应通过告家长书等形式告知家长出行的基本情况。

五、研学方法和技巧指导

研学旅行指导师应向学生介绍研学的方法和技巧,包括进行有效观察的方法和技巧、进行有效访谈的方法和技巧、整理和分析资料的方法和技巧等,这有助于学生更好地进行研学活动,提升研学效果。

步骤二:做好课前准备

一、明确授课人员及其分工

研学旅行指导师需要在研学团队出发前完成行前课的实施,这可以通过组织一次全体研学学生及其家长参与的大会来实现,也可以选择由各班级自行组织班会。行前课的授课工作可以由学校研学旅行指导师或旅行社研学旅行指导师单独完成,也可以根据需要由两方或三方研学旅行指导师配合完成,因此,在课程实施前,应明确授课人员及其分工。

若是由多方共同完成,为了确保行前课的有效实施,并最大限度发挥各指导师的专长,学校研学旅行指导师、旅行社研学旅行指导师和研学实践教育基(营)地指导师可以按以下方式进行分工和密切配合。

学校研学旅行指导师负责策划并引导团建活动,旨在提升团队协作精神、加强彼此之间的信任与合作;教授有效的研学技巧和方法,如观察记录、资料收集、情境分析等方面的技能,确保学生能够在研学旅行中进行有效学习。

旅行社研学旅行指导师负责详细介绍整个研学旅行的日程安排,包括出发时间、交通工具、住宿等方面的安排;解答学生和家长关于行程的具体疑问;提供具体的安全指南,包括研学旅行中可能遇到的风险及其防范措施、紧急情况下的应对策略及紧急联系方式等。

研学实践教育基(营)地指导师负责介绍研学旅行目的地的背景信息,包括但不限于地理位置、文化特色、历史意义等方面,可以通过多媒体材料如视频、图片等来增强学生对信息的兴趣,帮助学生理解。

二、做好沟通工作

研学旅行指导师应提前与学校确定演讲场地,以及学生的就座规则等;检查演讲的多媒体设备能否满足授课的需要,具体检查音视频的接口、操作系统等方面,如有问题应尽早协调。

三、提前抵达现场

研学旅行指导师应提前抵达授课现场,这是避免授课慌乱的有效举措,还能体现对校方师生的尊重。提前抵达不仅可以使研学旅行指导师有充足的时间调试设备,还有助于研学旅行指导师更好地适应环境并厘清工作思路。抵达现场后,研学旅行指导师应与学校工作人员进行有效沟通、拷贝文件、连接电脑设备、重新演示一遍演示文稿,若包含视频内容,也须进行播放测试,避免因为更换操作系统或文件链接的物理地址而使得视频播放不畅或无法播放,从而影响演讲效果;与学校工作人员再次确认上课流程、各环节的时间安排,明确对方需配合的重点讲解内容,确认学生研学手册、行李牌等物品的发放工作得到了妥善安排。

步骤三:开展教学工作

一、介绍研学旅行目的地

(一)内容全面

研学旅行指导师在介绍研学旅行目的地时,应清晰阐述目的地的地理位置、前往目的地所采用的交通方式及整个旅程所需要花费的时间;介绍目的地的发展历史,包括著名的历史事件或人物,可以适当提及当地的传统节日以及风俗习惯等。如有必要,研学旅行指导师还可以介绍目的地在科学或教育领域的重要性,如其生物多样性、地质特性等;介绍目的地当前面临的主要社会、经济、环境方面的问题等;讲解访问目的地时应遵守的行为规范,包括文化礼仪和环境保护方面的要求。

(二)强化互动

研学旅行指导师应该将目的地的相关资源与学生当前学段的学科课程内容相关联,如与历史课、生物课、地理课等的内容进行关联。

在教学中,研学旅行指导师可以利用多媒体工具,让目的地介绍更为生动,同时,可以设定一定的问题让学生思考,或在介绍过程中穿插开展小组讨论,提高学生的参与度,条件允许的话,还可以展示一些来自目的地的手工艺品等。

通过这种全面而系统的介绍方式,研学旅行指导师不仅能帮助学生增长知识,还能激发他们的学习兴趣和探索欲,从而提升整个研学旅行的教育价值和学生的体验感。同时,这样的介绍可以提高学生的期待,有助于学生为即将到来的旅程做好准备。

二、介绍研学行程

研学旅行指导师在介绍研学行程时需要准确、详细地传达信息,并确保学生能够充分理解。

(一)内容详尽

1. 提供完整的行程表

研学旅行指导师应为学生及其家长提供完整的行程表,包含出发日期、日程安排、餐饮和住宿详情等方面的信息,便于学生和家长了解行程的所有细节。研学旅行指导师应向学生强调每项活动开始和结束的时间,以及在各个研学点的停留时间。

2. 对每一个研学点进行详细介绍

研学旅行指导师应对每一个研学点进行深入介绍,包括研学点的历史背景、文化背景、科学价值等方面;详细说明计划在各个研学点开展的活动内容,如讲座、实地考察、互动游戏等;明确每个活动的教育目的和预期成果,以便学生理解这些活动的重要性和实际意义。

3. 介绍整个行程的安全措施

研学旅行指导师应向学生全面介绍整个行程中的安全措施,并讲解健康与安全方面的注意事项,确保学生了解并掌握在遇到紧急情况时的应对措施,如应急疏散路线、紧急联系方式等。

4. 阐述行程中期望学生遵守的行为规范

研学旅行指导师应向学生阐述行程中期望学生遵守的行为规范,包括着装要求、守时原则、尊重当地文化等方面,强调团队精神和协作的重要性,鼓励学生在行程中相互帮助、彼此支持。

(二)互动与反馈

研学旅行指导师可以利用幻灯片、视频、地图等来辅助介绍,使目的地介绍更加生动、直观,并留出一定的时间解答学生的相关疑问。此外,研学旅行指导师应鼓励学生积极反馈,以便调整和优化后续的行程安排。

三、开展安全教育

研学旅行指导师在出发前开展安全教育是非常必要的,这可有效预防和减少旅途中的安全事故。

（一）制订全面的安全指导计划

研学旅行指导师应根据具体的目的地和活动计划，识别可能存在的风险因素，并基于所识别出的风险，制定相应的安全策略和应急预案。

（二）讲解安全要求

研学旅行指导师应向学生强调安全的重要性，并详细讲解研学旅行中必须遵守的安全规则和行为准则，确保学生理解遵守安全规程的必要性。

（三）特定环境和活动的安全指导

研学旅行指导师应向学生强调乘坐公共交通工具及步行过马路时的安全注意事项；强调在酒店或营地内的安全规范；针对特定活动如徒步、游泳等，提供详尽的安全指导；讲解如何适应目的地的天气条件和环境特点，如做好防虫、防晒等防护措施。

（四）应急教育

研学旅行指导师应向学生提供紧急联系人的信息，如联系方式等，并指导学生如何在事故发生时保持冷静，按照预定计划迅速采取行动。此外，研学旅行指导师应向学生介绍处理突发疾病、轻伤等问题的方法。

四、指导研究课题开题

在研学旅行课程中，开展研究性学习是非常常见的，特别是针对高中阶段的学生。研究性学习是一种以科学研究为主的课题研究活动，其中，开题是一项较为复杂的工作，需要在行前课完成组织与实施，具体步骤包含以下几个方面。

（一）指导学生选题

帮助学生完成研究或项目的选题是一个至关重要的步骤，因为选题的适当与否会直接影响到学生的学习动力和研究成果。

1. 确定兴趣和优势

研学旅行指导师可以通过与学生进行一对一访谈或向学生发放调查问卷等形式，来了解学生的兴趣点和偏好；应对学生的技能和经验进行充分考量，选择能够发挥学生优势的课题。

2. 分析课程或项目要求

研学旅行指导师应确保学生清楚课程或项目的教学目标和期望成果；帮助学生选择符合课程要求和学术标准的课题。

3. 进行主题探索

研学旅行指导师应引导学生广泛查阅相关领域的资料，包括书籍、学术论文、报告等;通过小组讨论或头脑风暴,激发学生的思维,帮助学生发现相关研究领域的研究空白或现有研究存在的问题。

4. 评估课题

研学旅行指导师应引导学生从广泛的主题中细化出具体的研究问题,同时,综合考虑资源的可用性、时间限制和实现难度等方面,评估课题的可行性。

5. 验证课题

研学旅行指导师应鼓励学生进行初步的调查研究,以验证课题的可行性和研究价值,并指导学生调整和完善他们的研究方向。

6. 确定课题

研学旅行指导师应组织学生进行充分的讨论和评估,最终确认研究课题,并帮助学生制订详细的研究计划和时间表。

(二)指导学生完成开题报告

撰写开题报告是一个非常重要的环节,开题报告体现了学生对于整个研究项目的规划和思考,是课题研究的基础。

1. 讲解开题报告的基本内容

研学旅行指导师需要为学生详细讲解开题报告的标准结构,详细要求参见表5-1。

表5-1　开题报告的标准结构及相关说明

结构名称	说明
研究题目	应简洁明确,能够反映研究的核心内容
研究背景和意义	解释研究课题值得研究的理由,以及研究课题在学术研究或实践领域中的重要性
研究问题和目标	明确研究的主要问题和具体目标
文献回顾	对已有研究进行概述,指出其不足之处或研究空白
研究方法	描述将采用的方法和技术,包括数据收集和分析方法等
预期成果	预测研究可能获得的结果和影响
时间表	描述研究的时间安排、重要的时间节点等
参考文献	列出报告中引用的所有文献

2. 指导学生完成各部分内容的撰写工作

研学旅行指导师应根据研学方案的要求,指导学生根据兴趣和能力选择合适的研究课题;指导学生利用在线数据库、学术论文、官方报告、专业书籍等资源进行研究资料的收集和梳理工作;指导学生按照开题报告的结构撰写具体内容,强调逻辑性,确保论述时条理清晰、环环相扣、论证有力。

（三）指导学生完成开题答辩

指导学生参加开题答辩是研学旅行指导师的重要职责之一。研学旅行指导师可以从以下几方面指导学生完成开题答辩。

1. 明确答辩的目的和要求

研学旅行指导师应向学生介绍答辩的流程、时间安排、评审专家的组成等方面的内容,明确答辩的目的和要求。

2. 指导学生制作PPT

研学旅行指导师应指导学生确定PPT的内容,包括提出研究问题、进行文献综述、选择研究方法、制订研究计划等,内容应该重点突出、逻辑清晰,并能够充分展示学生的研究工作;指导学生设计PPT的版面,包括字体、颜色、布局等方面的内容,版面应该简洁、美观、大方;指导学生进行PPT演示,强调时间控制、语言表达等方面的内容,排练应该充分、严谨。

3. 指导学生进行答辩准备

答辩准备工作包括预测可能的问题及应答内容、答辩模拟等方面。研学旅行指导师应指导学生进行答辩技巧的训练,包括语言表达能力、逻辑思维能力、应变能力等方面的训练;进行答辩礼仪的训练,包括着装、仪态、礼仪等方面的训练;进行心理调适,包括放松训练、压力管理等方面。答辩准备工作可以帮助学生缓解紧张情绪,提高学生的心理素质。

4. 指导学生进行现场答辩

研学旅行指导师应指导学生进行自我介绍,包括姓名、专业、研究方向等方面的内容。自我介绍应该简明扼要,突出个人特点和优势。研学旅行指导师还应指导学生进行开题报告的陈述,陈述应该做到条理清晰、重点突出,并能够充分展示学生的研究工作。

5. 指导学生完成开题报告修改

研学旅行指导师应指导学生梳理和分析答辩反馈意见,并根据反馈意见对开题报告进行全面的修改和提升。

实训安排

开题报告论证会组织与实施实训任务书

任务名称	开题报告论证会组织与实施实训	学时	2
任务说明	根据研学旅行课程安排,召开开题报告论证会,模拟论证会的组织与实施		
实训方式	模拟实训,以6—8人为一组,分组进行练习		
实训目标	(1)了解开题报告论证会的目的和要求。 (2)能够进行有效的开题报告陈述和答辩。 (3)能够根据专家的反馈意见对开题报告进行修改和完善		
空间要求	教室或实训室		
物品要求	多媒体设备、开题报告模板、答辩评分表、摄像机或手机		

开题报告论证会组织与实施实训记录单

任务名称		学时	
小组成员			
任务分析			
实训流程			
评价要点			
分数			
总结与建议			

任务四　行中课的教学实施

任务导入

　　本任务将深入探讨研学旅行中有效实施认知型、情感型、实践型、技能型、思维型和审美型六种不同类型的课程的方法,具体从各种类型课程的基本理论出发,结合实际案例分析,探讨在研学旅行中整合和运用相关教学资源的方法。研学旅行课程教学实施可能由学校研学旅行指导师、旅行社研学旅行指导师、研学实践教育基(营)地指导师等多方配合完成,也可能由他们中的一方独立完成,本任务将不再对课程的实施者进行区分,重点阐述不同类型课程教学的实施过程和方法运用。

任务解析

本任务的学习有助于研学旅行指导师掌握不同类型课程的教学方法,并学会结合研学旅行的特点,为研学团队营造一个多元化和互动性强的学习环境。

任务重点

掌握认知型课程、情感型课程、实践型课程、技能型课程、思维型课程、审美型课程六种课程的指导方法和实施步骤,能够有效组织与指导各类课程的开展。

任务难点

能够结合各种课程设计模型和教学活动范式,提升研学效果。

任务实施

借鉴布鲁姆教学目标分类法,我们将研学旅行课程划分为认知型、情感型、实践型、技能型、思维型和审美型六种类型。不同类型的课程的学习目标和教学重点不同,其教学实施的策略和方法也有所区别。本任务将重点阐述如何有效地实施这六种类型的课程,并对每种类型课程的具体实施方法与要求进行详尽的讲解。

步骤一:做好认知型课程的教学实施

认知型课程主要关注知识的传递和理解,目标是加强学生对于特定学科领域的认知能力。在研学旅行中,这种课程形式可以有效地将理论知识与实地观察相结合,从而提升学生的学习效果。参观历史博物馆是典型的认知型研学活动,提供了丰富的资源,有助于加深学生对历史、科学、艺术等领域的理解。认知型课程的实施方式灵活多样,如集体参观、分组活动、现场讨论、趣味问答、角色扮演等。下文将以参观历史博物馆为例,阐述认知型课程的实施过程。

一、参观讲解

参观讲解是认知型课程极为常用的实施方式,在博物馆研学过程中,研学旅行指导师会根据研学旅行课程的需要,有针对性地为学生讲解相关知识。研学旅行指导师在讲解时应考虑学生的学龄段特点和理解能力,生动描述历史故事及相关情节,激发学生兴趣,吸引他们进行深入探究。在导览过程中,研学旅行指导师不仅是信息的传递者,还是学生的引导者和启发者。在学生观察展品时,研学旅行指导师可以通过提问引导学生进行深入思考，如"这件展品展示了当时的哪些技术成就？它是如何影响当时人们的生活的？"

二、分组指导

在进入博物馆前，研学旅行指导师应根据展览的不同内容或主题，将学生分组，每个小组负责一个特定的主题或历史时期。例如，若是参观历史博物馆，可以按不同历史时期或历史事件划分小组。每个小组会接到一张任务卡片，卡片上面列出了他们需要探索的展品列表和相关问题，如"找到晚唐时期的艺术展品并讨论其象征意义"。

三、互动任务

为了提高学生的参与度，研学旅行指导师可以设计一系列的互动任务，例如：设置寻宝游戏，要求学生寻找特定的展品，并围绕这些展品回答问题或解决谜题；进行角色扮演，由学生扮演历史人物或历史故事中的角色；组织现场绘画或摄影，要求学生通过绘画或摄影来记录他们认为最重要的展品，这些作品后续可以用作展览回顾或讨论的基础。

四、现场答疑

在学生探索展品时，研学旅行指导师应随时准备好解答学生的疑问，并引导学生理解展品背后的深层内涵。研学旅行指导师可以提前准备一些较为深入的问题，以便在学生提出相应的问题时，及时开展深入讨论。

五、现场互动讨论

在参观过程中的某个节点，研学旅行指导师可以组织一个快速的现场讨论环节，让学生分享他们的发现和见解，通过小组交流促进知识的进一步整合。

六、回顾与总结

在参观结束时，研学旅行指导师可以组织全体学生在博物馆的多功能厅进行回顾与总结，将学生进行分组，每个小组可以简短地展示他们的发现和学习成果，最后由研学旅行指导师进行知识点补充和概括。

通过灵活多样的现场教学，研学旅行指导师将博物馆参观转化为一次深入的学习体验，使学生不仅能够获得知识，还能够通过互动和讨论深化理解，这充分展现了认知型研学的教学价值。

步骤二：做好情感型课程的教学实施

情感型课程侧重于利用实际体验来激发学生的情感共鸣，旨在帮助学生深化对个人情感及人际关系的理解和提高处理人际关系的能力，进而提高学生的情商。这类课程常围绕道德、伦理方面的课题展开，能够增进学生对社会价值和个人责任的认知，通过将学生置身于多元的社会和文化情境中，培养学生的同理心和社会责任感，引导学生理解并尊重不同的生活方式和观点。此外，情感型课程通过组织学生参加服务型学习活动，增强学生的责任感和公民意识；通过鼓励学生反思个人感受和成长历程，促进学生的个人成长和自我反省，最终助力学生形成成熟、健全的人格。

下文以组织学生赴侵华日军南京大屠杀遇难同胞纪念馆研学为例，阐述情感型课程的实施策略。

一、课前准备

在参观之前，研学旅行指导师要对学生进行历史背景的介绍，包括南京大屠杀的历史事实，发生的时间、原因及其对中国和世界历史的影响。由于话题的敏感性和沉重性，研学旅行指导师要事先引导学生进行情感准备，讨论这次经历可能带来的情感反应，并教授一些基本的情绪管理技巧。同时，研学旅行指导师还应向学生强调此次研学旅行的目的，即学习历史、铭记历史、增强维护和平与人权的意识。

二、课程实施

（一）参观前的具体指导

在进入纪念馆之前，研学旅行指导师需要对学生进行更具体的指导，主要包括再次提醒学生参观可能带来的情感冲击，教导他们应保持庄重的态度；根据研学手册内容，指导学生厘清关注点，如关注历史遗留的证据、听取幸存者的故事、思考这段历史对现代社会发展的意义等。同时，在进入纪念馆前，研学旅行指导师应再次对学生强调行为规范，确保学生在参观过程中保持安静、不触摸展品等。

（二）组织有序参观

研学旅行指导师应根据学生的人数和特点，将学生分为多个小组，并为每个小组分配一位带队教师。同时，研学旅行指导师应与纪念馆协调入馆时间，尽量避开人流高峰，以确保学生在参观时较少受到其他游客的干扰。此外，研学旅行指导师应提前预约专业讲解员，并与讲解员详细沟通讲解路线及讲解重点，可以预设几个关键展区进行重点讲解和讨论，让学生可以在这些重要研学点有条不紊地进行深入学习。在参观过程中,研学旅行指导师或讲解员应鼓励学生积极提问,并及时为学生解答或引导学生进一步思考。

(三)多种方式激发情感

实施情感型课程的难点在于激发学生情感,并引起学生的共鸣,促使学生进行深入的思考。在参观侵华日军南京大屠杀遇难同胞纪念馆时,研学旅行指导师可以通过多种方式有效地引导学生产生情感共鸣,激发学生的深层情感。

研学旅行指导师可以利用展览中的个人故事和见证品(如日记、信件、照片等),将抽象的数字转化为具体的人生叙事。这些故事能够直接触动学生的情感,使他们能够以更人性化的视角理解历史。条件允许的话,研学旅行指导师可以组织幸存者或其家属来讲述他们的亲身经历或从家庭传承中得来的故事,这种直接的、个人的叙述方式更能触动人心,促使学生在情感上形成更深的共鸣。

在参观过程中,研学旅行指导师或讲解员可以引导学生思考一些深刻的问题,这些问题可以帮助学生在参观中保持积极思考,从而更深刻地体会和理解展览的内容。代表性的问题如:"我们从这些展览中可以学到什么?""这段历史对今天的我们有何启示?"

研学旅行指导师可以设计一些让学生参与的活动,如为受害者写一封信、为受害者点蜡烛等以示哀悼,这些活动可以让学生更直接地表达情感,获得更为深刻的感触。

在参观结束后,研学旅行指导师应组织学生进行反思和讨论,鼓励他们分享个人的情感体验以及从中吸取的教训。这一环节不仅可以帮助学生更好地消化参观过程中获得的情感体验,还可以使学生通过交流增进彼此间的理解与情感共鸣。

通过这些策略,研学旅行指导师可以帮助学生在参观侵华日军南京大屠杀遇难同胞纪念馆的过程中,学习到相关历史知识,并在情感上有所触动,从而深刻理解这段历史的意义及其对当今社会发展的启示。通过恰当的引导,这些情感还可以转化成促进学生为和平与人权事业做出贡献的强大驱动力。

步骤三:做好实践型课程的教学实施

实践型课程将课堂理论学习与实地操作紧密结合,强调在真实或模拟的情境中的学习体验。此类课程不仅可以加深学生对理论知识的理解,还能通过解决现场问题来培养他们的决策能力和应急能力等。学生在项目策划、课题研究的过程中,通过寻找资源、与他人合作,提高自主学习能力和团队协作能力。志愿活动和社会服务也属于此类课程,这些活动能让学生接触社会现实问题,通过实际行动为社会做出贡献,从而培养社会责任感和伦理道德观。实践型活动通常更加生动有趣,能够激发学生对某个领域的兴趣,提升他们的参与度和投入感。这类课程往往涉及多个学科如历史、科学等的知识和技能,跨学科学习可以拓宽学生的视野,促进学生对于不同学科间的知识的整合和应用。总的来说,实践型课程通过融合课堂学习和实际操作,为学生提供了一种全面的、动态的和互动的学习方式,有助于学生深入理解学科知识,对于学生的综合素养的提升和未来的发展具有深远影响。

某所高中计划开展一个为期两周的实践型研学项目,旨在让学生深入了解和研究当地的湿地生态系统。该项目将课堂学习与外出实地考察相结合,让学生亲自观察、收集数据并分析当地的湿地生态系统的健康状况。下文以此次研学旅行活动为例,阐述实践型课程的实施流程和教学策略。

一、课前准备

(一)理论学习

在行前课阶段,研学旅行指导师应对湿地生态系统的基础知识进行讲解,包括湿地的类型、功能,以及生物多样性等。

(二)技能培训

研学旅行指导师应教授学生采集水样本、观察动植物和记录数据的方法。

(三)分组与任务分配

研学旅行指导师应将学生分组,安排每个小组负责收集特定生物(如特定鸟类、水生植物等)的信息;明确每个小组成员的具体职责,如数据记录、样本采集、摄影等,以确保考察过程的高效和有序。

(四)物资准备

研学旅行指导师应为每个小组配备必要的研究工具,如显微镜、测试剂盒(用于水质测定)、记录本、相机、GPS设备等。

(五)安全教育与培训

研学旅行指导师应对学生进行安全讲解,包括处理野外可能遇到的紧急情况的方法,以及基本的急救知识;检查学生的装备,确认通信设备功能正常。

二、实地考察

(一)观察与收集

首先,对该湿地区域进行总体观察,记录基础信息,如地形地貌特征、初步可见的生物种类等。随后,测量并记录环境参数,如气温、湿度、光照强度以及风速等;使用标准方法对植物、昆虫、鸟类及其他动物进行定量和定性调查,提取并记录特定生物的位置、数量、行为模式等信息;收集水样,并利用携带的测试剂盒进行现场水质测试,测定

pH值、溶解氧含量、浑浊度等;在不同位置采集土壤样本,用以分析土壤的湿度和有机物含量等。

（二）实时记录与反馈

实时记录所有信息和数据,并用相机记录重要观察对象和现象。小组成员在野外调查期间需定期聚集,交换观察和数据采集的初步结果,必要时调整研究策略和方法。在结束实地考察前,研学旅行指导师应组织全体学生开展一个简短的会议,讨论发现的问题、亮点及需要改进的地方。在讨论期间,研学旅行指导师应提供及时反馈,表扬表现突出的小组和个人,指出整体或个别需要改进的地方。

三、数据整理与分析

返校后,研学旅行指导师应组织学生整理在实地考察中收集的数据,并进行初步分析,随后,组织研讨会,让每个小组展示其研究成果和初步发现,通过讨论促进彼此间的交流和思想碰撞。

四、项目报告与展示

研学旅行指导师应安排学生分组整理数据和撰写详尽的研究报告,具体记录观察发现、数据分析结果及相应的推论。此外,研学旅行指导师还可以组织一场公开展示活动,邀请其他班级的学生及其家长前来参观,在活动中,每个小组将展示其研究成果,并解答观众的提问。

五、反思与评价

在项目结束后,研学旅行指导师应指导学生撰写个人反思,具体回顾整个研学经历,详细描述所学到的知识、技能以及个人成长方面的收获,同时,研学旅行指导师应对学生的研学表现进行评价,并提供一定的反馈。

通过实地考察,学生不仅能够更加系统、科学地学习湿地生态系统的相关知识,还能学会在实际环境中进行科学研究的方法,从而提高实际操作能力和科学素养。同时,实地考察能为学生的学术探索和职业生涯积累宝贵的经验。

步骤四:做好技能型课程的教学实施

技能型课程注重特定技能的教学与实践,这些技能可能是职业技能、生活技能或特定学科的应用技能,如编程技能、实验技能、艺术技能等。该类课程经常根据行业需求或学生未来职业路径发展的需要来进行设计,其目的是让学生掌握市场上需求的技能或实际工作中必备的技能。技能型课程通常涉及大量的实际操作,教学方法包括演示、模拟和实际操作练习,重点是确保学生能够熟练掌握具体技能。下文以在研学旅行活动中常见的为期半天的陶艺课程为例,阐述这类课程的实施流程与教学策略。

一、课程目标

陶艺课程的课程目标主要包括让学生了解陶艺的基本知识和技术,引导学生完成简单的陶艺项目,提升学生的审美观和创造性思维。

二、课前准备

研学旅行指导师需要为每位学生分配一定量的陶土,准备好必要的工具,如木棒、刮刀、海绵、湿布等。

三、课程实施

（一）讲解陶艺基础知识

研学旅行指导师需要向学生重点介绍陶艺的历史和文化价值,展示不同类型的黏土和釉料并讲解其特性,包括黏土的可塑性和釉料烧制后的变化等。

（二）实操练习

研学旅行指导师需要向学生演示基本的陶艺技术,详细讲解手捏制作的基本原则、注意事项以及黏土处理的技巧。随后,研学旅行指导师可以引领学生运用手捏技术动手制作简单的陶瓷物品,如碗或花瓶等;演示拉坯技巧,引导学生尝试使用拉坯机制作圆形器物。

（三）表面装饰

研学旅行指导师需要向学生介绍几种常用的装饰技术,引导学生运用一定的技巧对作品进行装饰,如添加纹理或拼接造型等。学生可以根据自己的设计意图,调整作品的形状和大小。

（四）作品展示与评价

学生在对自己的作品进行一定的调整后,在小组内向同伴展示,并进行组内的评价。同时,研学旅行指导师也可以给学生提供一定的指导和建议。

四、知识讲解策略

在陶艺这类技能型课程中,知识讲解是整个学习过程的重要组成部分。在进行知识讲解时,研学旅行指导师应该重点关注以下几个方面。

（一）简洁明了

研学旅行指导师在讲解知识时,应该做到表述简洁且易于理解,避免过度使用专业术语,除非是必要的,并且要确保对所有的专业术语进行清晰解释。研学旅行指导师可以使用生动形象的比喻和举例来说明复杂的概念,使学生更容易理解和记忆。

（二）适应学生的水平

研学旅行指导师应根据学生的年龄和知识基础,调整讲解的深度和节奏。对于不同的学生群体,讲解的内容和方法需要有所调整,以确保每个学生都能跟上课程的进度。

（三）积极互动

研学旅行指导师应鼓励学生积极提问、表达自己的见解,从而增强课堂的互动性。这不仅可以提高学生的参与度,还有助于研学旅行指导师了解学生对知识的掌握情况。研学旅行指导师可以通过设问来引导学生进行批判性思考,让学生在思考过程中深化对知识的理解。

（四）联系操作实际

研学旅行指导师应将理论知识与实际操作紧密结合,具体做法包括:在讲解理论知识的同时,为学生示范相关的技术或操作流程;组织简单的实践活动,鼓励学生运用所学知识,通过实践来加深对知识点的理解和记忆。

（五）使用多媒体辅助教学

研学旅行指导师可以利用图片、视频和模型等教学媒介,帮助学生形象地理解复杂的概念。多媒体的使用可以增强学习的趣味性,有效激发学生的学习动机。

（六）激发兴趣和激情

研学旅行指导师在讲解的过程中,应传达对陶艺的热爱之情,分享陶艺带来的乐趣和成就感,以激发学生的学习兴趣。同时,研学旅行指导师应向学生强调学习这门技能的长远益处,如提升创造力、帮助减压等,从而引导学生从更长远的视角理解学习陶艺的目的。

五、实操教学策略

在技能型课程学习中,实操教学是课程的核心部分,研学旅行指导师需要特别注意以下几方面的内容,以确保教学效果和学生的安全。

（一）安全演示

在实操开始之前,研学旅行指导师应向学生详细讲解实验室或工作室的安全规则,包括正确使用工具和设备的方法、正确处理紧急情况的方法等,确保所有学生都穿戴适当的防护装备,如围裙、手套、护目镜等。

(二)分步骤教学

研学旅行指导师应将复杂的操作过程分解成简单、易懂的步骤,并对这些步骤逐一进行演示,随后引导学生积极尝试;为学生提供清晰的视觉辅助材料,如步骤流程图或操作视频,帮助学生理解并记忆操作步骤。

(三)个别指导与反馈

在学生操作过程中,研学旅行指导师应为学生提供及时的个别指导与反馈,确保每位学生都得到足够的指导,以避免学生养成错误的操作习惯;应重视并耐心解答学生的困惑,确保每个学生都能跟上进度。

(四)理论与实践结合

在实操教学中,研学旅行指导师应向学生不断强调理论与实际操作之间的联系,讲解每一个实操步骤的理论基础,帮助学生更深刻地理解操作的科学原理,引导学生在实践中体会理论的实用性和重要性。

(五)鼓励创新与试验

在掌握基本技能之后,研学旅行指导师应鼓励学生尝试不同的方法和材料,这不仅能增强学生的学习兴趣,还能培养他们的创造力和问题解决能力;可以设立专门的自由探索时段,让学生自由创作,创造个性化的作品。

(六)控制节奏与环境管理

研学旅行指导师应控制好课程的节奏,确保所有学生都能在有限的时间内完成任务;适时地组织短暂的休息,避免学生因长时间集中精力而感到疲劳;管理好课堂环境,确保工作区域整洁有序、工具和材料存放得当。

(七)课后总结与反思

在实操结束后,研学旅行指导师应开展简短的总结会,鼓励学生分享自己的学习体验以及创作过程中的收获和挑战,并引导学生对作品进行自评,思考如何在未来的学习中不断改进。

步骤五:做好思维型课程的教学实施

思维型课程旨在鼓励学生针对信息和数据进行深入分析,从而学会从不同的角度和层次进行思考。在思维型课程中,学生可以通过解决开放式问题和探索多种解决方案,不断激发并强化创造性思维。同时,这类课程常涉及多样的文化内容和伦理问题,有助于学生理解不同文化视角下的观点,形成良好的道德判断和社会责任感。思维型课程通过增强学生的思维能力、人际交往能力以及道德认知,为学生的全面发展奠定了坚实的基础。

某家开发公司计划在公园附近建造一座大型购物中心,实施此项目会砍伐大量树木,并可能影响周边社区居民的生活质量。环保团体和周边社区居民对此计划提出了抗议,接下来要举行一场论证会,论证该项目的可行性。下文以"模拟论证会"研学旅行课程为例,阐述思维型课程的实施流程与教学策略。

一、课前准备

(一)资料收集与分发

研学旅行指导师应组织学生通过查阅相关书籍、学术论文、环保组织发布的资料以及相关新闻报道等,汇总并梳理关于环境保护法律、城市发展规划、商业影响评估报告、公园和绿地的社会价值研究等方面的资料,并进行集中讨论学习。

(二)角色分配与组队

研学旅行指导师可以设计开发商、环保团体和社区居民三类主要的角色,并根据学生的兴趣和个人优势进行角色分配,使每个学生能发挥其特长(如辩论、研究或公众演讲等方面的特长)。在完成角色分配后,学生自行组队,研学旅行指导师应确保每组的组员担任不同角色,以促进组内的多角度讨论。

(三)专题培训

研学旅行指导师应围绕有效论证组织研讨会,教导学生如何构建合理的论证框架,如何查找并恰当引用证据,如何公正地考量并回应对方的观点等。此外,研学旅行指导师可以邀请辩论教练或学校辩论队成员加入,让他们指导学生如何在公开场合表达、如何进行逻辑推理和应对突发状况。

(四)会场布置

研学旅行指导师应选择一个能容纳所有学生与观众的大教室或报告厅,并按照论辩赛的模式来布置桌椅。具体而言,需要在中间设置一个主席台供评委团就座,并在主席台前方划分出三个独立区域,每个区域安排一组学生(分别扮演开发商、环保团体、社区居民)。同时,研学旅行指导师应确保现场配有麦克风、投影仪、大屏幕等设备,并在活动开始前进行充分的设备测试,确保一切设备运行正常。

二、课程实施

（一）开场介绍

研学旅行指导师负责开场主持,简要介绍活动的背景和目的,以及论证会的基本流程,随后各组组长(或指定学生代表)进行简短的自我介绍,介绍内容包括组员的姓名和代表立场。

（二）展开论证

1. 观点陈述

每组有5分钟时间进行开场陈述,具体阐述自己的立场和主要论点。

2. 交叉询问

每组将依次对其他两组进行提问,每次提问时长为2分钟,相应的答辩时长亦为2分钟。这样的流程将轮流进行,以确保各组之间的互动公平且有序。

3. 自由辩论

开放式辩论,允许各组自由引导话题及反驳,总时间为15分钟。

4. 总结发言

各组进行最终的总结发言,每组时长为3分钟,具体重申关键点并对之前未能充分回应的问题进行反击。

（三）评审团评分与反馈

评委将对每组发言的逻辑性、信息的准确性、表达能力、团队合作情况、应对突发问题的能力等方面的表现进行评价和打分,并在综合考量每组在不同阶段的表现的基础上进行总评。在每轮论证结束后,评审团会提供即时反馈,既肯定每组的亮点,也指出其需要改进之处。

（四）总结与点评

主持人将根据评审团的最终评分进行总结,强调教学目标的实现情况,并对各组的表现做出评价。之后,研学旅行指导师可以邀请学生分享他们的参与体验、学到的知识等。最后,研学旅行指导师应对参与的学生、教师、评审团和观众表示感谢,并宣布活动圆满结束。

三、教学策略

在实施这种思维型课程时,研学旅行指导师的角色至关重要,他们负责信息的传递,更重要的是引导学生进行深入思考。研学旅行指导师可以通过运用以下策略来有效地引导学生思考。

(一)运用提问技巧

1. 开放式问题

在课程实施过程中,研学旅行指导师可以使用开放式问题来引导学生进行思考,代表性问题如:"你认为开发商和社区居民的冲突的核心是什么?""我们可以从什么角度来平衡经济发展与环境保护?"

2. 引导性问题

当学生的讨论偏离主题或陷入僵局时,研学旅行指导师应提出具有引导性的问题,帮助学生重新聚焦于讨论核心或促使他们从其他角度进行思考。

3. 反思性问题

课后,研学旅行指导师可以提出反思性问题,如"这个活动改变了你对环境保护的看法吗?""你觉得哪种解决方案最有效,为什么?"

(二)引导角色扮演

1. 角色深入解析

在活动开始前,研学旅行指导师应帮助学生深入理解各自的角色背景和行为动机,了解可能需要的资源和策略等。

2. 情境模拟

研学旅行指导师应通过模拟具体情境来让学生站在不同角色的立场上思考问题,如模拟开发商与政府的会议或社区居民的集会等情境。

3. 角色互换

研学旅行指导师可以临时让学生变换角色,体验不同的视角,这有助于培养学生的同理心,以更加全面的视角看待问题。

(三)促进小组合作

1. 明确角色责任

研学旅行指导师应确保每位小组成员都有明确的任务和责任,使得小组合作更有成效。

2. 引导小组讨论

在小组讨论阶段,研学旅行指导师可以进行巡回指导,为各小组提供指导性的建议或者提示,帮助小组成员进行深入分析。

3.鼓励反馈与共享

研学旅行指导师应鼓励学生在组内大胆分享他们的发现和观点,并在组外与其他同学进行积极交流,促进知识的互补和观点的碰撞。

（四）思维技巧教学

研学旅行指导师应教授学生如何识别偏见、评估论据的合理性和验证论点的充分性;引导学生通过案例分析,掌握系统解决问题的思路并在实践中加以运用;在讨论中,不断提出伦理道德问题,引导学生思考行动的伦理影响等。

（五）持续性反思与总结

在活动的各个关键阶段,研学旅行指导师应定期进行回顾和总结,帮助学生梳理所学内容,串联前后知识点;鼓励学生将自己的学习成果、思考视角、解决方案整理成报告或形成作品进行展示,以加深他们对知识的理解和记忆。

通过上述策略,研学旅行指导师可以有效地引导学生进行深层次思考,帮助他们在理论学习与实践应用间搭建桥梁,增强他们的问题解决能力和生态保护意识。

步骤六:做好审美型课程的教学实施

审美型课程通常涉及艺术、文化历史和自然美学等领域,有助于培养学生的综合素质。在此类课程中,学生可以通过以下途径实现成长:通过观察艺术作品、自然风光和各类文化,培养对美的感知和欣赏能力;通过学习不同艺术流派、文化背景和自然环境的相关知识,更深入理解美的多样性和复杂性;通过绘画、音乐、戏剧等方面的实际操作,增强创造力;通过了解不同的文化艺术创造,加深对不同文化传统和价值观的理解和尊重;通过接触多样的文化表达形式,形成开放的心态和全球化视野;通过艺术创作,表达自己独特的视角和情感。

黄梅戏起源于安徽,是中国非常著名的地方戏剧形式之一,具有浓郁的地域文化特色和较高的艺术价值。北京某所高中组织学生赴安徽研学,此次研学旅行行程中有半天安排为鉴赏及学习国家级非物质文化遗产黄梅戏。下文以该课程的实施为例,阐述审美型课程的实施流程和教学策略。

一、课前准备

研学旅行指导师应明确课程的学习目标,如了解黄梅戏的历史背景、艺术特点,学习基本表演技巧等;收集黄梅戏相关的文献、视频、音乐资料和案例等,为课程教学提供内容支撑;邀请黄梅戏剧团或者文化中心的专家和艺术家参与授课。

二、课程实施

（一）理论学习

研学旅行指导师可以通过讲座介绍黄梅戏从民间曲艺演变为成熟戏剧形式的历程,重点讲解重要的历史事件及其影响、黄梅戏的主要流派及其代表人物、黄梅戏所经历的主要艺术变革等;分析黄梅戏的音乐特点,深入探讨黄梅戏的表演艺术,包括表情、身段与手势等方面;介绍黄梅戏的传统服饰和道具,以及它们的文化和实用意义。此外,研学旅行指导师还可以选择几部黄梅戏的代表作品,如《天仙配》《女驸马》等,进行详细解析,包括剧情、人物、主题与艺术表现等方面。

（二）实践体验

在学习和欣赏黄梅戏的实践体验阶段,研学旅行课程的主要目标是让学生通过亲身体验来进一步深化对黄梅戏艺术的理解和对技能的掌握。

1. 现场观摩学习

在研学旅行指导师的组织下,学生前往当地剧院观看黄梅戏的现场表演。研学旅行指导师应提前与剧院进行沟通,为学生安排最佳的观赏位置,并做好相关演出的票务工作。

2. 艺术家见面会

在研学旅行指导师的安排下,学生参与与演员和导演的见面会,在见面会上,学生可以向演员或导演提出问题,了解演出背后的故事和演员的表演心得。

3. 表演技巧学习

学生在专业艺术家的指导下,学习黄梅戏的基本表演技巧,具体包括声音训练的技巧、身段动作的规范以及表情管理的技巧等。

4. 尝试妆造与穿戴服饰

学生通过尝试黄梅戏的妆造和穿戴传统服饰,理解角色扮演的重要性和相关艺术表达形式。

5. 模拟演出

学生以小组为单位,运用所学的表演技巧,挑选一段黄梅戏剧本进行排练。在排练结束后,各小组在研学团队内部进行展示,并听取来自同学和研学旅行指导师的反馈。

（三）艺术创作

研学旅行指导师应鼓励学生基于黄梅戏的风格编写短剧本,创造属于自己的故事。条件允许的话,研学旅行指导师还可以组织学生与其他艺术领域(如音乐、舞蹈等)的学生进行合作,探索黄梅戏的现代表达。

（四）反思与讨论

在实践活动结束之后,研学旅行指导师应组织一个分享会,让学生分享在实践过程中的学习心得,并围绕在实践过程中遇到的难题展开讨论,共同寻找合适的解决方案,以此提升学生的理解力和应对挑战的能力。

三、教学策略

（一）增强互动性

研学旅行指导师在讲解理论知识时,可以穿插地提出开放性问题,引导学生思考,自主寻找答案。研学旅行指导师还可以将学生分成小组,让每组围绕某一特定话题(如黄梅戏的历史起源或某个剧目的主题及其意义等)进行讨论,鼓励学生积极分享他们的观点。

（二）强化实践体验

研学旅行指导师可以通过组织学生观看黄梅戏的现场表演、安排学生参访黄梅戏剧团、组织学生进行小型表演等方式,确保理论学习与实践体验相结合,让学生在实践中加深对理论知识的理解。

（三）增强文化认同

研学旅行指导师可以通过多种方式增强学生的文化认同,包括:系统讲解黄梅戏的起源、发展历程及其在中国戏剧史中的地位,分析黄梅戏在传承中华优秀传统文化、反映社会生活和情感表达中的独特作用,将黄梅戏与其他中国戏剧形式如京剧、粤剧等进行比较,或与世界各地的传统戏剧形式进行比较,让学生从中发现黄梅戏的独特之处;引导学生思考应如何传承和创新黄梅戏,以及黄梅戏对当代社会发展的意义;鼓励学生积极参与黄梅戏相关文化保护和推广活动,成为黄梅戏这一文化瑰宝的传播者和保护者。

（四）建立反馈机制

研学旅行指导可以通过设立有效的反馈机制,确保与学生、艺术家之间有良好的沟通,这也有助于研学旅行指导师及时调整教学内容和方法。

通过以上实施流程与策略,学习和欣赏黄梅戏的课程不仅能够提升学生的艺术审美能力,还能增进学生对中华优秀传统文化的认知。

实训安排

行中课教学实训任务书

任务名称	不同类型课程组织与实施实训	学时	4
任务说明	自行分组,每组负责实施某一类型的研学旅行课程,并现场模拟整个实施过程		
实训方式	模拟实训,分组实施		
实训目标	(1)掌握行中课的实施流程设计。 (2)掌握行中课的教学实施策略		
空间要求	无要求		
物品要求	多媒体设备、桌椅、课程实施道具等		

行中课教学实训记录单

任务名称		学时	
小组成员			
任务分析			
实训流程			
评价要点			
分数			
总结与建议			

任务五 行后课的组织与实施

任务导入

　　行后课不仅是研学旅行活动的自然延伸,还是知识内化与能力提升的重要阶段。行后课的实施,旨在帮助学生从研学旅行的丰富体验中提炼精髓,将感性的直观体验转化为理性的深入思考,并将零散的知识点整合构建成系统的知识框架。

　　行后课将引导学生深入反思研学旅行过程中的所见所闻、所思所感,挖掘其中蕴含的教育价值。这不仅是对研学成果的巩固,还是对学生综合素养的一次全面提升。

Note

行后课的实施,将架起从理论到实践、从课堂到生活的桥梁,助力学生在研学的道路上走得更远、更稳。

🔍 任务解析

本任务旨在明确研学旅行行后课的实施流程和策略。系统化的行后课教学有助于学生全面回顾研学经历,提炼核心知识点,并将所学知识应用于实际情境中。

🔍 任务重点

掌握研学旅行行后课的主要内容以及实施流程和技巧。

🔍 任务难点

能够对研学旅行课程进行有效反馈与评价、优化与提升。

🔍 任务实施

步骤一:行后课准备

行后课实施前的准备工作至关重要,为整个行后课教学的顺利进行奠定了基础。研学旅行指导师在行后课实施前需要做好的准备工作具体包括以下几个方面。

一、教学内容准备

(一)知识点梳理

回顾研学旅行中的核心知识点,并梳理成清晰的教学大纲或知识框架,确保行后课教学内容的系统性和连贯性。

(二)教学素材收集

根据行后课的教学需求,收集相关的图片、视频、案例等教学素材,以丰富教学内容,提升学生的学习兴趣。

二、学生情况分析

(一)记录学生表现

记录学生在行中课时的表现与反馈并进行一定的梳理,从而了解他们的学习体验和知识掌握情况,以便在行后课中进行针对性教学。

（二）分析学习需求

根据学生的学科背景、兴趣点和研学旅行中的表现,分析他们在行后课中的学习需求,为差异化教学提供依据。

三、教学环境准备

（一）教室布置

确保行后课教学环境整洁、舒适,并根据教学内容需要,合理安排座位布局,促进师生、生生之间的互动交流。

（二）教学设备检查

提前检查所需的教学设备(如投影仪、音响等)是否运行正常,以避免因设备问题影响教学效果。

四、教学方案制定

（一）教学目标设定

根据研学方案和学生实际情况,设定行后课的具体教学目标,包括知识目标、能力目标和情感目标等。

（二）教学方法选择

根据教学内容和学生特点,选择合适的教学方法,如讲授法、讨论法、案例分析法等,以激发学生的学习兴趣,提升教学效果。

（三）教学流程设计

精心设计行后课的教学流程,包括导入环节、新知探究、实践应用、课堂小结等,确保整个教学过程紧凑、有序。

通过充分的准备工作,研学旅行指导师可以更加自信、从容地应对行后课教学,为学生提供高质量的学习体验。同时,这些准备工作也有助于提升研学旅行指导师的教学效能感,促进其获得专业成长。

步骤二:行后课实施

一、导入与回顾

研学旅行指导师可先以一段简短的开场致辞开启行后课程,随后引领学生回顾整个研学过程。研学旅行指导师可以通过行前课、行中课的相关照片、视频展示研学旅行中的关键场景和精彩瞬间,温馨的合影、有趣的互动记录等能够激起学生的情感共鸣,建立起学生之间的情感联结;可以通过幻灯片或视频再现旅行中的地标性建筑、自然风光、文化体验活动等关键元素,增强学生的视觉记忆。此外,研学旅行指导师可以向学生提出一些启发性的问题,如"此次旅行中你最难忘的瞬间是什么?""你在旅行中有哪些新发现?"等,引导学生思考,激发学生的分享欲望。

二、依据研学手册检查任务完成情况

一般而言,研学手册中会编制好对于每项活动的任务要求,以帮助学生有的放矢地开展过程性学习。在行后课中,研学旅行指导师可以对学生研学手册中的任务完成情况进行梳理和检查,如照片的收集情况、心得体会的撰写情况、线路的绘制情况、打卡任务的完成情况、实验数据的获取和记录情况、访谈结果的整理与分析情况等方面。在研学旅行活动中,过程性任务的完成有助于学生及时梳理所学、所见、所思、所感,反思成败得失,并从中汲取经验,从而丰富个人的认知体系,促进知识的有效建构。学生可以结合同伴及研学旅行指导师提出的反馈意见和建议,进行查漏补缺,明确后续探究方向,这在深化主题探究和体验的同时,极大地增强了学生的成就感。

三、成果展示交流

(一)选择最适合的展示方式

研学旅行指导师应根据研学内容和进展情况,结合各种展示方式的利弊,选择最适合的展示方式。一般可采取文字描述、图片或视频展示的方式进行研学成果展示,技能学习内容较多运用模型制作、绘图等方式进行展示,若是学生表现力较强,还可采用表演法进行展示。

(二)展示准备

1.人员准备

人员包括家长、学生、其他工作人员等。研学旅行指导师应做好人员之间的沟通工作,确保交流畅通。

2.物资准备

物资准备工作的内容包括展示所需的教具等物品的采购、制作,以及学生展示内容的准备等。

3.场地准备

研学旅行指导师需要负责展示场地的布置工作,可以通过设置背景板、摆放展品、调整灯光和音响等来营造适宜的展示氛围。

（三）开展研学成果展示活动

研学旅行指导师应按照预先设计好的展示方式进行展示，鼓励学生自信、大方地展示自己的研学成果，展现良好的精神风貌。成果展示主要是搭建一个平台，让学生有话可说、有事可做、有情可表、有乐可享，形成坚持展示、倾力展示、创新展示的良好局面，这有助于提升学生在表达、总结、反思、合作等方面的能力。

在组织学生进行成果展示、交流时，研学旅行指导师要防止出现"为展示而展示"的情况，需要注意以下几点。

（1）在研学旅行结束后要尽快进行成果展示。这样能保持学生对研学的新鲜感和热情，从而进一步巩固、升华研学所学。

（2）应注重展示形式的多样性、多元化。学生的创新能力往往很强，在研学中的一些新发现有时很难通过文字形式得到较好的展现，因此，旅行指导师应鼓励学生用一些创新的方法来展示研学成果，这也是学生思维空间拓展的必然结果。多种形式的成果展示能够帮助学生更深层次地理解研学主题。

（3）可以在展示过程中设置互动环节，鼓励观众提问，促进与观众之间的交流。展示者可以准备一些引导性问题，以激发观众的兴趣，提高观众的参与度。

（4）应注意对整个展示活动过程的记录，如录制现场视频、记录学生的表现等，以便在课程结束后向学生、家长等进行反馈和宣传。

四、研究性学习的结题

在研学旅行中，组织研究性学习的结题活动是一个综合性的过程，旨在总结和展示学生的研究成果，同时提升学生的批判性思维、合作能力和沟通技巧。研学旅行指导师在组织结题活动时，可以参考下列步骤。

（一）收集与整理资料

研学旅行指导师应指导学生收集并整理研学旅行期间的数据、图片、视频等资料；指导学生整理研究笔记、实验记录、访谈记录等，形成完整的研究资料库。

（二）撰写结题报告

研学旅行指导师应指导学生撰写结题报告，结题报告中应包含研究背景、目的、方法、结果和结论等部分；应向学生强调结题报告的逻辑性和条理性，确保内容清晰、准确、完整；应鼓励学生使用图表、图片等辅助材料，使结题报告更加生动直观。

（三）准备结题展示

研学旅行指导师应根据结题目标，选择合适的展示形式，如PPT展示、海报展示、视频展示等；应指导学生制作展示材料，确保内容精炼、重点突出；应对结题展示的时间和地点进行妥善安排，确保所有参与者都能参加。

（四）进行结题答辩

如有需要,研学旅行指导师可以组织结题答辩环节,邀请专家或学生代表等担任评委。在答辩前,研学旅行指导师应指导学生准备答辩稿和PPT,确保能够清晰、准确地阐述研究成果。在答辩过程中,研学旅行指导师应鼓励学生积极回答评委的问题,充分展示自身的研究实力与思维深度。

（五）总结与反思

在结题后,研学旅行指导师应组织学生进行总结与反思,回顾研学旅行的过程和研究成果;应鼓励学生积极分享学习心得和体会,互相学习和借鉴;应对研学旅行和研究性学习进行整体评估,总结经验和教训,为今后开展研学旅行活动提供参考。

五、心得体会分享

研学旅行活动中的经验、心得交流活动可以深化学生对研学旅行的理解和感悟、促进学生之间的交流与分享,帮助学生铭记这段珍贵的经历。交流活动可以小组的形式展开,一般由研学旅行指导师设定引导性问题或讨论主题,如学习经验、活动心得的分享,或给家长写一封信等,帮助学生明确讨论方向。研学旅行指导师可以通过布置场地、准备茶点等方式营造轻松友好的交流氛围,在交流中,应鼓励学生自由表达,尊重不同的观点和想法。交流结束后,研学旅行指导师应及时进行点评和总结。行后课并非研学活动的终点,而是新的学习之旅的起点,研学旅行指导师应充分利用行后课,激发学生的学习热情,提高学生的反思与总结能力,加强生生之间、师生之间的互动与情感交流。

六、研学成绩认定与表彰

（一）成绩认定

研学成绩认定是行后课不可或缺的一个环节,这是研学旅行课程规范管理的需要,也是推动学生有效参与研学的重要手段。研学成绩认定一般采用等级划分法,即对学生的研学表现进行"优秀"或"良好"的等级划分。

在进行研学成绩认定时,研学旅行指导师应保持公平公正,通过成绩认定给予学生鼓励,尤其是针对平时学习成绩不够好、缺乏自信的学生,研学旅行指导师可以通过研学成绩的认定给学生一个"发光发热"的机会,让学生树立自信心,鼓励学生进行创新,同时通过成绩认定来向家长传递教师对学生认可的态度,从而提高家长的满意度。需要注意的是,研学旅行的目的是鼓励学生多研究、探索,每个学生的关注点、经历、情感态度等不同,这些因素会对其研学产生一定的影响,因而每个学生在研学中的收获也是不同的,研学旅行指导师应尊重学生的这种差异性及研学成果的多样性,避免采取单一的打分或评奖评优方式对学生进行比较,因为一旦过分强调将学生分出高低优劣,就可能会使研学失去意义。

(二)表彰与奖励

在行后课的最后环节,可进行表彰与奖励,研学旅行指导师可以根据活动的具体情况和参与者的整体表现来设定获奖的人选,奖项的设置要富有创意,重在激励。

1."研学之星"

"研学之星"是给予在活动中表现最为突出的学生的荣誉。获奖者的获奖原因包括:在研学旅行过程中表现出色,具有高度的参与热情,或者是在团队中发挥了关键的作用。

2."最佳团队奖"

"最佳团队奖"体现了对于在研学旅行活动中展现出强大团队合作精神和协作能力的团队的表彰。获奖团队的获奖原因包括:在完成任务时互相支持,或者在面对困难时共同克服。

3."最佳创新奖"

"最佳创新奖"体现了对于在研学旅行活动中展现出创新思维和创造力的学生的表彰。获奖者的获奖原因包括:在解决问题时提出了新颖的想法,或者是在实践中尝试了新的方法。

4."最佳报告奖"

"最佳报告奖"体现了对于在研学旅行活动结束后提交出分析深刻、见解独到、有真知灼见的报告的学生的表彰。获奖者的获奖原因包括:报告体现了丰富的信息和深刻的分析,以及对于研学主题的独到见解。

研学旅行指导师可以通过颁奖仪式,为获奖学生个人和团队颁发奖章、奖杯、证书或纪念品等,以增强学生的荣誉感。

⛵ 项目小结

研学旅行课程作为综合实践活动课程的重要内容,其组织和实施不仅要遵循课程实施的基本原理,还要结合研学旅行的独特性,应实现课程准备、课程实施、评价反思的闭环,从而更好地提升课程效果,提高课程的教育价值。

研学旅行的教育资源多种多样,这就要求研学旅行指导师在动态化的研学旅行课程教学过程中,灵活地运用多种课程模型和活动范式,与学生一起开展形式多样、内容丰富的研学活动。

Note

⛵ 知识与技能训练

知识训练

1. 研学旅行课程的基本类型有哪些?

2. 行中课的组织与实施一般包含哪些步骤?

技能训练

1. 在东莞市教育局的支持引导下,多所学校的研学旅行活动开展得如火如荼。东莞市南城区阳光第五小学开展了以"探秘智慧农业"为主题的科普研学。在东莞市现代农业科技园,学生们时而低头听讲解,时而观察、实践,积极主动地思考问题的答案。"整个活动就相当于一节'行走课堂',激发同学们探究农业科学的兴趣和热情,大大突破了传统课堂的局限。"南城区阳光第五小学校长林万锋介绍。

(资料来源:《行走课堂 又"学"又"研"》,载《中国教育报》,2024年2月9日。)

请思考:如果你是此次研学旅行活动的指导师,你将如何组织和指导学生进行研究性学习?

2. 2020年6月30日,浙江省金华市磐安县榉溪孔氏家庙内举办了一场传统入学仪式"入泮礼",重现了古代学童入学前的传统礼仪,让孩子们在研学旅行的过程中,感受到中华优秀传统文化的韵味。

请思考:假设你是该仪式的组织者,你将如何完成此项任务?

慎思笃行

▼

项目五

Note

项目六
研学旅行评价的组织与实施

 项目导读

　　研学旅行的价值和意义得到越来越多学校、学生、家长的认可,但也存在游而不学、学而不深等诸多不足,要想提高和保障研学旅行服务质量,组织与实施研学旅行评价十分必要和迫切。首先,研学旅行评价能够衡量研学旅行的效果,包括学生对知识的掌握程度、能力的提升程度以及情感的体验程度等。这有助于学校和研学旅行指导师了解研学旅行是否实现了预期的目标、是否对学生产生了积极的影响等。其次,研学旅行评价能够为未来开展研学旅行活动提供参考和借鉴。通过收集学生的反馈意见,研学旅行指导师可以了解学生在活动中的感受和需求,从而为优化未来的活动提供依据。此外,研学旅行评价还能够促进学校、研学旅行指导师、学生、家长等多方之间的沟通和合作。

 **学习目标**

知识目标

　　了解教育评价的功能,充分理解研学旅行评价的原则和意义。

能力目标

　　(1)掌握研学旅行评价原则,能够在充分了解学生评价的类型的基础上,有效实施学生评价。

　　(2)能够根据不同评价主体、评价内容、评价方式和评价标准对研学旅行进行评价。

素养目标

　　树立专业意识,提升辩证思维,锻炼分析并解决问题的能力,养成公正、客观的工作态度。

学习重点

能够根据不同评价主体、评价内容、评价方式和评价标准对研学旅行进行评价。

思维导图

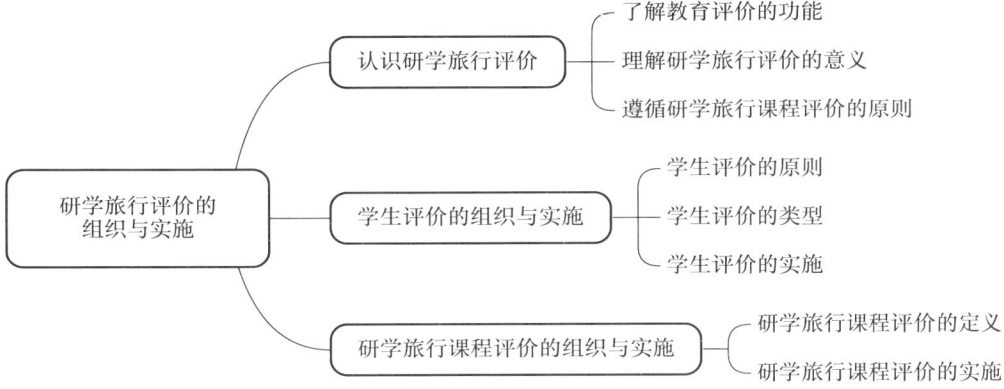

任务一　认识研学旅行评价

任务导入

尊敬的××教育局局长：

　　最近，××实验中学又开始组织学生赴××研学实践教育基(营)地开展研学旅行活动了。班主任说这是所有学生都必须完成的学习内容，要求全员参加。这已经是孩子上初中后的第三次研学旅行活动了，每次都要出去几天，路程远、人数众多。作为家长，每次孩子出门参加研学旅行，我都很担心，不知道孩子在外面能不能吃好、睡好，安全是否有保障，更不知道孩子在研学旅行的过程中能否有所收获……这类研学旅行活动不设置考试环节，同时家长也无法陪同参与，因此我们难以直接了解活动的具体开展情况。恳请您为家长们解答疑惑！

——一位为研学旅行活动感到担心的家长

　　请思考：应如何为这位家长解答疑惑呢？

任务解析

　　要想解决家长的困惑，我们首先要对研学旅行评价进行了解。研学旅行评价包括

Note

学生评价和研学旅行课程评价,其中,学生评价是对学生在整个研学旅行活动实施过程中的具体表现进行评价。

研学旅行评价是由不同的主体共同对研学旅行进行评价,体现了评价主体的多元性。在评价方式上,以过程性评价为主,最终的研学旅行总结报告体现为开放性的设计。研学旅行评价有助于家长了解研学旅行活动的开展情况。那么,研学旅行指导师应如何进行研学旅行评价呢?

任务重点

了解研学旅行评价的意义、原则。

任务难点

能够根据不同评价主体、评价内容、评价方式和评价标准对研学旅行进行评价。

任务实施

步骤一:了解教育评价的功能

美国学者格朗兰德认为,评价是指依据一定的标准,通过系统地收集信息,在对标准与收集的信息进行比较的基础上做出价值判断。由此可见,评价就是在记述量(或质)的基础上进行的价值判断。评价是明确评价对象的优点和缺点,借以提供改进的方向与积极反馈的复杂工作。在教育活动中,评价发挥着"指挥棒"和"杠杆"的作用,具体包含以下功能。

一、导向功能

教育评价的导向功能是指教育评价可以引导评价对象朝着理想的目标发展。评价就像一根"指挥棒",对评价对象的发展起着"定标导航"的作用。

二、鉴定功能

教育评价的鉴定功能是指通过评估活动来判定评价对象是否达到既定标准。这一功能不仅使评价者能够准确了解评价对象的实际水平,从而进行有效的甄别与选择,还为评价对象提供了依据,使其能够根据评价结果明确自身的改进方向和发展目标。

三、改进功能

教育评价的改进功能是指通过评价发现存在的问题,并及时提供反馈信息,促使评价对象进行不断完善与优化。

四、反馈功能

教育评价的反馈功能是指评价者有目的地系统采集有关评价对象的信息,并将这些信息传递给评价对象,进一步接收来自评价对象的反馈,这一过程确保了评价信息的持续循环和流动,从而达到对评价对象或评价者的行为进行不断调整和优化的目的。

五、激励功能

教育评价的激励功能体现在,通过评价活动收集并呈现相关信息,为评价对象搭建一个展示自我成就的平台,既使评价对象能够清晰地认识到自身的成绩,也便于他人了解评价对象的表现与进步,从而激发评价对象的内在动力,促进其持续发展。

在教育领域,评价者可以利用评价活动来判断评价对象是否实现了预期的学习目标。课程评价是评价在课程领域的应用。系统的课程评价包含课程方案评估、课程实施合理性判断、学习效果预期达成度检验,以及保障措施有效性确认等。鉴于课程是一个不断发展的动态系统,研学旅行指导师需要对当前的课程及学生的学习成效进行价值评估,旨在优化课程的各个环节,全面提升课程的实效性,进而推动课程的完善。

步骤二:理解研学旅行评价的意义

研学旅行自推行以来,引起了多方的关注。学生希望通过研学旅行增长见识,通过理论联系实际达到知行合一;家长希望通过研学旅行促进孩子健康成长;学校希望通过研学旅行丰富教育教学内容,打造学校的特色;旅行社和研学实践教育基(营)地希望通过研学旅行获得经济收益。研学旅行涉及多方的参与,每一个参与其中的团体或个人都有明确的需求,要想高效、和谐地推进研学旅行活动,对研学旅行的全过程进行科学、全面的评价是非常重要的。

课程是学校实施教育教学活动的载体。研学旅行虽然是在校外开展的活动,但它优于一般的旅游,它是一种校外教育活动。为了规范和促进研学旅行的发展,目前的主流趋势是将研学旅行课程化。一次研学旅行可以由一个或多个课程组成,对研学旅行的评价可以具体细化为对研学旅行课程的评价。

步骤三:遵循研学旅行课程评价的原则

研学旅行重在激发学生对党、对国家、对人民的热爱之情,引导学生主动适应社会,将课本知识与生活经验深度融合。研学旅行课程评价应遵循以下原则。

一、全程性原则

整个研学旅行由课程贯穿起来,研学旅行课程评价是指对研学旅行中涉及的所有课程进行评价,以此对研学旅行的全过程进行评价。每一门精心设计的研学旅行课程,都有其独特的育人价值,为了保证每一门课程的实施都能实现预期的教育目标,有必要对研学旅行中涉及的每一门课程进行评价。研学旅行是一种特殊的校外教育活动,它的学习范围突破了传统的课本知识,旅途中遇到的一切事物都构成了学生的学习内容。生活即教育,研学旅行就是将学生置于真实的生活中,让学生体悟和感知教育的真谛。因此,研学旅行课程评价必须坚持全程性原则。

二、全员性原则

研学旅行课程评价应覆盖参与研学旅行的全体学生。学生是研学旅行课程最核心的要素,学生的学习成效直接反映了研学旅行课程的质量,因此,研学旅行指导师在对研学旅行课程进行评价时,必须着重考虑学生的学习成效,对全体学生进行公正、全面的评价。

此外,评价还应扩展至研学旅行的其他参与者。学校、研学实践教育基(营)地、旅行社等在研学旅行的各个环节中发挥着重要作用,只有确保每个环节都规范、高效,研学旅行才能朝着好的方向发展。为避免任何参与主体成为扰乱研学市场的"隐患",研学旅行指导师在搭建研学旅行课程评价体系时,应将所有的参与主体纳入评价范围。

三、实践性原则

研学旅行课程评价要注重对学生实践参与度与实践能力的评价。研学旅行是综合实践活动课程的一种组织形式,创造性地改变了学生的学习方式,组织开展研学旅行活动是教育改革的关键措施。研学旅行为学生提供了更广阔的学习空间,把旅行变成课堂,把社会当成教材。实践性是研学旅行课程有别于一般的学科课程的最大不同点,是研学旅行课程的灵魂所在。研学旅行课程评价应依据研学旅行的特性,突出对学生实践精神和实践能力的评价。

四、多元化原则

研学旅行课程评价是针对研学旅行的所有参与主体进行的,评价主体和评价对象是多元化的。不同的参与主体在研学旅行过程中所发挥的作用不相同,如旅行社负责统筹组织研学旅行,研学实践教育基(营)地负责设计研学旅行课程,学校负责组织动员学生参与研学旅行,学生负责认真学习、积极参与研学活动等。根据各参与主体的职责分工的不同,研学旅行评价的内容也不一样,因此,研学旅行评价内容应该具有多元性。针对不同的评价主体和评价内容,所采取的评价方法也是不同的,因此,研学旅行课程评价方法应该是多元化的。不同的评价方法需要的评价工具各异,因此,研学旅行课程评价工具应该是多元化的。

五、客观性原则

研学旅行课程评价主体要关注研学过程,客观、公正地对评价对象进行评价。评价是利用收集的信息,结合评价标准做出价值判断的过程,准确、客观的信息是影响评价结果的关键因素。研学旅行是短期的集体校外教育活动,各评价主体相处的时间不长、了解不深,很容易出现对评价对象进行"走过场"或"一刀切"式的评价。评价主体应熟悉评价标准,基于评价要点对评价对象进行密切关注,公正、客观地进行评价,评价结果要经得起评价对象的质疑。

六、公平性原则

公平性原则是指评价者要一视同仁地对待评价对象。首先,评价者在制定评价体系时,要考虑公平性,评价指标要适用于所有的评价对象;其次,评价者在实施评价时,要一视同仁地对待所有的评价对象,基于评价标准客观地给予评价;最后,评价者在应用评价结果时,也要考虑公平性,不能因为评价对象的不同而差异化地应用评价结果。

七、发展性原则

研学旅行课程处于动态的发展中,评价的作用在于促进研学旅行各参与主体全面、健康、有序地发展,而不仅是甄别和选拔评价对象。评价应以尊重评价对象为前提,评价主体要积极参与研学旅行活动,并注重评价主体间的沟通。评价主体应采用激励性的语言全面且客观地反映真实情况,提出切实可行的改进建议,从而激励评价对象为更好地发展而努力。

八、可行性原则

研学旅行课程评价尚处于初步发展阶段,尽管越来越多的人已经认识到评价对于推动研学旅行课程发展的重要性,但由于缺乏系统和科学的评价体系与标准,当前的评价标准和实施工作仍有待进一步完善和优化。研学旅行课程评价的发展不是一蹴而就的,研学旅行指导师在设计研学旅行课程评价体系时,要充分考虑评价实施的可行性,不能设计看似科学但是无法实践的评价体系。在研学旅行课程评价的初步发展阶段,研学旅行指导师可以采取"分步走"的方法,通过逐步丰富评价对象和内容来优化评价体系。

任务二　学生评价的组织与实施

任务导入

2020年10月,中共中央、国务院印发了《深化新时代教育评价改革总体方案》,该文件要求,"树立科学成才观念。坚持以德为先、能力为重、全面发展,坚持面向人人、因材施教、知行合一,坚决改变用分数给学生贴标签的做法,创新德智体美劳过程性评价办法,完善综合素质评价体系,切实引导学生坚定理想信念、厚植爱国主义情怀、加强品德修养、增长知识见识、培养奋斗精神、增强综合素质","通过信息化等手段,探索学生、家长、教师以及社区等参与评价的有效方式,客观记录学生品行日常表现和突出表现,特别是践行社会主义核心价值观情况,将其作为学生综合素质评价的重要内容"。

请思考:作为一名研学旅行指导师,你该如何对学生进行评价,客观记录学生品行的日常表现和突出表现?

任务解析

以评价促进学生发展,注重从行为表现中分析学生的学习情况,是学生评价最重要的内容。学生评价以自我评价为主,辅以教师评价、同伴评价、家长评价、服务对象评价、用人单位评价等评价,旨在运用多样的评价方式指导学生进行反思和改进。

任务重点

掌握学生评价的原则和类型,能够以小组为单位,与他人配合完成学生评价。

任务难点

掌握科学的评价理念,能够组织开展多元化的评价活动。

任务实施

步骤一:学生评价的原则

在组织中小学研学旅行活动以及构建具有成效的评价体系时,应以《国民旅游休闲纲要(2013—2020年)》《国家中长期教育改革和发展规划纲要(2010—2020年)》《基础教育课程改革纲要(试行)》《中小学德育工作指南》《中小学综合实践活动课程指导

知识链接
▼

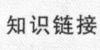

纲要》等为指导,以立德树人为出发点,关注每一个学生是否全面发展、持续发展和终身发展,注重学生在研学旅行活动中的体验性和研究性,培养学生的实践能力和创新意识。

一、发展导向

新课程改革的核心理念是一切为了学生的发展,用突出发展导向的指导思想去评价学生。研学旅行课程评价的核心是促进学生的全面发展,坚持学生发展导向,在研学旅行活动中一旦发现有利于学生发展的地方,要及时指出来,进行强化、激励,还要有意识地引导学生全方位训练、提高自己。

二、多元评价

不同学生在思维方式、智力发展、学习能力等方面存在差异,研学旅行课程评价活动的组织要因人而异、因任务而异,不搞"一刀切",力争客观、公正地反映学生真实的情况。在研学旅行课程评价方面,应提倡多元评价,具体包括评价主体、评价内容、评价形式、评价方法、评价成果等的多元化。

（一）评价主体多元化

评价主体应多元化,不仅研学旅行策划与管理(简称"EEPM")职业技能等级证书的持有者可以评价学生,学生本人、学生的同学、学生的家长,以及其他与研学旅行有关的人员也可以参与评价。任何单一主体的评价都不利于学生的发展,多元主体评价不仅能够较好地避免单一主体评价可能产生的片面性,还可以调动各利益相关主体参与的积极性,从而实现一致的目标。

（二）评价内容多元化

评价内容应多元化,包括问题意识、创新思维、探究能力、操作技能、信息整合、成果展示、合作能力、态度、习惯、心态等方面。

（三）评价形式多元化

评价形式应多元化,可以是成果交流会、论文答辩会、表彰大会等。

（四）评价方法多元化

评价方法应多元化,要坚持定性与定量相结合、过程与成果相结合、传统评价与新型评价相结合、共性化与个性化相结合等原则。

（五）评价成果多元化

评价成果应多元化,可以体现为图表、研究论文、调查报告、模型、展板、演讲、设计说明等形式。

三、全面评价

全面评价是指对知识与技能、过程与方法、情感态度与价值观等方面进行评价，即从学生发现问题、探究问题和解决问题，自我规划、自我管理和自我发展，合作探究与交流，科学精神、态度和价值观，创新意识和能力，公民意识和社会责任感等方面进行全面评价，既包括对学生的个性化表现进行评价，也包括对学生团队的集体表现进行评价。

四、全过程评价

对学生的评价要贯穿研学旅行活动前、活动中、活动后的全过程，既要对全过程进行评价，也要在过程中进行评价，让学生及时获得关于学习过程的反馈。在评价时，要避免只重结果、不重过程的现象，应努力使评价真正成为促进学生发展的调控器。

五、客观性评价

评价既要检验选择和实施内容的假设效度，也要检验实施内容时用到的教具、人员等条件的效能，还要指出哪些方面有效、哪些方面需要改进。

在评价以上这些方面的时候，评价主体不能完全靠经验和主观进行判断，这样会有失公正，核心是要找出有效的证据，通常表现为可观测的行为、案例、数据，这样才能使评价结果更客观、更有说服力。

步骤二：学生评价的类型

国际上评价相关理论的核心观点是认为评价即学习，应在评中学、在学中评。评价最重要的目的不在于证明，而在于改进。学生评价可分为以下几种类型。

一、诊断性评价

（一）定义

诊断性评价是指在研学旅行活动开始前对学生的知识和技能、智力和体力以及情感等方面的状况进行"摸底"，通过了解学生的实际水平和准备情况，判断他们是否具备实现活动目标所必需的基本条件。

（二）评价工具与方法

评价工具与方法包括学情分析、摸底测试、调查法等。

二、形成性/过程性评价

（一）定义

形成性/过程性评价是指在研学旅行活动过程中为了解学生的学习情况、及时发现教学中的问题而进行的评价，目的是明确活动流程存在的问题和改进的方向，及时修改或调整活动计划，激励学生学习，帮助学生有效调控自己的学习过程。

（二）评价工具与方法

评价工具包括等级量表、学习日志、写实记录表等；评价方法包括观察法、头脑风暴法、角色扮演法、模拟法，可以设计为小测验、小调查、竞赛等形式。

三、终结性/总结性评价

终结性/总结性评价是指对研学旅行活动达成的结果进行恰当的评价，是在教学活动结束后为判断教学效果而进行的评价，通过对学生取得的成果做出全面评估，并区分等级，以此为基础对整个学习活动的有效性做出评定。

研学旅行注重过程，通常终结性/总结性评价的分值约占评价总分值的20%，过程分值约占评价总分值的80%。

四、表现性评价

表现性评价通过让学生在研学旅行中运用先前获得的知识、技能解决某个新问题或创造某种东西，来考查学生对知识与技能的掌握程度，以及实践、问题解决、交流合作和批判性思考等方面的能力的掌握状况。表现性评价通常涵盖物化作品的质量、完成耗时、采用的方式方法，活动过程的表现、情感表达、合作状况，以及知识的积累与应用等多个方面。

表现性评价更加注重学生综合运用已有知识进行实际操作的能力，要求学生完成一个任务，而不是选择一个答案。评价主体根据事先设置好的评分规则，对学生的表现进行评价，不仅评价学生行为表现的结果，还关注学生行为表现的过程。

五、学习日志

学习日志是研学旅行活动中常用的工具，用来记录想法、假设、问题、总结等学习过程中的信息。

六、写实记录

写实记录是对学生成长过程的真实记录，是在学生档案袋的基础上形成的。要做好写实记录，需要教会学生记录的方法，遵循记录标准，采用"示范—学生体验—纠偏—学生体验—学生自主记录"的步骤进行。在研学旅行活动结束后,小组长应组织组内成员交流学习,对表现优秀的学生进行表彰。研学旅行指导师的评价应以鼓励为主,侧重于肯定学生身上的闪光点,对于不足之处进行提醒,引导学生改进,此外,需要注意只对学生进行纵向评价,不做横向对比,更不进行集体排名。

七、档案袋评价

档案袋评价是指通过对研学旅行活动档案袋的形成过程和最终结果进行分析,对学生发展状况做出价值判断,通过收集学生在研学旅行过程中完成的作品,以学生的现实表现作为评价学生学习质量的依据的评价方法。

档案袋包含研学方案、观察日志、讨论过程、访谈记录、活动记录、研学成果、评价结果和其他相关资料,侧重于记录学生参与研学活动的时间、次数、内容和行为结果。档案袋能够提供关于研学旅行评价的全面且真实的记录,充分展现学生参与研学活动的全过程及其个人独特风格。同时,档案中材料的积累也为活动组织者进行调整和反思提供了有力的依据。

步骤三:学生评价的实施

研学旅行的课程目标是确定学生评价内容最重要的标准和依据,在具体操作中,评价主体需要将课程目标转化为评价内容。学生评价的具体实施步骤包括以下几个方面。

一、确定评价目标

明确"评价什么"是开展学生评价的第一要务,这需要评价主体追溯开展活动的初衷,即研学目标。评价目标决定评价内容,评价内容须与评价目标保持一致。

二、设置评价任务

在确定了评价目标后,评价主体需要思考"哪些证据可以体现学生的研学参与情况？哪些证据可以体现教学任务的效果?"等问题,这就需要评价主体基于评价目标来设置评价任务,通过评估任务的完成情况来判断研学目标的达成度,可以采用观察、提问、交流、练习、测试、执行任务、参与项目、提交作品等手段来检测。

三、制定评价量规

评价主体应围绕评价任务,确定评价维度、要素,明确评价标准等级。评价标准应具体化和清晰化,以利于实施和评估,并与研学目标建立一一对应关系,确保独立、客观。学生表现评价表如表6-1所示。

表 6-1　学生表现评价表

过程性评价（80分）				结果性评价（20分）			
评价项目	关键评估点	赋分	得分	评价项目	关键评估点	赋分	得分
纪律意识	能够做到守时,没有出现无故缺勤、迟到等现象	20分		学习效果评价	研学手册的完成情况、完成质量	5分	
学习态度	态度认真,准备充分,积极参与课程活动,有成果收获	20分			研究项目的完成情况,学习资料的收集情况,拓展任务的完成情况,是否能在研学中发现新问题	5分	
	能够服从研学旅行指导师管理,听从指挥,维护大局	20分		学习成果评价	是否参与小组研究项目,是否形成研究成果,是否参与小组活动分享,是否形成学习记录	5分	
团队意识	公共场合能注重礼仪规范,做到文明用语、保护环境	10分			分享及汇报的内容是否新颖、有创意,在分享及汇报时,语言表达是否清晰,有无自己的见解	5分	
品德修养	严于律己,乐于助人,能够始终保持良好的个人形象	10分					
合计得分				合计得分			
研学旅行指导师签名: 日期:				总分			

四、开展多元评价

评价主体应当多元化,同时强调评价结果的客观性,确保其不受评价主体主观因素的影响。评价本质上是一个综合性的过程,在此过程中,量化工具和质性工具各有其优越性和局限性,因此应遵循互补的原则,综合使用量化工具和质性工具。对于能够量化的指标,应尽量采用量化方式进行评价;对于难以量化的内容,则可采用等级划分或撰写评语的方式进行评价。最终,这些评价结果将被整合形成一份全面的学生评价报告。

实训安排

学生评价实训任务书

任务名称	学生评价实训	学时	2
任务说明	假设你是负责此次学生评价实施的研学旅行指导师,请你按照工作手册的要求完成学生评价工作		
实训方式	模拟实训,以6—8人为一组,分组进行练习		
实训目标	各组能够依据研学任务的要求,结合不同的学生评价类型,有效开展学生评价		
空间要求	室内外均可,能够设置模拟实训场景,做到空间分区,支持1—2组成员同时进行现场演示		
物品要求	多媒体设备、桌椅、课程实施道具等		

学生评价实训记录单

任务名称		学时	
小组成员			
任务分析			
实训流程			
评价要点			
分数			
总结与建议			

任务三　研学旅行课程评价的组织与实施

任务导入

　　研学旅行课程组织涉及活动方课程标准建构,课程建设档案资料汇集,课程教材编制,学生研学旅行过程材料撰写,以及研学实践教育基(营)地、整体线路等的考察与评价。因此,研学旅行课程评价的组织与实施需要多方共同参与,形成合力,从而保障评价活动的有效开展。

　　(资料来源:https://www.renrendoc.com/paper/280574747.html。)

请思考：研学旅行课程评价的内容和主体分别包含哪些内容？评价主体应如何组织与实施评价活动？

任务解析

研学旅行课程评价是一个系统性的过程，它依据既定的标准和课程相关信息，采用科学方法，旨在评估课程目标、内容编排与实施是否达成了教育目的，以及达成的程度。评价主体常常结合研学旅行课程评价结果来判定课程设计的效果，并以此为依据做出改进课程的决策。

任务重点

掌握研学旅行课程评价的含义、内容和实施步骤，能够对研学旅行课程进行有效评价。

任务难点

更新评价理念，在进行多元评价时兼顾过程性评价与结果性评价。

任务实施

知识链接
▼

步骤一：研学旅行课程评价的定义

研学旅行课程评价旨在评估课程目标、内容编排与实施是否达成了教育目的，以及达成的程度。评价主体常常结合研学旅行课程评价结果来判定课程设计的效果，并以此为依据做出改进课程的决策。评价主体应坚持"突出评价的发展性功能和激励性功能，为'适合学生的教育'创造有利的支撑环境"这一指导思想进行研学旅行课程评价的设计，整个研学旅行课程评价体系应包含评价主体、评价内容、评价方式和评价标准四部分。

步骤二：研学旅行课程评价的实施

一、确定研学旅行课程评价的主体

理论上，研学旅行课程评价的主体是研学旅行评价监督方，既包含直接参与研学旅行的学校、教师、学生以及各个环节的相关工作人员，还包含没有直接参加研学旅行的家长、教育行政部门及其他行政主管部门等。其中，参与研学旅行的学生、学校随行教师和研学旅行行业相关从业者是本书的主要论述对象。

学生是整个研学旅行的服务对象、是整个组织运行体系的核心。学生对研学旅行

Note

课程的评价是最直接的也是最真实的,因此,学生是推动研学旅行课程设计不断改进和完善的关键因素。

学校随行教师在研学旅行中扮演多种角色,如课程的设计者、参与者,学生学习动力的激发者,课程学习的指导者,课程实施的促进者等,因此,学校随行教师的评价往往具有较高的教育属性。

研学旅行行业相关从业者是研学旅行课程的设计者、参与者、组织者、执行者,他们的评价能够直接反映出课程执行过程中存在的问题,丰富的从业经验使得他们所提供的反馈往往更具客观性和参考价值,这对于提升研学旅行课程的设计与执行质量具有显著的促进作用。

二、确定研学旅行课程评价的内容

进行课程评价的目的是发挥评价在鉴定、导向、激励、诊断、调节、监督和管理等方面的功能,而研学旅行课程除了具有其他课程一般的特点,还具有"旅行"的特征,因此,研学旅行课程评价的内容重点涉及课程方案、课程内容、课程实施、服务保障、安全管理、课程效果六大要素,这六大要素可以作为课程评价的一级指标,以下将这些一级指标分解为相应的二级、三级指标,进行具体的评价内容设计。

一级指标课程方案可以进一步细分为二级指标研学主题、研学目的、课程设计、线路选择和课程设置。在研学主题方面,重点评估主题的适切性和创新性;在研学目的方面,重点评估目的的明确性和合理性;在课程设计方面,重点评估设计的系统性和内容的丰富性;在线路选择方面,重点评估地理位置的合理性和线路的安全性;在课程设置方面,重点评估时间安排的合理性和活动的多样性。

一级指标课程内容可进一步细分为二级指标行前课内容和学生研学手册。在行前课内容方面,重点评估内容的相关性和趣味性;在学生研学手册方面,重点评估手册的完整性和实用性。

一级指标课程实施可进一步细分为二级指标学生参与度和体验感受。在学生参与度方面,重点评估学生参与的积极性和广度;在体验感受方面,重点评估学生的满意度和收获感。

一级指标服务保障可进一步细分为二级指标研学旅行指导师的服务质量和食、住、行方面的满意度。在研学旅行指导师的服务质量方面,重点评估专业水平和服务态度;在食、住、行方面的满意度方面,重点评估饮食安排、住宿条件和交通安排。

一级指标安全管理可进一步细分为二级指标安全教育的普及程度和应急保障措施的完备性。在安全教育的普及程度方面,重点评估安全教育的覆盖面和有效性;在应急保障措施的完备性方面,重点评估应急预案的制定和应急演练的频率。

一级指标课程效果可进一步细分为二级指标量化评价和质性评价。在量化评价方面,重点评估数据收集和分析;在质性评价方面,重点评估案例分析和反馈收集。

总体而言,确定评价内容及将这些内容合理有效地分解为具体指标,是确保课程评价有效性的关键环节,同时也体现了评价主体的专业素养水平。因此,在研学旅行的具体工作中,这一环节应当被给予高度重视。研学旅行课程评价表见表6-2。

表6-2　研学旅行课程评价表

一级指标	二级指标	三级指标	评分标准	得分
课程方案	研学主题	主题的适切性	完全符合学生特点(2分)/基本符合学生特点(1分)/不符合学生特点(0分)	
		主题的创新性	非常新颖(3分)/有一定创新(2分)/缺乏创新(1分)	
	研学目的	目的的明确性	明确、具体(3分)/较为明确(2分)/模糊(1分)	
		目的的合理性	合理(2分)/基本合理(1分)/不合理(0分)	
	课程设计	设计的系统性	结构严谨(3分)/结构基本合理(2分)/结构松散(1分)	
		内容的丰富性	内容丰富(2分)/内容较为丰富(1分)/内容单一(0分)	
	线路选择	地理位置的合理性	位置优越(2分)/位置较好(1分)/位置偏远(0分)	
		线路的安全性	安全性高(1分)/有轻微安全隐患(0.5分)/存在一定安全隐患(0分)	
	课程设置	时间安排的合理性	时间安排紧凑(1分)/时间安排基本合理(0.5分)/时间安排不合理(0分)	
		活动的多样性	多样化(1分)/较为多样化(0.5分)/单一(0分)	
课程内容	行前课内容	内容的相关性	高度相关(4分)/较为相关(3分)/关联性弱(2分)	
		内容的趣味性	生动有趣(3分)/较为有趣(2分)/枯燥(1分)	
	学生研学手册	手册的完整性	内容完整(4分)/内容较为完整(3分)/内容不全(2分)	
		手册的实用性	设计合理(4分)/设计较好(3分)/设计不合理(2分)	
课程实施	学生参与度	学生参与的积极性	积极参与(4分)/积极性较高(3分)/积极性不高(2分)	
		学生参与的广度	广泛参与(3分)/参与范围较广(2分)/参与范围有限(1分)	

续表

一级指标	二级指标	三级指标	评分标准	得分
课程实施	体验感受	学生的满意度	满意度高(4分)/满意度较高(3分)/满意度低(2分)	
		学生的收获感	收获丰富(4分)/有所收获(3分)/收获不多(2分)	
服务保障	研学旅行指导师的服务质量	专业水平	水平高(4分)/水平较高(3分)/水平较低(2分)	
		服务态度	态度好(3分)/态度较好(2分)/态度差(1分)	
	食、住、行方面的满意度	饮食安排	质量高(3分)/质量较高(2分)/质量一般(1分)	
		住宿条件	条件好(3分)/条件较好(2分)/条件差(1分)	
		交通安排	安排合理(2分)/安排基本合理(1分)/安排不合理(0分)	
安全管理	安全教育的普及程度	安全教育的覆盖面	覆盖面广(4分)/覆盖面较广(3分)/覆盖面有限(2分)	
		安全教育的有效性	掌握良好(3分)/部分掌握(2分)/未掌握(1分)	
	应急保障措施的完备性	应急预案的制定	完善(4分)/较完善(3分)/不完善(2分)	
		应急演练的频率	频繁(4分)/较为频繁(3分)/次数少(2分)	
课程效果	量化评价	数据收集	全面、科学(5分)/较全面(4分)/不全面(3分)	
		数据分析	科学、准确(5分)/较科学(4分)/欠科学(3分)	
	质性评价	案例分析	深入总结(5分)/较深入(4分)/表面化(3分)	
		反馈收集	全面评估(5分)/较为全面(4分)/不全面(3分)	

三、选择研学旅行课程评价的方式

为了更清晰地呈现研学旅行课程评价的内容、便于后期的数据统计和分析,通常将评价内容设计成表格的形式,表格的内容表述要符合学生的认知水平,做到简洁明了、易于理解、便于操作。评价表可以设计为纸质形式,也可以通过手机小程序设计为电子问卷。电子问卷的发布形式多样,包括网址链接和二维码两种形式,其中,二维码方式因其便捷性常被采用,学生只需使用手机扫描二维码即可进行在线课程评价。

四、确定研学旅行课程评价的标准

研学旅行课程评价一般采用定量评价与定性评价相结合的方式。定量评价内容会进行一定细分,这样便于评价主体操作和后期数据采集。定性评价设计能够更充分地表达评价主体的主观想法、体现个体的需求,当这些主观想法和个体需求在数量上达到一定规模且相对集中时,它们能更精确地揭示问题所在,是评价对象应重点关注的内容。因此,在每份评价表中,都应预留足够的空间,以便评价主体进行定性评价设计。

在研学旅行中,尽管学生、学校随行教师以及研学旅行行业相关从业者各自扮演的角色不同,但是在研学旅行课程评价这个环节,他们的评价对象是一致的,即此次研学旅行课程。因此,在设计这三类评价主体的评价表时,应当在保持基本统一性的基础上,凸显不同评价主体的特点。为实现这一目标,通常会在三个版本的评价表中统一一级至三级指标的序号,以确保评价标准的一致性和评价结果的可比性。

五、组织实施研学旅行课程评价

在评价时间安排上,一般而言,研学旅行指导师会选定在研学旅行结束当天或前一天,组织学生和学校随行教师进行研学旅行课程评价。这样安排的优点在于,如果还有学生或学校随行教师完成评价,研学旅行指导师可以对其进行提醒和督促,确保其完成评价。

评价的地点一般选在研学旅行结束后返程的交通工具上,或前一晚入住的酒店房间内。在返程途中,研学旅行指导师可以开展课程评价的动员工作,向学生和学校随队教师清晰阐述研学旅行课程评价的意义,并将评价问卷分发给他们,请他们在规定时间内完成评价。需要特别指出的是,采用匿名的形式进行课程评价往往会获得更为真实的数据。

研学旅行行业相关从业者属于研学旅行的承办方,一般选择在研学旅行结束之后组织针对他们的在线课程评价活动,这一过程通常由他们的负责人向他们提供电子问卷的二维码来完成。

实训安排

研学旅行课程评价实训任务书

任务名称	研学旅行课程评价实训	学时	2
任务说明	假设你是负责此次研学旅行课程评价实施的研学旅行指导师,请你按照工作手册的要求完成课程评价工作		
实训方式	模拟实训,以6—8人为一组,分组进行练习		
实训目标	各组能够依据研学旅行课程评价的内容,选择合适的评价方式,对研学旅行课程展开评价		
空间要求	室内外均可,能够设置模拟实训场景,做到空间分区,支持1—2组成员同时进行现场演示		
物品要求	多媒体设备、桌椅、课程实施道具等		

研学旅行课程评价实训记录单

任务名称		学时	
小组成员			
任务分析			
实训流程			
评价要点			
分数			
总结与建议			

项目小结

　　本项目对研学旅行课程评价的意义与原则进行了梳理,具体阐述了学生评价及研学旅行课程评价的组织与实施。本项目的学习有助于读者掌握学生评价与研学旅行课程评价的技巧,增进读者对研学旅行评价的认知,提高读者的研学旅行评价能力。

知识与技能训练

知识训练

1.研学旅行评价的意义是什么? 研学旅行评价的作用是什么?

2.学生评价的原则与类型分别包含哪些内容?

3. 研学旅行课程评价的定义是什么？

技能训练

请通过上网查询、线下调研等方式收集并整理不同类别的研学旅行课程所采用的评价方案,并分别分析其优劣。

慎思笃行

▼

项目六

Note

参 考 文 献

[1] 朱丽男,石媚山.研学旅行基础[M].北京:清华大学出版社,2023.

[2] 杨振之,李慧.研学旅行概论[M].武汉:华中科技大学出版社,2022.

[3] 刘国战.中小学实践教育教学研究[M].杭州:中国美术学院出版社,2020.

[4] 邓青.研学活动课程设计与实施[M].北京:高等教育出版社,2022.

[5] 梅继开,曹金平.研学旅行导师实务[M].武汉:华中科技大学出版社,2021.

[6] 顾家城.研学旅行:实践教育蓝皮书[M].北京:中国书籍出版社,2016.

[7] 邓德智,伍欣.研学旅行指导师实务[M].北京:旅游教育出版社,2020.

[8] 彭其斌.研学旅行工作导案[M].济南:山东教育出版社,2019.

[9] 曲小毅.研学旅行活动课程开发与实施[M].北京:清华大学出版社,2020.

[10] 邓德智,伍欣.研学旅行指导师实务[M].2版.北京:旅游教育出版社,2024.

[11] 邓德智,景朝霞,刘乃忠.研学旅行课程设计与实施[M].北京:高等教育出版社,
2021.

[12] 王煜琴,赵恩兰.研学旅行执业实务[M].北京:旅游教育出版社,2020.

[13] 王晓燕,韩新.研学旅行来了——中小学生研学旅行基本常识与实践指南[M].西
安:陕西人民教育出版社,2019.

[14] 甄鸿启,李凤堂.研学旅行教育理论与实践[M].北京:旅游教育出版社,2020.

[15] 全国导游人员资格考试统编教材专家编写组.导游业务[M].北京:中国旅游出版
社,2016.

[16] 钱贵晴.综合实践活动课程与教学论[M].北京:首都师范大学出版社,2007.

[17] 李先跃.研学旅行研究综述及探讨[J].高教学刊,2018(24).

[18] 臧林熙."小砂糖橘"受宠给研学游什么启示[J].甘肃教育,2024(2).

教学支持说明

为了改善教学效果,提高教材的使用效率,满足高校授课教师的教学需求,本套教材备有与纸质教材配套的教学课件和拓展资源(案例库、习题库等)。

为保证本教学课件及相关教学资料仅为教材使用者所得,我们将向使用本套教材的高校授课教师赠送教学课件或者相关教学资料,烦请授课教师通过加入旅游专家俱乐部 QQ 群或公众号等方式与我们联系,获取"电子资源申请表"文档并认真准确填写后发给我们,我们的联系方式如下:

地址:湖北省武汉市东湖新技术开发区华工科技园华工园六路

邮编:430223

研学旅行专家俱乐部 QQ 群号:487307447

研学旅行专家俱乐部
群号:487307447

扫码关注
柚书公众号

华中科技大学出版社
http://press.hust.edu.cn

电子资源申请表

填表时间：_____年____月____日

1. 以下内容请教师按实际情况填写，★为必填项。
2. 根据个人情况如实填写，相关内容可以酌情调整提交。

★姓名		★性别	□男 □女	出生年月		★职务		
						★职称	□教授 □副教授 □讲师 □助教	
★学校				★院/系				
★教研室				★专业				
★办公电话			家庭电话			★移动电话		
★E-mail（请填写清晰）						★QQ号/微信号		
★联系地址						★邮编		

★现在主授课程情况	学生人数	教材所属出版社	教材满意度
课程一			□满意 □一般 □不满意
课程二			□满意 □一般 □不满意
课程三			□满意 □一般 □不满意
其 他			□满意 □一般 □不满意

教 材 出 版 信 息		
方向一		□准备写 □写作中 □已成稿 □已出版待修订 □有讲义
方向二		□准备写 □写作中 □已成稿 □已出版待修订 □有讲义
方向三		□准备写 □写作中 □已成稿 □已出版待修订 □有讲义

请教师认真填写表格下列内容，提供索取课件配套教材的相关信息，我社根据每位教师填表信息的完整性、授课情况与索取课件的相关性，以及教材使用的情况赠送教材的配套课件及相关教学资源。

ISBN（书号）	书名	作者	索取课件简要说明	学生人数（如选作教材）
			□教学 □参考	
			□教学 □参考	

★您对与课件配套的纸质教材的意见和建议，希望提供哪些配套教学资源：